現代経営と経営学史の挑戦

——グローバル化・地球環境・組織と個人——

経営学史学会編

〔第十輯〕

文眞堂

巻頭の言

経営学史学会理事長　佐々木　恒　男

経営学史学会は平成十四年五月をもって、創立十年を迎えることになった。その記念すべき第十回大会は、創立の地である明治大学駿河台校舎において賑やかに開催された。創立ならびに十周年という節目の大会を快く引き受けて下さった明治大学に深甚なる感謝の意を表したい。

大会のテーマは、世紀の変わり目であった第七回大会（平成十一年度、桃山学院大学）と第八回大会（平成十二年度、九州産業大学）において、二十世紀に生まれ育った経営学研究百年のいわば総括を行い、第九回大会（平成十三年度、札幌大学）からは二十一世紀の経営学研究の課題に取り組み始めた。そこで、今回のテーマは、その延長線上にある、現代経営が抱える基本的な諸問題に経営学史研究がどこまで応えられるか、というところに設定された。

われわれが生きる現実世界では、昨年の大会のテーマとされた情報化が進展すると同時に、グローバル化は果てしなく進み、ボーダレス社会が出現しつつあり、その功罪が厳しく問われるにまで至っている。また、環境状況は悪化の一途を辿り、いまや人類滅亡の兆しが現実のものとなりつつある。そして、組織社会の行き着くところに発現する個人と組織の深刻な葛藤や対立は、人類衰退の予兆ともなりつつある。かかる重要問題に真正面から取り組むのが経営学である。経営学史研究は後ろ向きの趣味的な文献研究をするのではなく、経営理論の史的研究を踏まえて現在を捉え、未来を展望する、前向きの学問である。それ故、「グローバル化、地球環境、個人と組織」という今回のテーマ設定は、経営学原理の研究を志す経営学史学会としてはまさしく当然の課題設定であったといえよう。問題の核心にどこまで迫ることができたか、経営学史研究の現時点での力量が問われることになろう。

目次

Ⅰ　現代経営の課題と経営学史研究

一　現代経営の課題と経営学史研究の役割―展望

小笠原　英　司

一　現代経営の課題と経営学史

当学会は過去三ヵ年にわたり二十世紀の百年を通じて生成・展開してきた経営学史を通観しつつ、新世紀の経営学へ繋がる道を探索する作業を重ねてきた。（第七回大会「経営学百年―鳥瞰と未来展望―」経営学史学会年報第七輯『経営学百年―鳥瞰と未来展望―』、第八回大会「経営学百年―組織・管理研究の方法と課題―」経営学史学会年報第八輯『組織・管理研究の百年』、第九回大会「テイラーからＩＴへ―経営理論の発展か、転換か―」経営学史学会年報第九輯『ＩＴ革命と経営理論』）。本大会の統一テーマ『現代経営の課題と経営学史の挑戦―グローバル化・地球環境・組織と個人―』は、本学会創立十周年を迎え、これまでの大会テーマを踏まえながらもさらに今後の大会テーマへと接続するような展望に立ち、しかも現代経営の基本的にして重要な課題に経営学史研究の立場から積極的にプロポーズするという意味と目的をもって設定された。

しかしながら、率直に言って「現代経営の課題」というテーマは経営学史の学会の主題としてはやや取り扱いにくいものと言えなくもない。なぜなら、一方では「現代経営の課題」という場合、「現代」という時代限定をどのように捉えるかによるが、これを単純に「近年の、最近の」(recent) ないし「現在の」(present) という時制に限定し、しかも問題とされる経営課題も「今日の」(current) 課題とみなしながら、他方では「学史」は一定の期間に蓄積された研究歴であるとすれば、経営学は「現代的」課題に十分な研究歴を蓄積していないということになり、学史的考察は時期尚早ということになろうからである。

そこでまず便宜上の時代区分として、一九四〇年代までを「近代経営」、一九五〇年代以降現在までを戦後経営としての「現代経営」とし、現代のとくに九〇年代から今日までを狭義の「現代経営」と、現代経営を二段構えで捉えれば、そこでの経営課題も戦後半世紀を通じて累積した「現代的」課題として位置づけ、それがとくに九〇年代を通じて増殖し拡大し変質した「今日的」課題として経営に負荷しているものと見ることができる。現に本大会の統一論題として議論する四つのサブ・テーマは、とくに九〇年代において大きくクローズアップされてきた諸問題であり「今日的」課題としての特殊性を有するものではあるが、それらの「現代的」課題としての基本的・一般的性向は、「現代経営」のなかで徐々に形成されてきたものと見るべきであろう。

こうして、「現代経営」を戦後経営史として捉えれば、経営学史は現代経営の諸課題に関わる一定の学的蓄積を有していると言うことができるであろうし、それらの課題に対して決して無力ではない。もちろん現実の課題はそれが「今日的」であるほど日々変化が激しく、経営理論がそれに即応しえているとは言い難い。しかし、上述したように、「今日的」現象はそれ自体として突如として現出したものではない。眼前の事象を無視することは怠慢であるが、その先端事象に目を奪われ、そうした現象の基本的・一般的性向を無視することはさらに蒙昧の誹りを免れない。われわれは常にその両面に目を向ける複眼的視野を持つべきであろう。

二　経営のグローバル化と経営学

グローバル化のごく単純な意味での原点は経営行動の国際的展開であり、アンゾフ流の経営戦略概念で言えば「市場開発」ないし「市場拡大」戦略の範疇にある。それは、輸出入→海外直接投資→グローバル経営という「国際経営戦略」の進化的発展プロセスにおいて、その最終段階に至る事業経営の現代的形態を意味する。かかる国際経営論ないしグローバル経営論は、欧米とくにアメリカ系多国籍企業の活動が活発化した一九六〇年代中期から七〇年代にかけて、まずは「多国籍企業論」として登場した。

雑駁を懼れず言えば、かつての多国籍企業論は欧米系巨大企業の多分に世界経済覇権を意図する国家政策と連携した企業行動の合理的説明の理論的枠組みを提供するものであった。しかしながらそこでの主要な理論的基盤は国際貿易論や国際経済関係論、国際寡占論などの国際経済論に置かれ、必ずしも経営学的経営論が主流をなすものではなかった。それは多国籍企業が国内企業とはその外部状況要因が大きく異なり、国内企業の経営を対象としてきた経営学が多国籍企業の理論的分析と指針提示に十分な枠組みを準備しえていなかったこと、多国籍企業経営がなお政治経済志向経営の段階にあって、「国際経営」として成熟していなかったことなどに起因すると考えられる。

七〇年代はアンチ多国籍企業の時代でもあった。マルチ・ナショナルは無国籍でも超国家でもなく、勝れて覇権国家主義的形態に他ならないことは、多国籍企業行動に対するパートナー国（特にアメリカに対するヨーロッパ諸国）や第三世界（特にアジア・南米諸国）からの反発・批判の声が高まったことに証明されている。多国籍企業の利益増大がときとして受入れ国の何らかの犠牲の上に成立する結果であることが、次第に露呈されたのであった。

多国籍企業への批判は同時に、多国籍企業の行動に無批判的な多国籍企業論に対する評価をも低下させることになったが、その経緯が八〇年代になってアメリカ系多国籍企業の不振を背景に、多国籍企業論が「国際経営」論へと脱皮する契機となった。さらに、すでに経済・市場・ビジネスの広範な「国際化」の進展を押しとどめることはできず、非多国籍企業も下請け企業も国際ビジネスの舞台にのぼらざるをえない段階に至って、もはや経営学も「国際経営」論を経済学任せや片手間の議論で済ますことは許されなくなった。

しかしながら、国際経営という複雑かつ変転めまぐるしい対象を研究する経営学的国際経営論（あるいは国際経営学）は、すでに短くない期間の経過と決して少なくない蓄積があるにも拘わらず、その体系的・理論的研究としては緒についたばかりと言わざるを得ない。とりわけ九〇年代以降いわゆる「ＩＴ化」によって加速度的に進展したグローバル・エコノミーは、国際経営を「グローバル経営」という（①ボーダレスと②ワールドワイドを市場特性とするビジネス経営）段階に押し広げ、国際経営論の主流は「グローバリゼーション」の多様な側面と諸問題に対する現象記述的研究と、経営技術論的研究としての国際競争戦略論が主流となっている。

もとより現実の経営が複雑かつ流動的なものであればあるほど、その現象を精細に把握することが不可欠な作業であることに疑問の余地はない。また実学（実践学）としての経営学が国際経営戦略の方策なり実践方法論を提示することも当然である。しかしながら、それが国際経営に対する現象追随的研究や現実迎合的研究にとどまるならば、それは経営学的研究の本流とはなりえないことを指摘しておかなければならない。さらに、国際経営が国内経営とは質的に異なる経営と見るべきであるとすれば、その体系的にして実践理論的な国際経営論の確立が容易になし得るものではないとも言い得るであろう。しかし他方では、国内経営を前提としていたとはいえ経営学百年の蓄積がある。国際経営論の確立にとり、経営学史のかかる蓄積はすべて無用の長物になることを意味するのであろうか。

経験としての経営体と経営の実態が常に変動的状況下にあることは、いまさら言うまでもない。経営環境のグローバル化は不可逆的状況であり、これに適応すべく経営革新を図らざるをえないことも当然である。そして「経営のグローバル化」が経営の新ステージを意味することも首肯せざるをえない。しかしそれにも拘らず、経営学が認識する「経営」は、国内経営であれ国際経営であれ、その基本は変わるところはない。問題は、いま経営学が自らの本流を経営学史に沿って遡上するところから自己を再確認し、「経営」の基本的原理を中心とする理論枠組みを再構成したうえで、あらためて国際経営論の大海に挑戦することであろう。

三　環境問題と経営学

現代経営の課題としての環境問題は、かつての産業公害問題に対し同質と異質の両面がある。同質面は企業行動の利益優先ないし会社至上主義による反社会的・没環境的性格であり、異質面はその環境破壊度の広範さと複雑さである。もとより今日の環境破壊も経営の問題としては公害問題であることに変わりはない。しかしかつて国内問題であった公害問題はグローバル化時代においては北から南への公害の輸出という形で国際化し、かつて「疑わしきは無罪」と見なされていた原材料・製品、製造・販売システム、資源開発、自然開発等々が複合的・構造的に絡み合って、いまや経済後進国はおろか先進国の生活環境をも悪化させ地球生態を劣化させる「地球公害」となった。地球環境問題が人類が共有すべき最大かつ喫緊の課題であることは、もはや多言を要しない。

経験としての環境問題は人類の歴史に始まるであろうが、認識としての環境問題はローマ・クラブの『成長の限界』（一九七二）以降のことであった。そこで警告されたことは世界的工業化による地球環境の加速度的破壊の危険性であり、それは上述の経済・市場・ビジネスのグローバル化こそ地球生態破壊の促進要因であることを全世界に認識させるきっかけとなった。しかしながら同時に、人々は無意識のうちに一度踏み込んだ魔界から抜け出ることがほとんど不可能に近いことを知っている。ビジネスの拡大、経済の成長、世界の産業文明化、そしてそれらが約束してくれるはずの生活の富裕化と利便化は、すでに人々の生存価値にまで深く浸透している。地球生態の危機という認識も、この眼前の目標の前には希薄になる。いささか散文的ながら、環境問題の困難はつまるところかかる人間の欲望と怠慢の中に包み込まれているところにある。われわれは環境問題の根源が、科学・技術、経済、産業、経営の問題である前に、「人間問題」であることを自覚しておく必要がある。

経営学が環境問題を経営学的課題として本格的に取り組み出したのは、九〇年代になってからである。したがって、いま経営学史としてそれを総括するには時期尚早と言わざるを得ないが、これまでの［経営―環境］論を大別すれば以下の三種に類別できるであろう。すなわち第一に環境問題の現象把握とそれとの関連で企業行動の実態を明らかにしようとする研究、第二に個別企業の環境対応事例を検証する作業、そして第三に［経営―環境］問題の理論的研究である。

以上三種の［経営―環境］論のうち経営学的対応としては第三の理論的研究が中心になるべきであるが、［経営―環境］論の理論的展開は第一、第二の研究を必要とし、第二も第一を前提とするという関係からすれば、まずは第一の現状分析研究の蓄積が必要となる。特に環境問題は巨大かつ複雑であるのに加え、その内容には多分に科学的・技術的問題が含まれるため、これを的確に把握しつつ膨大な現象を追いかけるだけでも容易なことではない。現にこれまでのところ、［経営―環境］問題に対する経営学的対応の過半は上記第一および第二に属するものので、理論的［経営―環境］論はわが国の経営学研究（及び組織論）のなかに特筆すべき議論が見られるものの、学界全体としては今後の展開を待たざるを得ない段階であろう。以下、これに関連して若干のコメントを付す。

前述のように、人間の欲望と情性に発する環境問題を克服するには、経済システムと企業行動に倫理と理性を発動するほかはない。その第一の議論は、拡大・成長至上主義・利潤優先主義の「倫理」を共生の倫理、環境責任の倫理に転換するという、すでに古典的となった感のある主張である。この結論自体におそらく反論は少ないであろうが、問題は経済と企業の倫理を、人間の欲情に根ざす現在の倫理感から理性に基づく未来の倫理観へと転換する具体的方途が未だ暗中模索の段階にあるということと、その前に、かかる倫理転換の合理性を支える論理がなお希薄だということであろう。

第二に「随伴的結果」論（三戸　公）に代表される危険回避意思決定の議論がある。この議論の重要性は、環境破壊および環境劣化をもたらすか否かの科学的評価が未知・未定の段階で為した有害行為を「無過失責任」としてそれ以上を問わない従来の制度的枠組みを前提とする経営学がその重大な問題性を閑却してきた点を鋭く批判し、非目的的結果にも等分の視座を据える管理論の革新を主張している点にある。実践理論科学としての経営学の発展は単に経験的実証科学化のみによって促進されるのではなく、経営行動をより広角的かつ総合的な視点から理論化するなかで、経営行動それ自体の理性化に向けて実践の方向を提示する実践的批判のレベルにおいて展開されるものと考えられるからである。

四　「人間と組織（組織と個人）」の経営学

「人間と組織」の問題は近代経営の成立以来経営学の基本的課題であるが、それが経営労務論ないし人事・労務管理論の領域をこえて経営の全面的な問題として捉えられたのは、やはり現代経営と戦後経営学の段階においてであった。経営と経営学の発展に応じ、人間および組織は経営の加減的要素というよりはその本質的要因と認識されてきたからであった。経営学の今後の展開を展望するうえにおいても、経営学が人間と組織、および両者の関係をどのようなものとして捉えるかが基本的な視点になる。

この問題を理論的に追究するには、問題が根源的かつ難解であるだけ、経営学史上の議論をあらかじめ整理しておく必要がある。すなわち「人間と組織」の問題は、「人間」と「組織」の概念規定いかんによって、少なくとも人間または個人、組織または企業の組み合わせによって、つぎのような諸相として捉えられる。①人間と組織の一般的関係、②人間と企業の関係、③個人と組織の関係、④個人と企業の関係。以上の四種の「人間と組織」類型において、③の「個人と組織」（組織と個人）の問題が次第に「人間と組織」の問題を追究する中心的視点になってきた。それは経営学が（企業のみを対象とする）企業経営学から（企業を主要な対象とする）経営体一般の経営学へと対象範囲を拡大しつつある状況において、一般経営学と企業経営学の中間にあって両者を接続する柔軟性を持っているという理論的事情を背景としている。そのことは、「組織と個人」という場合の「組織」が㋐企業、㋑組織体＝経営体一般、㋒組織体の本質としての行為システム、という異なった概念レベルを比較的柔軟に使い分けるかたちで議論が展開されていることに表れている。

すなわち、㋐組織＝企業とすれば「組織と個人」の問題は④「企業と個人」と同義となり、この問題は「人間と組織」のより具体的なレベルでの議論となる。これが経営学の伝統的な人間問題を構成してきたことは明らかである。つぎに㋑組織＝組織体とした場合には「組織と個人」は「組織体と個人」を意味し、企業やＮＰＯを含む組織体一般と個人の関係が問題とされる。これは㋐を一般経営学のなかで敷衍するものであるが、企業組織体の研究に比し企業以外の組織体すなわちＮＰＯ（行政セクター、協同組合セクター、学校・病院等の公共セクター、ボランタリー・セクター）を対象とする研究の蓄積は今だしの感がある。最後に㋒組織＝行為システムとする場合には、組織の一般・基礎理論のレベルにおける「組織と個人」となる。この高度に一般的なレベルで展開された典型がバーナード経営論であった。㋒の研究が㋐・㋑の基礎理論となることはすでに明らかであろう。

経営学は以上三種の組織概念レベルのそれぞれにおいて「組織と個人」論を展開してきたが、その学史的総括と今後の展望こそ当学会の任務であろう。以下粗略ながら、わが国における「組織と個人」をめぐる問題を㋐と㋒の視角から提起するにとどめる。

まず、とりわけ九〇年代以降の日本企業の内部で、グローバル化と環境問題という困難な課題と関連しつつ経営の人間的側面と「人間と組織」の関係に、無視できない微妙な変化が生じていることが次第に明らかになった。その第一は「会社人間」を典型とする「組織人」のありように変化が見られること、第二に伝統的社会構造において重要な位置を占めた階層的人間関係が日本社会全体から後退し、それが企業内部では官僚制型組織構造のより一層の解体が進行しつつあること、そして第三に、以上の背景として、今日「団塊世代」から「超新人類」までの親子世代が日本社会の日常文化を形成し、それが日本企業における生活常識となるに及んで、伝統的な「日本人」モデルが妥当しなくなりつつあること、であろう。

経営者の多くはかかる状況をある程度認識していることであろうし、日本企業は「カイシャ」における人間的常識を修正すべく種々試みているようにも見える。しかしそれが必ずしも企業社会の新しい行動原理・組織編成原理を示しているように見えないのは、今が過渡的時代であることにのみその理由を帰することはできない。人間的・組織的状況の変化に対する対症療法を講ずる必要はあるとしても、その確実な克服を図るには「現日本人」の生態に見合う「人間と組織」の現代的モデルを再構成しつつ、「組織と個人」の問題がいま如何なる課題として現代経営に負荷しているのかを明らかにする必要があろう。現代経営も経営学も、この問題の深さと広さに応じた実践的、理論的視角をまだ十分に自覚するに至っていないのではなかろうか。

五　日本的経営論の可能性

さて、経営のグローバル化、経営と地球環境問題、経営における組織と個人、以上の経営課題は衆目の一致する「現代経営の課題」であろう。そしてこれらの課題は国別をこえた企業経営一般の問題でありながら、すぐれて日本企業の経営課題でもある。したがって、それは現代日本経営の課題となるのであって、日本経営の遺伝型たる「日本的経営」の現代的課題として捉えられるべき問題となる。

「日本的経営」はかかる現代的課題をいかに克服しうるであろうか。経営学は「日本的経営」を主題とする研究として、〈日本的経営論〉という豊かな研究遺産を蓄積してきたが、経営学史としての〈日本的経営論〉は上記の問いにどこまで応えることができるであろうか。これが本大会テーマを総括する経営学的課題である。

まず、本報告における「日本的経営」は比較経営論上の概念である。経営は国別に日本経営、アメリカ経営・・・と識別し得る。日本（の）経営（日本企業の経営）は一般的表面（経営）と特殊的裏面（日本的経営）の統一として成立している。すなわち「日本的経営」とは日本経営に対する特殊性の認識から得られる一面である。ところが、日本企業の特定部分領域である人事労務慣行のみを「日本的経営」とし、他の領域を不問にする通説がある。あたかもそこだけが「日本的経営」で、ほかは「日本的」ではないかの如くである。しかし、日本経営は一般的部分と特殊的部分の合成としてあるのではない。日本経営は全体として一般経営であると同時に、全体として特殊経営であるほかはない。全体としての日本経営の特殊的側面に注目したとき特に「日本的経営」と言い、日本経営の特殊性認識の議論を〈日本的経営論〉と言う。かかる概念設定からすれば、「日本的経営（論）」という表現を使用する・しないに拘らず、日本の経営を比較経営論の観点から他の経営との相違を問題とする議論はひろく〈日本的経営論〉となる。「日本的」と言えば「日本に固有の」という意味に限定する場合があるが、上述のように、日本的という限定詞は対象を限定するというよりは、むしろ特殊性の観点から日本経営の特性を見る視点を意味していると捉えるべきであろう。

日本的経営論における重要論点の一つに、「文化論的アプローチ」と「非文化論的アプローチ」の対立問題がある。しかし一九八〇年代初頭に起こったこの論争も、両者の対立が相対的であることを示して終息した。たとえばアメリカ経営と日本経営との間に文化の相違があることは誰でも承認せざるを得ないが、その文化的差異に対する認識に重視論と軽視論があるということである。文化差異重視論が経営特殊性論＝日本的経営論・アメリカ的経営論であり、文化差異軽視論が経営一般性論＝一般経営論となる。次に「日本的経営」が日本経営の特殊性であるとすれば、日本的経営論の方法として「文化論的アプローチ」が採用されるのは、むしろ当然であろう。かつて、主として経済学や経済要因重視論が「文化論」に向けて、文化差異の過度の強調は「日本特殊論」を増幅させ「日本的経営」を正しく説明するものではないとの批判をなしたことがあった。しかし「文化論」といっても文化一元論はむしろ少数であり、多くは「文化―経済」二元論・文化重視アプローチであって、逆に「非文化論」の側も経済一元論は少数派であり、冷静な議論の多くは「経済―文化」二元論・経済重視アプローチなのである。

日本的経営論の歴史を鳥瞰すれば、その論調は日本的経営の盛衰と連動して左右に大きく振幅してきた。すなわち、戦後日本の経済・産業・企業は昭和二〇年代の復興期から脱皮して以後三〇年代から昭和四八年石油ショックまでの長期にわたる「高度経済成長期」を経て一躍世界の寵児となり、その後の安定・低成長、そしてバブル経済化とその崩壊、それに続く九〇年代の長く暗い迷路へと、目まぐるしく変転してきた。この間「日本的経営」は、はじめ日本の「後進性」を意味し、やがて「成功の奇跡」を語り、つぎには「環境変化への不適応」の原因とされ、反転して「強さの秘密」を説明するキーワードであった。そして今また「諸悪の根源」へと転落している。

　指摘するまでもなく、日本経済の好不況のすべてを日本的経営に帰することはできないが、総体としての日本企業・日本経営の活力と業績が著しく低下し、国際的にもますます劣位化していることは明白な事実である。もはや日本的経営の環境適応力に重大な欠陥があることは否定すべくもない。仮に日本政府の「構造改革」に一定の成果が見られるようになったとしても、日本的経営を変革しなければ日本企業の発展と日本産業の繁栄は実現できない、と断言できるところまで来ている。

　以上の議論は日本企業の国際競争力を直接的に問題にするという点において、ある意味では実践的経営論の問題視角ではある。ここで指摘したいことは、第一に日本的経営の後進性や問題性、逆にその効率性や適応力を強調する議論が、多分に外国の識者・研究者のリードする論調に日本の議論が呼応する形で展開された一面があるということ、第二に、かかる論調とは別に、つまり日本的経営が有効であるか否か、日本的経営が注目されている・いないに関わりなく、日本的経営そのものを明らかにしなければ日本経営ひいては一般経営（したがって経営の普遍モデルも）を解明することはできないという理論科学的態度による「日本的経営論」が、わが国の経営学のなかで着実に継承されてきたことである。

　もとより経営学は実践理論科学としての性格をもつかぎり、日本の企業経営の現状分析にとどまらず、その変革の方向と具体的な方途の提示をめざすべきとも言えよう。その際に肝要なことは、その変革がいかなる経営原理のもとで求められるものかを、その原理が置かれている具体的状況との関連で追究する研究視角を忘れてはならないということであろう。そうでなければ、かつての日本的経営ブームにおける浅薄皮相な評論に見られたように、企業存続主義にもとづく経営施策を合理化するだけの御用学に堕して終わる可能性がある。

日本的経営（日本経営）はグローバル経営のより一層の進展のなかで、果たしてその日本的特性を維持すべき（できる）であろうか。できないとすれば、これを如何に変容させあるいは再構成すべき（することができる）であろうか。日本的経営は地球環境問題というより高度に科学的にして倫理的、哲学的にして具体的な課題に対して、世界に範たるべき普遍モデルの特殊類型を提示することができるであろうか。そして日本的経営は「人間と組織」の特殊形態として、閉鎖性、内向性、自己完結性の桎梏から脱却し、官と民、公と私、男と女、老と若、日本人と外国人、組織と個人・・の間に新たな関係モデルを再構築することが可能であろうか。

これらの難問への挑戦は、おそらくひとり日本企業の改革のみで為しうるものではない。日本の企業経営を取り巻くすべての日本システムと意思・行為主体の構造的改革が総合的かつ体系的に為されなければならないであろう。そのなかで経営学は、学史百年を前提に自らの学的アイデンティティを自覚しつつ、さらに学際的視圏を拡大して上記の経営実践課題を経営学的課題として応答する学術使命を果たさなければならない。

六　経営学史の挑戦

二十世紀の開幕とともにアメリカとドイツで発生した経営学の歴史は、産業社会化と組織社会化の進展と歩調を合わせ、百年の歩みを残して新世紀を迎えている。はたして経営学は、二十一世紀の学として新たな時代にふさわしい学術体系の内実を持ち得るであろうか。それはひとえに、世紀の変動期というべき現代（＝今日）の経営課題に対し、個々の経営学的研究がどこまで応答し得るかにかかっていると言えるであろう。そしてそのことは、時代の変革期に新秩序をもたらす英雄の出現を待望するように、新たな有力学説の登場によって一挙にその期待に応える事態を意味しているのであろうか。

たしかに、経営学史を彩るパラダイム学説が経営学史百年の舞台にそれぞれの時代の課題を担って登場し、経営学研究をリードしてきた。当学会が創立十周年を記念して刊行した『経営学史事典』は、テイラーからポーターまで二二名の経営学名著を取り上げている。その一覧を見てすぐ気づくことは、それらのほとんどが一九六〇年代までの著作で、うち半数は戦前（一九四五年以前）の時期に属するという点である。換言すれば、七〇年代以降有力なパラダイムは出現していないということになる。このことは、経営の基本的問題が現象的にはそれぞれの時期における歴史的具体性を抱えながらも、その基本構造としては六〇年代までにほぼ出揃い、これに対応して経営学の基本的パラダイムもこの時代までにほぼ出揃ったことを暗示している。

逆説的に言えば、七〇年代以降は経営学研究が本格化した時代であり、あたかも組織の時代が英雄の出現を困難にするように、経営学の時代が本格化するにつれて革新的パラダイムが出現しにくくなったという事情も無視できないだろう。そして他方では、九〇年代に入っていよいよ激しい地殻変動のうえで現代経営は大きく振幅している。いまや、現代経営にふさわしい新パラダイムの出現が嘱望されていると言えるかもしれない。

しかし、むしろここで述べておきたいことは経営学史研究の重要性についてである。特に七〇年代以降、経営現象の多様化とこれに対する若手研究者の現象記述研究への傾斜が顕著で、学史的研究の意義が閑却されている観がある。おそらくそれには学史に対する無理解と誤解がある。一個の人格がその来歴においていま現在の人格を成していると同じく、経営学史は経営学そのものにほかならない。稀有の天才による独力独自の理論構築を例外として認めるとしても、直面する経営課題が困難なものであればあるほど、経営学は自らの学術的限界と可能性とを丹念な学史的検討のなかで自覚する必要があろう。経営学史研究は、本学会の設立趣旨にも謳われたように、たんに経営学の形成史を跡づけ歴史を過去としてのみ取り扱うものではなく、経営学史の総力を挙げて未来を展望しつつ現在の問題追究に挑戦する学術方法にほかならないのである。

参考文献

伊丹敬之『日本的経営論を超えて』東洋経済新報社、一九八二年。

井上龍一郎『グローバル企業の盛衰』ダイヤモンド社、一九九三年。

入江猪太郎監訳・多国籍企業研究会訳『基本　国際経営論』文眞堂、一九八六年。(Robinson, R. D., *Internationalization of Business*, 1984.)

岩田龍子『「日本的経営」論争』日本経済新聞社、一九八四年。

B・W・ウォルフ・飯野春樹編、飯野春樹監訳（日本バーナード協会訳）『バーナード　経営者の哲学』文眞堂、一九八六年。(Wolf, B. W. and Haruki Iino, *Philosophy for Managers: Selected Papers of Chester I. Barnard*, 1986.)

江夏健一他訳『グローバル組織開発』文眞堂、一九九〇年。(Perlmutter, H. V., *Multinational Organization Development*, 1979.)

江夏健一・桑名義晴監訳『異文化組織のマネジメント』セントラルプレス社、一九九六年。(Adler, N. J., *International Dimensions of Organizational Behavior*, 1991.)

大来佐武郎監訳『成長の限界』ダイヤモンド社、一九七二年。(Meadows, D. H., et. al., *The Limits of Growth*, 1972.)

太田　肇『「個力」を活かせる組織』日本経済新聞社、二〇〇〇年。

小笠原英司「日本的経営論をめぐって―意図・対象・方法―」『立正経営論集』立正大学経営学研究所、一九八五年三月。

小笠原英司「国際経営比較の方法―日本的経営論をめぐって（Ⅱ）―」『立正経営論集』立正大学経営学研究所、一九八七年四月。

小林路義・庭本佳和・中津孝司『現代グローバル経営の新機軸』創成社、一九九四年。

谷口照三「環境と経営の意味連関とその変革過程―経営者の役割の現代的意義を考える―」組織学会編『組織科学』Vol. 30, No. 1、一九九六年九月。

土岐　坤他訳『グローバル企業の競争戦略』ダイヤモンド社、一九八九年。(Porter, M. E. ed., *Competition in Global Industries*, 1986.)

三戸　公・佐藤慶幸編著『環境破壊―社会諸科学の応答―』文眞堂、一九九五年。

三戸　公『随伴的結果―管理の革命―』文眞堂、一九九四年。

村田晴夫『管理の哲学―全体と個、その方法と意味―』文眞堂、一九八四年。

安室憲一「地球環境と国際経営」日本経営学会編『世界の中の日本企業』（経営学論集　第六四集）千倉書房、一九九四年。

山崎　清訳『多国籍企業の組織と所有戦略』ダイヤモンド社、一九七六年。(Stopford, J. M. and L. T. Wells, Jr., *Managing the Multinational Enterprises*, 1972.)

山本安次郎『経営学本質論』森山書店、一九六一年。

山本安次郎他訳『新訳　経営者の役割』ダイヤモンド社、一九六八年。(Barnard, C. I., *The Functions of Executive, 30th Anniversary ed.*, 1968.)

吉原英樹監訳『地球市場時代の企業戦略』日本経済新聞社、一九九〇年。(Bartlett, C. A. and S. Ghoshal, *Managing Across Borders: The Transnational Solution*, 1989.)

二　マネジメントのグローバルな移転
――マネジメント・学説・背景――

岡田和秀

一　はしがき

論者は、マネジメントを広義のテクノロジー（技術）システム、すなわち複数のサブシステムから成るひとつのトータルなテクノロジーシステムとしてとらえる。ここで、テクノロジーシステムとは特定の対象分野に関する一組のエクスパーティス（科学的専門知識・技能／技法）を意味している。それは、マネジメントのあらゆる機能的側面、財務・経理、生産、販売、人事・労務、研究開発など、特定分野ごとの科学的専門知識とその応用としての一組の技能／技法である。マネジメント・テクノロジーは、いわゆるテクノクラートとしてのマネジメント（人格）の中に実体化しているし、組織の中に保有されている。

十九世紀から二十世紀への世紀の変わり目ころまで、企業経営にかかわる伝統的な専門職業は、エンジニアー（技師）と会計士だけであったという。そのうち、いわゆる近代的株式会社の成立とともに、大量生産に代表される高度にシステム化された生産様式が確立するにいたり、従来伝統的にエンジニアーと会計士が担ってきた機能の外延が拡張され、上に見たような企業経営機能の分化が行われた。と同時に、独立した各機能ごとのマネジメント・テクノロジーは内包と外延に向かって独自の発展を遂げていった。マネジメントは「二十世紀の技術」（クランツバーグ他、邦訳・小林他、一九七六）として、その他の二十世紀に開花した技術と並んで位置づけることができる。

かくしてマネジメント・テクノロジーは、サブシステムである数多のマネジメント・ツールを発展させ今日多彩なものとなっている。たとえば、最も伝統的専門職業としての会計士により担われてきた企業財務テクノロジーは、伝統的株式会社会計から金融工学の成立に見られるような発展を遂げてきた。たとえば、事業構造の再編成（リストラクチャリング）、それに伴う特定事業の買収・売却（M＆A）、そして清算の方法は商法、破産法、会社更生法、産業再生法などの改正や新法制定を含む法整備による規制の強化と緩和によって、いっそう手の込んだものに進化し、一口に会計士と言えない境界的な会計業務の専門家（組織）を生み出している。

また、取引にかかわる決済方法についても、コンピュータシステムの長足の発展の結果、オン・ライン決済が普及し、システム設計の精緻性と厳密性が問われるとともに、セキュリティ確保が焦眉の急として話題になっている。ハッカーやウイルスの横行、片や有能なコンピュータシステムに対する人々の過信に、大きな陥穽がまっていて予測できなかった混乱が引き起こされることは周知のことである。それへの対抗として、かつての保険の概念をはるかに超えるリスクマネジメント・テクノロジーが開発され、その専門家が出現している。

生産管理の分野についても、のちに触れるテイラーにより提唱された科学的管理のもたらした工場管理のための一組の技術は、生産管理論として成立した。それは、さらに精練化・精緻化されてJITシステムやQCサークルを生み出した。コンピュータの出現以来、NC機械の導入、ロボティックスの活用、情報のネットワーク化によるCAD・CAMシステムの構築。各個の先端科学技術の発展は、新しい技術ミックスを生み、新しい応用分野を広げるといった相乗効果を可能にしている。

上記はただの例示でしかなく、他のマネジメント機能分野、すなわち販売（マーケティング）、人事・労務（HRM）、研究開発（R＆D）、ほかについても同様な例示は容易なことである。さらに、一部関連してすでに上で触れられている課程論的な機能分野、すなわち計画、組織、調整、統制、ほかについてもまったく同様であり枚挙にいとまない状況である。年来、流行ともいえるリ・エンジニアリング、アジル・マネジメント、ベンチ・マーキング等々も、マネジメント・イシュウとして、多くの場合一組のツール（道具）とともに論ぜられている。付言すれば、これらのツールの適応対象領域は、単に上に上げたような諸機能ごとにあるだけでなく、多くは機能交差的であり連鎖的である。

すでに理解されるとおり、これらのマネジメント・ツールおよびその統合された概念としてのマネジメント・テクノロジーは、その有効性の理論的根拠や原理的説明を個別科学の中に見出している。経営やマネジメントの学が選れて学際性を持つといわれる所以である。マネジメント・テクノロジーは、機械、電気・電子工学、化学、さかのぼって物理学、医学、そして社会学、経済学、法学、政治学、心理学、さらに統計学、ORなどの数理的プログラミング、ほかに依拠している。そしてそれら諸科学の今日に至るまでの個別の発展と、境界領域での発展のすべてに依拠している。

マネジメントの学は、学際性を選れてもつがゆえに、学習するのに極めて時間のかかることである。個々のマネジメント・ツールや統合としてのマネジメント・テクノロジーの理論的根拠や原理的説明を知ることは、人類によって蓄積された（時に圧倒され心を挫かせるほどの）膨大な知識に挑むことを要求する。

以下では、マネジメントの生成と発展をその学説に焦点を当てつつ極めて簡略に素描し、次いでそれらのグローバルな移転について考察する。その際、初期の実務家による貢献を取り上げ、次いで第二次大戦後のグローバリズムのイデオロギーを背景とした学者・研究者による貢献を取り上げる。その主体の変遷のなかにマネジメントの学の生成・展開（進化）の特徴を映し出したい。

二　マネジメントの生成と発展

(1)　マネジメントの生成

マネジメントの生成と発展の歴史は、工場制と会社制度の発展と深くかかわっている。しかし、産業革命による工場制の成立が直ちに近代マネジメントの生成を意味しない。「十八世紀のいわゆる産業革命は、中世の土俗的技術の長期間にわたる発展過程であった」（A・ティレット他、一九七〇、邦訳・岡田他、一九七四）から、工場制の重要な発展段階である大量生産（マスプロダクション）システムの成立をまたねばならなかった。その限りにおいて、近代マネジメントの生成の源は、産業革命の先進国「カスタムメイド」の国英国ではなく、「アメリカの発明」としての大量生産を実現したアメリカ合衆国であった。企業の場におけるマネジメントへの関心は、技師や会計士という伝統的専門職業人によって行われた部分を除けば、たかだか一〇〇年ほど前からの出来事である。

企業組織についても、個人所有や原初的なパートナーシップの時代を過ぎて、会社制度のある発展段階に達することが必要であった。大規模な生産システムを構築するための多額の資金の調達の仕組みとしての株式会社制度の確立が必須であった。リスクを負うことをものとせず、イノヴェーション（革新）を達成しようとする旺盛な企業家精神の持ち主と、その潤沢な資本を提供するパトロン（エンジェル）の存在が、マネジメントの生成と確立の背景として必要であった。

(2)　マネジメント研究の担い手たち

マネジメントの研究は、さまざまな人々によりさまざまなアプローチで行われてきた。初期のマネジメント研究の嚆矢として、米国人テイラーとフランス人ファヨールをあげることに異論をさしはさむものはいないであろう。テイラーは科学的管理の父として、またファヨールはマネジメント過程論の鼻祖としてマネジメント論ないしマネジメント学の体系化の端緒を開いた。かれらの業績のひとつとしての著書の公刊は、テイラー『工場管理』(一九〇三)、『科学的管理の諸原理』(一九一一)、ファヨール『産業ならびに一般の管理』(一九一七)であった。かれらはともに、エンジニアーとして実務家であった。

(3)　マネジメントの発展と帰結

その後の発展として、マネジメントの各機能、テイラーによって扱われたインダストリアル・エンジニアリング＝生産をはじめとして、販売(マーケティング)、財務・会計、人事労務、研究開発(R＆D)、などの諸機能と、ファヨールにより提唱された計画、組織、調整、統制などの諸機能の研究が深化されていった。その当初の研究は、たとえばテイラーの弟子たちや後のテイラー協会に拠った人々のように、多くは実務家であった。が、実務家にして学者として「記述科学」としての組織論を書いたバーナードが例外的にいる。

マネジメントが、大学・大学院の正規科目としての地位を獲得するに従い、マネジメントの研究は多くの学者を動員するようになっていく。そして豊かな実りをあげることとなる。このマネジメント研究の盛んな国米国では、大学および大学院レヴェル(いわゆるビジネス・スクール)のマネジメント教育のもつ特性のゆえに、つねに実践性が強調され、マネジメント論やマネジメントの学としての科学的性格についての吟味はないがしろにされがちであった。

その中で、例外的にクーンツの研究がある。クーンツは、フランス人ファヨールの研究に発祥し一九六〇年代初頭までにすでに米国の伝統的マネジメント論となっていた管理過程論に拠りつつ一九六〇年代初頭、米国のマネジメント論研究の状況を「ジャングル」（クーンツ、一九六四）と形容した。かれによれば、米国のマネジメントの学派は、六学派からなり、それは統一理論の中に解消されなければならないとした。かれはおよそ二〇年後に、「ジャングル再訪」（クーンツ、一九八〇）をはたし、マネジメント研究が成熟していないことを言う。その理由として、米国のマネジメント研究は一九六〇年代以来、より科学的なアプローチの奨励と、この間のビジネス・スクールの急速な拡大に、災いされたことをいうのである。

後者の問題は、もとよりより科学的アプローチの奨励の動向と絡んで、狭い領域についての研究経験しか持たないままの教員が教壇に立つことをさせ、実務経験を持つ教員の採用という米国ビジネス・スクールの伝統が破壊されていたことを意味すると、するのである。

米国のマネジメント研究は、そののち戦略概念をもとに、統合されていく。マネジメント論が戦略的アプローチに行きついた画期は一九六〇年代とみなせるが、マネジメント学説――IEを中心とした生産、販売（マーケティング）、財務・経理、人事労務、研究開発などの機能、なおまた、伝統的過程学派の計画、組織、調整、統制機能と、それらの内容を構成する各種のマネジメント・ツール、さらにそれらのラショナールを提供する諸科学――を統合する概念は、少なくともクーンツにはなかった。事実、かれの六〇年代と八〇年代の初頭の学派分類に戦略的アプローチは出ていないのである。

一九九〇年末葉、ミンツバーグらは、マネジメント論の行き着く先としての戦略論の発展をとらえて『戦略サファリ』（アフリカ・スワヒリ語で狩猟・探検旅行の意味）（ミンツバーグ他、一九九八、邦訳・斉藤、一九九九）として、おそらくクーンツの「ジャングル論」をもじってとらえている。

マネジメントは、マネジメント・テクノロジーとして各種マネジメント機能にかかわるエクスパーティス（専門的知識とスキル）のトータルな体系として、形成され、進化していくのである。一方、マネジメントはいよいよ学際的性格をあらわにしているようにも思える。そして、現実の多くのマネジメント学者は、その学際性を獲得することの困難に直面し、半ば当惑しているように見える。その解決は、戦略論に行きつくことで可能なのであろうか？　その際、改めて実務家と学者のコラボレーションが要請されよう。その実現の方法として、マネジメント教育に携わる教員の「インターンシップ」が必要なのかもしれない。

三　マネジメントのグローバルな移転

(1)　初期の国際的移転

マネジメントは、先の章で述べたように、工場制と会社制度の一定の発展段階に達した国にのみ有効な技術として存在した。それは、マネジメントの先進国としての、まぎれもなく近代的な産業社会をいち早く形成し、さらに成熟させていったアメリカ合衆国から、その他限定された国々—大西洋を挟んだフランス、ドイツ、イタリアへ、そして太平洋を挟んだ日本へのマネジメント技術の移転としてとらえられうる。マネジメント技術を体系化したF・W・テイラーの科学的管理に代表させて、その移転の事例の一部を以下にみてみる。

(a)　フランス

テイラーの科学的管理のフランスへの紹介は、間接的とはいえ一九〇〇年のパリ万博をきっかけとする。アメリカ合衆国の展示品のひとつとしてのベスレヘム製鋼所の「高速度鋼」に関心をもったフランス人化学者アンリ・ル＝シャトリエが、その発明者であるテイラーと交渉をもったことに端を発する。ル＝シャトリエは、テイラーの他の業績である科学的管理に大きな関心をもち、以後フランスにおけるテイラリズムの唱道者として専念した。かれは一九〇七年に、テイラーの『工場管理』を『金属学雑誌』に翻訳紹介、一九一二年にはロワイエとともに

『科学的管理の諸原理』を翻訳出版した。

一九二〇年には、フランス科学管理協会が創設され、以後幾度かの国際会議を主催するなどテイラリズムの普及に貢献したとされる。一九二六年同協会は、H・ファヨールの管理研究所と合併、フランス科学的管理全国協会となった。同じ時期、フランス経営者連盟や土木技師協会は科学的管理の研究・普及機関を設置する。全国産業奨励協会は、その機関誌に関連記事を掲載し啓蒙活動をしたという。また、技師、経営者らが渡米、科学的管理の実際を見学したという。

(b)　ドイツ

テイラーの科学的管理のドイツへの紹介は、フランスと同じく「高速度鋼」の発明者としてのテイラーと結びついている。科学的管理については、一九〇二―三年にかけアメリカ合衆国の機械工業の見学をしたP・メイラーによるとされている。テイラーの著作の紹介は、一九〇九年に『工場管理』が、一九一三年に『科学的管理の諸原理』が翻訳出版されている。テイラーの紹介は、一八五六年という早い時期に創設されたドイツ技師協会による一九一〇年代の管理改善運動に拍車をかける働きをした。そして、第一次大戦を契機として、それまで主として経営側の労働運動に対抗するイデオロギーであった科学的管理は、初めて労使双方による取り組みの対象となった。さらに大戦後、その展開は産業合理化運動として国家的規模に拡充された。アメリカ合衆国における科学的管理の普及に対抗したアメリカ労働総同盟の運動の歴史に照らしてみて興味深い。

(c)　日本

テイラー・システムの日本への紹介は、一九一二（明治四五）年四月加島銀行（現UFJ銀行の前身銀行、三和の前身銀行のひとつ）取締役星野行則の海外視察記『見学余録』の中に記した「原理的作業法」を嚆矢とするといわれる。同年一〇月には、専売局淀橋煙草工場技師神田孝一がテイラー・システムの同工場での適用研究の成果として『実践工場管理』を現している。また前記の星野は翌一三年、『科学的管理の諸原理』を翻訳出版する。

日本にあっても、第一次世界大戦は日本に科学的管理を標榜する各種団体の設立を促すこととなった。

一九一七年　エフィシェンシー研究会
一九二〇年　心理学研究会雑誌『心理学研究』通巻第一〇〇号「人間工学特集」
一九二一年　協調会付属産業能率研究所（二五年日本産業能率研究所として独立・改称）
一九二二年　大阪能率研究会
一九二三年　日本能率研究会
一九二五年　大阪府立産業能率研究所、日本産業能率研究所、テイラー協会日本支部

また、産業界での適応例も挙げられる。

一九一一年　鐘淵紡績「科学的操縦法」の提唱
一九一五年　官営呉海軍工廠（一九年に拡充）、鉄道院（二二年テイラー流職能式職長組織の導入、二九年体系的作業研究開始）
一九一六年　東洋紡本店における研究の開始
一九二三年　三菱電機においてウエスチングハウス社との技術提携をきっかけに導入開始

加藤威夫が中心、ギルブレスと親交のあった本間亀雄により先駆的研究はすでに始まっていた。コミュニケーション（交通・情報伝達）が、容易でなく迅速さを欠いている時代に、日米の間で人的交流があった事実は注目に値する。当時の日本の国際的な地位をうかがわせる。

コンサルタントによる業績
一九二〇年　上野陽一によるライオン歯磨厩橋工場

一九二一年　同　中山太陽堂、福助足袋
一九二四年　荒木東一郎による千代田製靴
一九二五年　同　日本鋼管

近代的マネジメントの出発点をテイラーの科学的管理において、その最も初期の国際的な展開・普及プロセスの一端を見た。そこから得られたインプリケーションは以下のとおりである。

第一に、科学的管理は世紀の変わり目から、一九三〇年代に至るまでの同時代史として、発祥の地アメリカ合衆国からフランス、ドイツや日本を含む産業化が一定のレヴェルに達していた国々への移転であったこと。

第二に、第一次世界大戦がもたらしたインパクトが大きいこと。すなわち、銃後の生産力の増強に科学的管理の方法が、必須と認識されるきっかけをなした。とともに、従来の経営側のイデオロギーとしてのとらえ方に対して、労使共通の利害であるとの認識を広めるきっかけを作った。

第三に、実務家たちの中の唱道者（アドヴォケイト）といえる人々の存在と、国際的団体や機関による組織的普及運動の効果である。唱道者によってこれら団体の運動がよく導かれたことによって、マネジメント、ここではテイラーの科学的管理の国際的移転が順調に行われたといえる。

第四に、特定産業技術の移転に伴いいわゆる科学的管理の理念や技法が移転されたことは想像に難くない。十九世紀後半から二十世紀の二〇年代ころまでに発明発見された原理やその応用技術（多くの特許技術をふくむ）が、製品技術とともに製造技術が「ノウハウ」を含め移転されたと考えられる。合弁や提携などをとおして個別企業間での国際的移転が進められた。

第五に、科学的管理は、普遍的原理として工業社会に一般妥当性を持っていたこと。

以上の考察では、科学的管理の国際的な移転にかかわる大学の役割を取り上げていないことを注記しておく。

(2)　第二次世界大戦後のインダストリアリズムによるグローバルな移転

第二次世界大戦の終了により、世界はヤルタ体制の下新しい秩序つくりの時代となった。米ソ両国による新興国向けの援助は、国際的援助競争を引き起こした。新興国の国つくりについて、インダストリアリズム（工業（化）主義）が標榜され、広義のマネジメントについての議論が、経済体制の議論とともに注目された。（カー、ダンロップ、ハービソン他、一九六〇、邦訳・川田、一九六二）社会・文化的な要素の工業化、すなわち経済発展に及ぼす影響が研究される契機となった。

マネジメントの生成に必要な背景として先に述べたような工業化の一定水準の達成はもとより、資本の蓄積もない経済的状況は、ひとまず米ソ両国の開発競争・援助競争戦略の中に解消されたものの、いわゆる新興の発展途上国へのマネジメント・テクノロジーの移植の成果はまちまちであった。移植先の最広義の社会文化という土壌が、工業化を近代化の一環として受け入れるだけの肥沃さをもっていたかどうかが、成果の差異を生んだ。その関連で、援助国を後ろ盾とし、新しく興った国家の政府による工業化政策の実施経過の中で、いち早く中進国の地位を獲得した一群の国々を見出すことができるし、またそれに続くものも見出せる。一方、予測された成果を挙げ得ずにいる国々もある。

当時までに工業化に成功した国の経験が、新しく検証されるところとなり、わが国日本もまたその対象となった。むしろ、非ヨーロッパ、すなわちアジアで例外的に工業化に成功した国として、さらには自由主義ないし社会主義的方法によらない第三の方法（J・C・アベグレン、一九五八）による成功例として、関心を持たれたことは事実であろう。自由主義陣営の盟主として、社会の近代化とそのための工業化のシナリオを主としてアジア・

アフリカ地域を対象に描き出そうとするとき、同じくアジアに位置する日本は、格好のモデルたりえたのである。それは日本研究の一環として、日本的マネジメント・システム研究を生み出すことにもなる。それは、アメリカにおける学者による豊穣なマネジメント研究、一方で「マネジメント・ジャングル」の様相を呈する時代を生み出した。と同時に、戦略論の誕生期を画することともなった。

(3)　日本への移転——マッカーサー元帥の決断

第二次大戦後のグローバルな移転のひとつの例として、日本にかかわる挿話がある。レンの「マッカーサー元帥の決断」（レンおよびグリーンウッド、一九九八、邦訳・井上他、二〇〇〇）の項で紹介されている。占領軍最高司令官マッカーサーは、日本の再建を果たすための手がかりとして、長距離通信ネットワークの構築とラジオの大量生産を考えた。占領軍経済科学局は、日本の急速な再建により日本が国際的に再び経済的・技術的強大国になることを恐れたが、マッカーサーの決断でその考えは退けられたという。電子工業の再建のために、マネジメントと生産管理に関するアメリカ式のノウハウが教えられることとなった。それは、第二次大戦中にアメリカで普及していたシューハートの統計的品質管理であった。それに従事したサラソンとブロッツマンは、その日本人の教え子たちの中に大きな種をまいたのである。

統計的品質管理を日本に移転すべく教えに来た二人の帰国後、日本科学技術連盟に寄っていた教え子たちは、一九五〇年デミングに統計的品質管理についての講演を依頼し、その後日本の工業生産の近代化・合理化に寄与すること大であった品質改善運動を広めるきっかけを作ったのである。これは後に日本の生産管理の核となるQCサークルとなって結実することとなる。このとき、デミングの招聘に必要な費用は占領軍が支払った。デミングもまた、その講演料を受け取らず、日本科学技術連盟が講演録を翻訳出版するのに印税も受け取らなかったという。デミングの功績は一九五一年にデミング賞の創設につながった。このエピソードを、マッカーサー元帥の慈悲心や雅量によるととらえるほどナイーヴに受け取る必要はない。当時の国際情勢の下、デミング招聘の費用負担を含めて、かれの、さらにアメリカ合衆国の戦略的配慮なのである。そうした理解は、なんら皮肉なものでもなかろう。一方、デミングの行動は、プロフェッショナル・エンジニアーとして、またメンターとしての気概によるものと、論者はとらえておきたい。

このエピソードに絡んで、デミングと並んでジュランを、またクロスビーを、そして日本科学技術連盟とともに日本能率協会を、さらに日本生産性本部（ＪＰＣ、今日の社会経済生産性本部）、そしてアジア生産性機構（ＡＰＯ）の名をあげておく必要がある。それらは、のちになって国際交流事業団、海外技術者研修協会などとのコラボレーションをとおして、日本からの発信によるマネジメント・テクノロジー全般のグローバルな移転にかかわっている。〝援助国クラブ〟ともいわれるＯＥＣＤ（経済開発協力機構）の一員としての日本からのマネジメント・テクノロジーの文字通り地球規模を意味するグローバルな移転が進んでいる。

(4)　ビジネス・スクール――もうひとつのグローバルな移転チャネル

論者は、マネジメント・テクノロジーの開発、移転の主体として西田耕三に倣って実務家、実務家にして学者、そして専門研究者によるものと分類し、マネジメント研究の発展の中、実務家によるものから専門研究者へのシフトが見出されることをいった。マネジメントのグローバルな移転に関連して、上の観点からビジネス・スクールの役割を考えてみたい。

ビジネス・スクールは、ロー・スクールやメディカル・スクールと並んで、プロフェッションとしてのビジネス・エリートの養成を目的とする教育機関である。今日ビジネスのグローバル化が進む中、グローバル・ビジネスにマネジメントとしての職を持とうとする人々に資格として求められる一組のエクスパーティスを与える学習プログラムを提供している。

事実上の国際標準としての英語を公式用語とし、国籍や出身国を異にする学生を人為的インターナショナル・クラスとして編成し、インターナショナルな環境を作り出して教育している。英語圏を除く地域にあるビジネス・スクールには公式用語として、英語以外の言語も公式用語として使うバイリンガル・スクールもある。また、グローバル・ビジネスマンやそれを目指す人々の中には、国籍は獲得してはいないものの特定の国に移住（定住）している人々は多い。

こうした環境を持つビジネス・スクールは、マネジメント・テクノロジーのグローバルな移転の重要なチャネルであり、そこに学ぶものたちは将来マネジメント・プラクティスを通してマネジメント・テクノロジーの事実上の国際標準化の担い手となるのである。ビジネス・スクールは、こうしてある種排他的なグローバル・ビジネスマンという新しい職業階層を、形成することに役立っている。そして、グローバリズムの重要な推進力になっている。

すでに述べたように、マネジメントの学習プログラムは、「戦略」概念によって統合される。ビジネス・スクールの教育は、まさに戦略的思考を理念とする教育プログラムを提供している。結果、ビジネス・スクールの卒業生であるＭＢＡホルダーたちは、本来自らの学習したものを、ある種金科玉条としてそれに従い、時に攻撃的行動をとる。ビジネス・スクールについて、またＭＢＡホルダーに対する毀誉褒貶の起こる理由のひとつである。

(5)　マネジメント・イッシュウとグローバル・マネジメント戦略

マネジメントの生成から今日までの進化過程のなかで、時代ごとに環境の変化に伴う個々の社会、個々の産業、個々の企業ごとに、当面する課題＝マネジメント・イッシュウを変えてきた。テイラーの時代、大量生産を可能にする工学的技術が時代の先端をゆくアメリカ合衆国に、科学的管理をもたらしたのは、その例である。その他、関連する書物の出版ブームをもたらしたイッシュウも、いくつもある。そもそも、マネジメントと絡んで「経営学ブーム」もあった。マネジメントは、あるとき流行語でさえあった。

今日、メディアの発展で、マネジメント・イッシュウは、個々の社会、個々の産業、個々の企業を超えて容易に、グローバル・イッシュウとなる。ＩＴのとどまるところを知らないかの発達は、あらゆる面でのグローバルなネットワーク構築を可能にした。結果、マネジメント・イッシュウもまたグローバル化したのである。たとえば、環境問題は、グローバルなモニタリング・システムが構築されればこそ、最終的には個々の企業のマネジメント・イッシュウとして受け止められるのである。

マネジメント・イッシュウの今日的状況は、グローバルにも国内的にも多端であり、その永続性、普遍性や新奇性は見極めるのが困難である。とはいえ、それらは端的に環境の変化に伴って、今日のマネジメントに対する要請を示しているのである。対象としての環境変化は、個々の企業ごとにその関わりは大いに違う。あるものにとってはきわめて密接であるが、他のものにとっては迂遠なかかわりしかない。

参考文献（主なもののみ挙げた）

Kranzberg, M. & Pursell, Jr. Caroll W., *Technology in Western Civilization*, Oxford University Press, New York, NY, 1967.（小林達也ほか訳『20世紀の技』東洋経済新報社、一九七六年。）

Tillett, A., Kempner, T., and Wills, G., *Management Thinkers*, Penguin Books Ltd., 1970.（岡田・高澤・齊藤・厚東・大見訳『現代経営学への道程——経営・学説・背景——』文眞堂、一九七四年。

原　輝史編『科学的管理法の導入と展開—その歴史的国際比較』昭和堂、一九九〇年。

Okada, K., "Introduction of F. W. Taylor's Scientific Management into Japan — Centering on the Role and Function of Organization —", *U. S.-Japan Comparison in National Formation and Transformation of Technology — Centering around Mass Production Systems* —,（財）日本科学技術振興財団、一九九五年。

Wren, D. A. & Greenwood, R. G., *Managerial Innovators: The People and Ideas That Shaped Modern Business*, Oxford University Press, Inc., New York, NY, 1998.（井上・伊藤・廣瀬監訳『現代ビジネスの革新者たち——テイラー、フォードからドラッカーまで——』ミネルヴァ書房、二〇〇〇年。）

齊藤毅憲著『上野陽一——人と業績——』産業能率大学、一九八三年。

三　グローバリゼーションと文化
――経営管理方式国際移転の社会的意味――

髙橋由明

一　グローバリゼーションとグローバリズムの意味

(1)　グローバリゼーションのもたらした諸現象

グローバリゼーション（グローバル化）は、まず、①一九七〇年代から企業の多国籍化の進展として現象し、さらに一九九〇年代の冷戦終結後、資本主義経済市場が世界規模に拡大し、市場経済へ参加する民族の数と絶対的人数の増大という現象をもたらしている。その中で、アメリカ多国籍企業を中心に、経済活動において市場原理主義を唯一の基準とすべきという傾向が支配的になっている。②技術（情報、通信、交通、機械など）のグローバル化は、特に一九九〇年以降のＩＴ技術の発展が経済のグローバル化を急速に進展させるが、アメリカ商務省の一九九八年一二月の調査によれば、デジタル・デバイド（情報への接近格差）は、民族、年収、教育レベル、年齢、都市か地方かといった居住地域等によって拡大していることが明らかにされている。

さらに、グローバル化は、③地球規模での生産・販売活動の増大、具体的にはヒト、モノ、カネ、情報の国際的移動の増大をもたらす。特に、金融の国際活動は、投機主義のグローバリゼーションをうみだす。[1]先物（future）、オプション（option）、スワップ（swap）での金融取引額は、世界の一日の商品・サービスの貿易総額の五〇倍とか一〇〇倍といわれており、アジア通貨危機の原因の一つとなった。また、④世界経済のルールを統一化（Global Standard）しようとする動き（例えば、国際会計基準の設定、銀行が一定の自己資本を保持すべきというBIS規制＝The regulation by the Bank for International Settlements, など）がある。そうした背景で、⑤各国政府の経済的主導権（initiative）が薄弱化し、マクロの視点からは各国の生活水準の平準化。先進国では、職場が外国に移転するため、敗者と勝者、貧富の格差の拡大。発展途上国では、市場での経済競争が進展し始め伝統的な共同体・人間関係の喪失が起き、伝統的文化・価値観の喪失が起きる。

(2)　グローバリゼーションの意味・定義

グローバリゼーションとは、政治学、社会学の分野では、地球上の遠隔地相互の社会関係が、政治・経済・文化・環境などすべてのレベルで連関性を強め、世界のある地点の出来事が、世界中の人々にほぼ同時に認識され、直ちに反応がおきるようになっている状況を意味するとされている。[2]この場合、こうした状況が生まれてくる過程で、協力より競争を生み出し、階層性、不均等性、不平等が生み出されていることを指摘する研究者も少なくない。

経済学の分野では、グローバリゼーションを、第一に「資本・商品・サービス・労働力・技術といった諸資源の国際的移動の増大といった実態を意味して」いること、しかし、第二に「このような諸資源の国際的移動を実現し許容してきた自由化・規制緩和の政策を意味する場合」もあること、さらに第三に「世界的な自由放任こそが、ベストの効率と経済的厚生をもたらすという市場原理主義的イデオロギー＝グローバリズムを意味する場合もある」。[3]したがって、グローバリゼーションを問題にするときは、つねに実態と政策ないしイデオロギーを区別して論議しなければならないことになる。

ウェブスター英語辞典に「グローバリゼーション」あるいは「グローバリズム」という言葉が掲載されたのは一九六一年といわれているが、[4] 経済学、政治学、国際政治学などの社会学の分野でこれらの言葉ないし概念が頻繁に使用されるようになったのは一九九〇年代に入ってからである。このことは、グローバリゼーションの現象が東西の冷戦終結と密接に結びついており、冷戦終結が、ヒト・モノ・カネ・情報・サービスをそれ以前より「短時間で容易に」移動させることを可能にしたといわれている。それは、アメリカにおいて冷戦終結により軍事技術が民生用に開放・解放され、情報通信手段の短期間での高度化・高性能化によってもたらされた。すなわち、冷戦期に軍事用に独占されていたインターネット・暗号技術・通信衛星・GPS（Global Positioning System）が商業用に開放・解放され、ＩＴ産業が急速に成長し始めたことにより、金融（金・サービス）・情報・サービスの同時的・即時的移動を可能にしたのである。[5] その意味で、現代のグローバリゼーションは、右記で見たようなグローバル化がもたらした諸現象・実態をみるかぎり、アメリカナイゼーションとして始まったともいえる。

この視点から、企業のグローバル化を検討するなら、各国の企業の海外進出にあたっての営利原則など経営活動の原則がいかなるものか、経営管理方式の海外移転の方式は移転先で文化摩擦をもたらさないのか、さらに、経営原則や管理方式、さらに経営者のとるべき行動を、利益・効率の最大化という一つの標準に収斂化できるのか、といった問題が提起されることになるのである。

(3)　「グローバリズム」、「ローカリズム」、「リージョナリズム」の意味

「グローバリズム」とは、世界市場では「市場原理主義」が唯一妥当し、それが正当であるとする思想・立場である。多国籍企業のグローバルな活動は、多面でローカルな経済・社会・文化活動と直面し、そこではグローバルな基準とローカルな秩序・基準とのすり合わせが行われる。経営管理方式の移転も、その一つである。その場

合、グローバルな基準（市場原理主義）とローカルな基準（例えば、ある国の市場開放基準）、その中間にあるリージョンの基準（例えばＡＳＥＡＮとか東アジア地域の基準の傾向）があるといえる。リージョナリズム、ローカリズムは、グローバリズムに対抗する立場・思想といえる。

だとすれば、従来、日本の研究者が、日系企業の各国における経営管理方式の移転の比較研究に中心をおき、本国の管理方式を無修正で移転できるのか、それとも現地に適応するため一部修正して導入されるのか、といった問題の分析だけでは、不十分となる。日本の経営方式の移転の社会的意味について、すなわち、それが無修正で直接移転される場合と、現地に適応し一部修正されて導入する場合の、現地経営者と従業員への影響について検討されなければならなくなるのである。

二　経営学文献における「文化」の意味について

私は、これまでの研究で、経営管理方式の国際移転の視点から、中川敬一郎の研究[6]の「文化要因」に依拠し、文化を「ある国のある時代の人々の思考・行動様式」であり、具体的には「生活目標、価値体系、社会的格付け意識、行為の形式」と定義してきた。しかも、中川は言及していないが、私は、これらに影響を与える要素として宗教、政治、法律、教育などが含まれるものと主張してきた[7]。

これまで「企業文化（corporate culture）」と「企業風土（climate of firm）」と名がつく文献は多く出版されてきたが、「文化」そのものについての考察は、国際経営の分野での異文化（cross cultural）マネジメントを取り扱った文献においてなされていることが多く、一九八〇年代の終わり頃から目立つようになった。文化人類学者であれ国際経営学者であれ言及しているのが、Edward Tylor の一八七一年の著作『文化の起源』[8]と Kluckhohn

の一連の著作である。今回はこの両者の著作（原典）にあたることができなかったので、文化人類学者 Gary P. Ferraro が異文化経営について論じた著作と、国際経営学者の Nancy J. Adler が文化についてふれた著作に依拠しながら、文化の概念について若干の考察をしよう。

G・フェラーロもN・アドラーも、E・タイラーの文献から文化についてつぎの引用を行っている。文化とは「知識、信仰、芸術、道徳、法律、習慣、そして社会の一構成員として獲得される他の能力や習慣を含む複合的全体」[9]。この場合、「社会の構成員として」の意味は、文化というものが少なくとも二人以上の人々によって共有されていることを意味する。アドラーはクラックホーンの長文の定義を紹介しながら、文化とは、結局、つぎのようなものだとまとめている。①ある社会集団のすべてか、ほとんどの構成員によって共有されるもの、②その集団の古い構成員が若い構成員に伝えようとするもの、③（道徳、法律、習慣の場合のように）行動を形成したり、人々の世界観を体系化するもの[10]。この意味で、この節の冒頭でかかげた筆者の中川に依拠し補足をくわえた定義は、ある程度適切といえよう。

ところで、先のアドラーが、その構成員の価値観、態度、行動の複雑な相互作用の反映を、「ある社会の文化志向」といえるとして、その関係を図に示して説明をしているので、ここで紹介しておこう。「個人は自分の人生と周囲の世界について持っている価値観を通じて、文化やその規範的特性を表現する。次に、こうした価値観が、ある状況のもとで、より適切で効果的と考えられる個人の行動様式に対する態度に影響をあたえる。絶えず変化している個人や集団の行動パターンが、最終的にはその社会の文化に影響を与え、その循環が再び始まる」[11]と彼女は説明し、価値観、態度、行動の違いについて、次のように述べている。

価値観とは、個人や集団にとって望ましいもので、その行動様式、手段、目標の選択に影響を与える。ある研究によると、個人（マネジャー）の価値観は経営戦略（従業員の選抜と報酬システム、上司と部下の関係、リー

図　人間行動に与える文化の影響

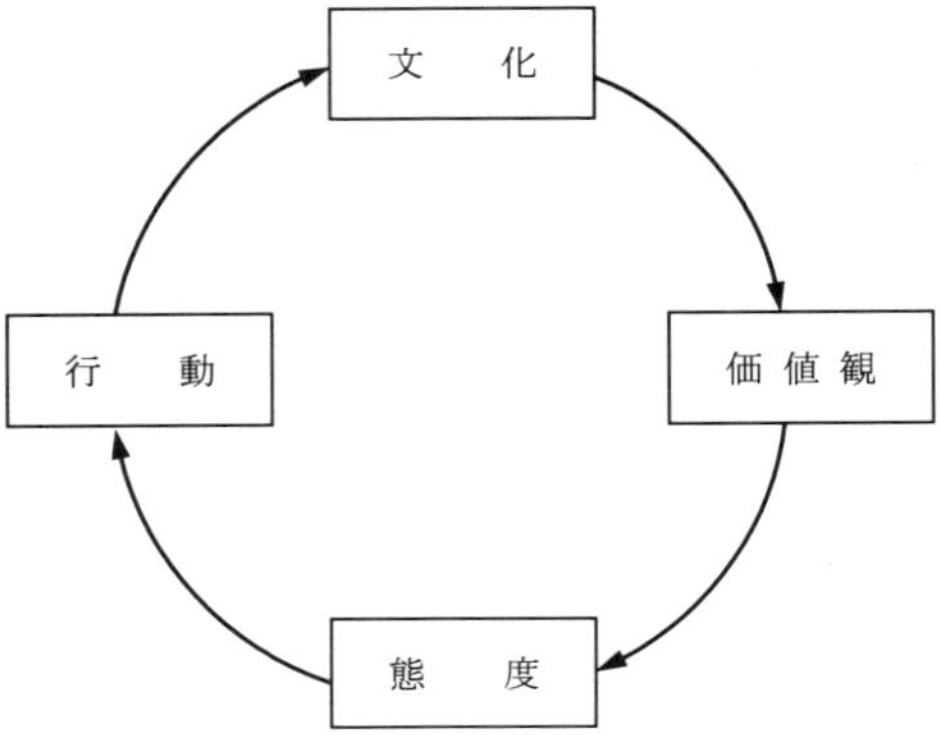

Resource : Adler, N. J., *International Dimensions of Organizational Behavior,* p. 17. 江夏・桑名監訳『異文化組織のマネジメント』15頁。

ダーシップ、コンフリクトの程度）に影響を与える。アメリカのマネジャーは家族を重要視し家族のメンバーを雇用しようとする。これに対して、アメリカのマネジャーは、個人の業績を重視するので、家族より管理者候補の資格試験の結果を重視する、という違いがある。

態度とは、価値観を表現し、人に何かに対して一定の方法で行動したり、対応したりする気持ちを起させる複合概念である。ある市場調査によると、フランス系カナダ人は甘い香りに積極的態度をとるのに対して、イギリス系カナダ人は清潔な香りを重視する、といった違いが現象する。

行動は、人間行為のすべての形態であり、ラテン・アメリカ人は北アメリカ人よりも近寄って立つが、日本人は北アメリカ人やラテン・アメリカ人のいずれよりも、離れて立つ、といった違いで、人間の行動は、その文化に規定されている。⑫

三　経営管理方式の規定要因――「文化構造」、「経済過程」、「事業体組織の態様」――

(1)　文化構造――「文化」とは、「ある特定集団メンバーの価値体系・習慣・思考・行動様式」を意味する。経営管理方式の国際移転の視点からは、「ある時代のある国の個々人の思考・行動様式、生活目的・目標・価値体系、社会的格付け（social ranking)、行動基準の型（pattern of conduct)」と定義する[13]のが適当である。国を越えると文化が異なるのが典型だからである。文化を構成する要素としては、その国の宗教、政治、法律、教育があげられ、それらの教示や法文の内容やそれに基づくその国の各制度により文化（人々の価値意識）が形成されると考える。[14]

しかし、同一国内でも知識階層や若年層のようなグループは、工業化・商業化・情報化・ＩＴ化の進展を受けとめられるのに対して、老年層のようなグループは、従来の共同体の生活が人間的であるとしてこれらを受けとめられない現象もみられる。したがって、文化の根源は、ある集団の価値観、いってみれば命を異にする個々人の属する集団の価値意識にあるといえよう。したがって、文化の特徴は多様性にあるといえる。

(2)　この文化は、「経済過程」に影響をおよぼす。アダム・スミス以来、経済学に現われる人間は、ホモ・エコノミックス（homo economics）と仮定され、いかなる場合も経済合理性で行動するものとされてきた。しかし、中川敬一郎によれば、アフリカの土着人の社会では、賃金を二倍にあげたら、二日分の賃金をもらったからと次の日は休むという現象がみられる。このように、これまでの経済学は、人々の属する社会・組織と人々の行動態様と、経済の発展の程度との関係の分析を無視してきた。この指摘は中川の貢献である。

しかし、中川が指摘しなかったことをここで付言することは重要である。それは、経済行為を文化行為と比べるなら、文化は多様性を追求するため、学問的にも数量化できないのにたいして、経済は効率化を結局は単純化・標準化を追求するため、数量化することにより科学性が高まると考えられてきたということである。中川が議論しているのは、その経済性・効率化・標準化の程度が、その国の歴史・文化に影響を受けて、経済行為を単に経済人仮説だけでは説明できないとしているのである。したがって、中川も経済が単純化・標準化を追求する傾向があり、文化が多様性をもつことを否定はしないであろう。

(3)　人々が、居住を共にする家庭だけでなく、経済活動または社会参加する「事業体の組織」の態様も、「文化」構造、「経済」過程と関係する。事業体組織こそが、地域での価値体系をもった従業員・経営者の意識・価値観と、事業の目的・価値とのすり合わせが生まれるところであり、「企業文化」の研究とは、まさに各企業におけるこの問題の比較分析なのである。松下もある集団であり、ソニーもある別の集団であり、その思考・行動（経営理念・戦略）は当然異なるのである。また、ソニーとベルトレスマン（Bertelmann: ドイツ最大のメディア会社で、売上高は世界第四位、欧州第一位。会社憲章に高い倫理規定を明記[15]）も、異国の別の組織（集団）であるので、日本とドイツの文化の違い、経営者と従業員の価値、目標が違うのであるから、その思考・行動も異なるのである。

このことと関連して、E・H・シャインは、組織文化を定義して次のように述べている。「ある特定のグループが外部への適用や内部統合の問題に対処する際に学習した、グループ自身によって、創られ、発見され、または発展させられた基本的仮定のパターン——それはよく機能して有効と認められ、したがって、新しいメンバーに、そうした問題に関しての知覚、思考、感覚の正しい方法として教え込まれる——ものである」[16]。その意味で、松下マンとソニーマンの経営行動の相違は、夫々の会社の文化の相違として育まれることになるのである。

N・アドラーは、組織文化と国の文化の関係に付いて、ホーフステッドの研究に依拠してつぎのように述べている。「組織文化は国の文化を取り除くものであろうか。あるいは少なくとも希薄にするであろうか。驚くべきことに、答えはノーである。従業員とマネジャーは実際に自分達の民族性を職場に持ちこむのである。・・・彼（ホーフスッテド）の研究では、従業員の態度と行動の違いの五〇％が国の文化に起因するものである。職種、年齢、性別、人種よりも国の文化に起因する違いが多かった。」[17]。その意味で、一般的に、松下とソニーの間で見られる企業文化の相違よりは、ソニーとベルトレスマンの間で見られる経営者・従業員の経営行動の相違の方が大きいといえる。

(4)　この「文化構造」、「経済過程」、「事業組織の態様」は、相互に影響しあう。グローバルな経済・企業組織の過程は、経済効率、標準化を追求するがゆえに変化の速度が相対的に速いのにたいして、ローカルな人々の生活スタイル、価値意識の変化は、文化が多様性という基本的な特質をもつがゆえに、その速度は相対的に遅いといえる。

四　管理方式の国際移転とその移転地域の社会・文化への影響

(1)　経営管理方式の移転を容易にする要因と難しくさせる要因

これまでの研究では、経営管理方式を修正せずそのまま移転・移植することを「適用（application）」というのに対して、地域の状況に適合させ修正して移転することを「適応（adaptation）」といわれてきた。[18] 経営管理方式の移転が比較的容易かそれとも困難かは、①その経営方式を導入するある日系支社が単独所有ないし過半数所有か、それとも合弁企業であるかどうかによって異なる。また②日本の経営方式を導入するその日系支社が、アメリカに立地しているのか、それともヨーロッパかアジアに立地しているかによって異なる。[19] さらに、③当然のことながら、管理技術の性格の視点から、その技術が生産現場に多くみられるように標準化・マニュアル化され得る技術は、国際移転し易いのに対して、文化に依存し標準化しにくい技術（管理階層の上部に多い）は、移転しにくいということができる。[20]

(2)　経営管理方式の移転の現地文化への影響—経営管理方式の海外移転の社会的意味

経営管理方式の海外移転も一種の熟練の移転であり、労働者から機械や管理者への価値の移転といえる。藻利重隆教授は、熟練の移転について、(a)作業者から機械への移転（作業の機械化）、(b)作業者から管理者への移転（作業の管理化)、(c)事務作業者から機械への移転（事務作業の機械化）に分けて考察した。経営管理方式の海外移転は、機械設備、作業方法、管理方式の移転であるので、(a)、(b)、(c)が同時に生じるといえる。つまり新しい経営管理方式が現地の古い管理方式とそっくり取り替えられるなら、藻利教授の主張する熟練の移転が生じるのである。[21] そこでは、熟練を奪われた労働者の、作業の単純化、地位の格下げ、没個性化が生じる。したがって、外国の新しい管理方式の導入は、従来の方式より能率をあげるが、従来の方式のもとでの管理者の熟練や労働者の熟練は不必要になり、その国のそれまでの管理方式や労働に携わっていた管理者や労働者個人を没個性化させ、彼等の労働の価値を格下げさせることになる。[22] このことは、その国の旧来の価値・文化を喪失させることになる。

しかし、多面で、外国の経営管理方式を一方的に強制的に導入するのではなく、時間をかけて学習し、その国の企業の状況に適応・修正する形式で導入する場合は、従来の管理者、労働者も新しい熟練を身に付けることができ、彼らの熟練の格下げや没個性化は防げるであろう。したがって、この場合の管理方式の国際移転は、それほどの文化摩擦を生じさせないであろう。したがって、グローバル化の時代においては、異文化間での相互理解・学習を進展させることが重要となるのである。このことを指摘しておくことは、発展途上国やイスラム世界で、「反グローバリゼーション」、「反グローバリズム」の動向が強いことを考慮すれば、極めて重要である。

五　む　す　び

最近、グローバル・スタンダードといわれ、ある国の基準を世界に広めようとの動きがあるが、それは各国および地域諸国の伝統的文化の多様性を喪失させる恐れがあるといえよう。私は、アメリカン（地域）・スタンダード、ヨーロッパ（地域）・スタンダードが認められるように、近い将来アジアン（地域）・スタンダードを創り上げていくべきであると考えている。ＡＳＥＡＮプラス日本・韓国・中国の会議で議論されている、また日本が主張している、アジア通貨圏構想などはその第一歩といえよう。[23] アジア経済圏・通貨圏の設立にあたっては、私達日本人は、アジアの人々と手を携え、ヨーロッパの人々が、五〇年かけて創造したヨーロッパ共同体（ＥＵ）の形成過程から多くを学ぶべき、と考えている。

参照文献

(1) Schmidt, Helmut, *Globalisierung: Politische, oekonomische und kulturelle Herausforderungen*, Deutsche Verlags-Anstalt GmbH, Stuttgart 1998.（大島・城崎訳『グローバリゼーションの時代——21世紀への最大の課題に挑む——』集英社、二〇〇〇年。）

(2) 滝田賢治「グローバリゼーションと国際関係」季刊『中央評論—特集：グローバリゼーションと日本—』NO.238、中央大学、二〇〇一年winter、五三巻四号、二三—三二頁。）

(3) 鶴田満彦「グローバリゼーションとは何か」前掲『中央評論—特集』一七—二二頁。）

(4) 伊豫谷登志翁「グローバリゼーション・国際化」『世界』編集部、別冊『世界・50問そこが核心だ!』二〇〇一年四月。

(5) 滝田賢治「前掲稿」二五—二六頁。

(6) 中川敬一郎『ＮＨＫ大学講座：日本的経営』一九八一年、一二頁。

(7) 筆者が最初に中川敬一郎の企業経営のあり方を規定する三つの要因を最初に紹介したのは、一九八五年ロンドンの「ポリシー・スタディー研究所」でＭ・トレバーをチェア・マンとして開催された「第二回ユーロ・アジア経営研究学会（ＥＡＭＳＡ）」（約二〇ヵ国の研究者が加入している国際学会）においてである（この報告は、The Theoretical Problems of the Transferability of Management Style としてまとめられ、Trevor, Malcolm, ed., *The Internationalization of Japanese Business*, Campus/Westview, Frankfurt, 1988 に所収されている）。また、髙橋由明「日本的経営管理方式の海外移転」（中央大学企業研究所編『経営戦略と組織の国際比較』中央大学出版部、一九九一年、四一—七七頁）、髙橋由明「標準化概念と経営管理方式の海外移転——移転論の一般化に向けての覚書——」（髙橋・林・日高編著『経営管理方式の国際移転——可能性の現実的・理論的諸問題——』中央大学出版部、二〇〇〇年、二七三—三一四頁、以下「標準化概念・・・」として引用）参照されたい。

(8) Tylor, E., *Origin of Culture*, New York: Harper & Row, 1871. Kroeber, A. L. and F. kluckhohne, *Culture: A Critical Review of Concepts and definition*, Peabody Museum papers, vol. 47, No. 1, Cambridge, Mass: Harvard University, 1951.

(9) Ferraro, G. P., *The Cultural Dimension of International Business*, Prentice Hall, 1990.（江夏健一・太田正孝訳『異文化マネジメント——国際ビジネスと文化人類学——』同文舘、一九九二年、三三頁。）Adler, N. J., *International Dimension of Organizational Behavior*, PWS-KENT, A Division of Wadsworth, Inc., 1991.（江夏健一・桑名義晴監訳『異文化組織のマネジメント』マグロウヒル出

版、一九九二年、一四頁。）

(10) N・アドラー、江夏・桑名監訳、同書、一五頁。

(11) N・アドラー、同書、一五頁。

(12) N・アドラー、同書、一六頁。

(13) 髙橋由明「標準化概念・・・」髙橋由明他編著『・・・国際移転』一九九一年、二七九頁。

(14) 髙橋由明、前掲書、二八二―二八七頁。

(15) ベルトレスマン社は、企業憲章につぎの規定をもつ。「われわれは、従業員からの豊富な情報を大事にし営業活動に反映させる、営業の利益は分かち合う、彼等が長く当社で働いてほしいと願う。法と法令を重んじ、高い倫理を規範を自らに課す。職場でのあらゆる形での差別やいやがらせを拒否する。従業員は、同僚にたいしてだけでなく、社会や環境にたいしても、常に責任ある態度でのぞんでほしい」。

(16) Schein, Edgar H., *Organizational Culture and Leadership*, Jossey-Bass Inc. Publisher, California, 1985.（清水紀彦・浜田幸雄訳『組織文化とリーダーシップ』ダイヤモンド社、一九八九年、一一頁。）

(17) N・アドラー、江夏・桑名監訳、前掲書、五六頁。

(18) 安保哲夫『日本的経営・生産システムとアメリカ』ミネルヴァ書房、一九九四年。

(19) 岡本康雄『日系企業 in 東アジア』有斐閣、一九九八年。

(20) 各経営管理方式の国際移転の難易については、髙橋由明「標準化概念・・・」、前掲書、二九六―二九八頁参照。

(21) 藻利重隆『経営学の基礎（新訂版）』森山書店、一九七七年、一一三―一一五頁、雲島良雄「企業職能の分化とその構造」藻利重隆責任編集『経営学辞典』東洋経済新報社、一九六九年、一七七―一八一頁。

(22) Braverman, H., *Labour and Monopoly Capital, The Degradation of Work in the Twentieth Century*, Monthly Review Press, 1974. Gutenberg, E., *Grundlagen der Betriebswirtschaftslehre*, I. Band Produktion, 18 Auflage, Springer-Verlag, 1971, S. 238.

(23) アジア通貨圏構想の可能性については、Takahashi, Y., On the Policy of Reserving Different Currency after the Asian Crisis.（第五回世界経営学会連合年次大会：ＩＦＳＡＭ、二〇〇〇年七月、モントリオールで開催での報告テーマ、後に一部修正加筆して、Holzhauzen, A. (ed.), *Can Japan Globalize?* Physical-Verlag：A Springer-Verlag Company, 2001, pp. 379-391 の第二六章に所収。さらに、これを邦訳し加筆修正し、髙橋由明「アジア通貨危機以降の東アジア企業の通貨保有政策」『商学論纂』中央大学商学研究会、四二巻五号、二〇〇一年三月、二九三―三一四頁に所収）を参照されたい。

※本研究は「平成一三～一四年度科学研究費補助金（特別研究員奨励費）」と、「二〇〇一～二〇〇二年度中央大学特定課題研究」の研究成果の一部である。

四　現代経営と地球環境問題
――経営学史の視点から――

庭本佳和

一　経営学史研究と環境問題――経営学史的視点とは何か――

1　経営課題としての地球環境問題

二十世紀はフォード・システムによって確立された大量生産・大量消費の時代であった。これが社会に豊かさをもたらし、人々の価値観を変え、社会を大きく変化させた。そして今、現代社会を激しく変動させ、時代を大きく転換させる諸現象を情報化、グローバル化、エコロジカル化と特徴づけることができよう。

社会を揺り動かす三つの現象は、相互に関連している。急進展する情報化がグローバル化の技術的基盤であるが、グローバル化が情報化を促したともいえる。情報化はまた一時鎮静化したかにみえた環境破壊が、実は地球的規模でますます深刻化していることをあぶりだした。一九八〇年代末に浮上した、いわゆる地球環境問題だ。六〇年代末に公害に困惑した人々も、三〇年を経た今日、これを「人類共通の解決すべき問題だ」と真剣に受けとめており、その対処いかんが経営体の盛衰を決定するようになった。二十一世紀経営の最大の課題である。

地球環境問題の本質は、「自然の破壊と生命の危機」の問題であり、有史以来の人類の願望であった豊かさ追求の「思わざる結果」であった。これに情報化やグローバル化の思わざる結果が絡めば、事態はより深刻化する。情報技術革新のスピードは、経営体に機会と脅威をもたらすだけでなく、人間の身体的反応をはるかに超えているからだ。それどころか、バーチャル・リアリティで地球環境の危機を理解し、バーチャル・コミュニティで人々と接するとき、知識と身体が切り離され、身体に基づく主体性が簒奪されている。それを生命性の簒奪と言い換えてもよく、情報化の思わざる結果である。それは地球環境問題の理解と行動の限界ともなりやすい。

とかく普遍性が強調されがちなグローバル化も同様である。世界が文化価値の多様性を喪失すれば、創造性の源泉を失うだけでなく、生命の多様性を保持する基盤まで失うからだ。現代経営の課題としての地球環境問題を論じる場合、ここから始めねばならないが、本稿では指摘するにとどめおき、他の論者に譲ることにしよう。

2　経営理論の環境認識

企業を含めて経営体は、環境変化に適応し、存続してきた。むしろ、現代の経営は過去の環境の創造物であり、現代の経営環境も過去の経営行動と環境の相互作用の結果生み出された歴史的産物である。相互作用的創造に、経営と環境の関係の本質がある。それにもかかわらず、経営学は長い間、経営システムの内的ダイナミズムの解明に力を注いできた。これを脱却し、経営体が環境に開かれたオープン・システムと解したのは、C・I・バーナードが最初であった。このシステム観に立脚してコンティンジェンシー理論や経営戦略論が生まれたといえる。

もっとも、経営戦略論が認識した環境は、主として経済環境であり、せいぜいのところ政治環境、そして社会環境が考慮されたにすぎない。自然的要因はスッポリ抜けているか、公害現象や環境問題が社会的、政治的圧力としてわずかに説明されるだけであった。この点は、環境をより精緻に、かつ実証的に捉え、操作化に一応成功しているコンティンジェンシー理論も変わらない。社会的責任論で扱う環境も利害者集団論にとどまっていた。

本報告で問う環境とは、経営学が長く無視してきた自然環境で、利害者集団論を超えて自然や生命そのものと直接向かい合い、内包して理論化することが要請されている。当然、これまでの経営学史研究の対象外であった。

３　地球環境問題への経営学史的視点

経営学の環境認識が前述のようなものであれば、経営学史の視点から「現代経営と地球環境問題」を論じることは極めて困難となる。そもそも経営学史的視点とは何なのか。それは大きく三つであろう。

第一は、理論史（狭義経営学史）およびその生成基盤となった思想史からなる経営学の歴史（広義経営学史）を把握して、経営学の課題と性格を含めた「経営学とはいかなる学問か」を探ることである。いわば経営学の自己認識であり、経営学の全体と細部を捉える地図づくりだ。第二は、社会科学には難しい実験的・検証的役割である。科学的管理法の研究は、テイラー理論が当時の経営課題にどのように応え、役立ったのかを明らかにできるだろう。第三は、直面する経営課題の解決の糸口を過去の経営理論に求めるものだ。現代的視点からの読み方も必要だろう。本報告の「現代経営と地球環境問題」への経営学的視点とは、この第三の立場に近い。

地球環境問題に直面する現代の経営体は、環境志向的経営行動が求められている。企業の経営実践においても模索されてはいるが、未だ十分ではないし、それを導く環境経営理念も未完成だ。経営実践を支え、時に提言する経営思想も経営理論も確立していない。もちろん、過去の経営理論を踏まえることなく、現代の経営学者が環境経営思想と環境経営理論からなる経営学を構築できるならば、経営学史的視点は必要ないかもしれない。しかし、経営学の現状をみれば、その可能性は薄い。ここに経営学史的視点が浮上する。しかし、経営学史上でもこれに応え得る理論は極めて乏しく、バーナード理論が例外的な存在だろう。本報告もバーナード理論を基礎に「現代経営と地球環境問題」への接近を試みようとするものである。

二　環境思想から経営思想へ

1　生命システムとしての「人間」と「経営」

今日、自然や生命の観念は社会コンテクスト化しており、これを経営の思想と論理にいかに内在化するかが次の問題である。もちろん、従来から経営体や組織を生命とみたてて語ることは少なくなかった。生態学的知識と環境を重視する組織生態論（ポピュレーション・エコロジー）もその一つであるが、アナロジカル・アプローチに陥って、生命性そのものを掴み損なっている。少なくとも生命の証である自然との共生を経営の内的論理として展開していない。このような枠組はバーナードの人間と協働システム（経営体）の関係把握に既に示されている。協働システムの生物的要因は、当然に人間の生物的要因が基礎になっており、そこに人間的自然、生きた自然の理解から生命の論理を内包して、環境的自然を理解する道が開かれている（図1）。もっとも、経営体を人間とともに生きたシステムと理解するとき、その「生きている」意味が問われねばならない。

生命の本質は「余分なエントロピー（汚れ）を処分（廃棄)」（シュレーディンガー）し、自己を再創出するところにある。その意味では、環境にエントロピーを増大させるという犠牲の下に、自らのエントロピーを減少させて自己維持をはかる社会や経営（体）も生きている。重力をもつ地球は物質的には閉じていても、エネルギー的・熱エントロピー的には閉じていない。地球は、土壌循環（微生物）の働きで物エントロピーから転換された熱エントロピーを水循環と大気対流によって宇宙に捨てる能力をもっている（槌田）。生命はこの地球に自己生成してきた。限定された意味であれ、環境としての地球が生きているから、生命システムは生命を維持できる。①水循環と大気対流をもつ地球から、②生命（微生物から人間に至る生態的自然）が生成し、これを土台に、生命システムとしての人間活動からなる③社会が成立し、その大きな部分を企業をはじめとする④経営体が担っている。そこには①から④に至る生命の包括関係（図２）ないし生命システムの階層構造がある。②は①を超えて、③は②や①を超えて、④は③や②や、それを含む①を超えては生きられない。これが生命の論理であり、自然の秩序である。もし「自然に秩序がなければ、自然と生きることは難しい」（バーナード）。地球に自己生成した生命は、生命の包括関係ないし階層構造を自己に内在化させている。それは、いわば「生命の暗黙知」だ。

地球を含めた生態的循環が「生命の論理」だとすれば、生きている地球、生態的自然に対する要素としての生命の関係が、当該生命の「意味」である。したがって、生命の「意味」とは、生命の論理を生命自らが内在化したものにほかならない。ここに創出した意味は、「生きる」世界を切り開いた当該生命の生命性を反映するとも

図１　協働システムの構造と環境（庭本1981）

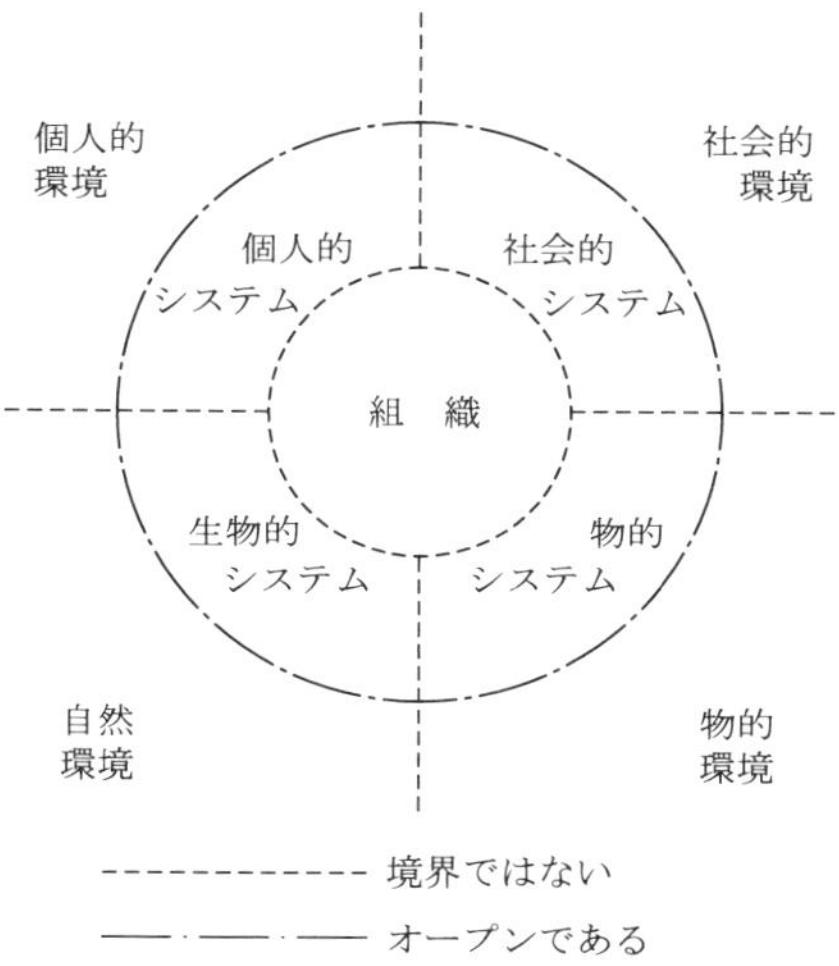

図２　生命システムの包括関係（庭本1993）

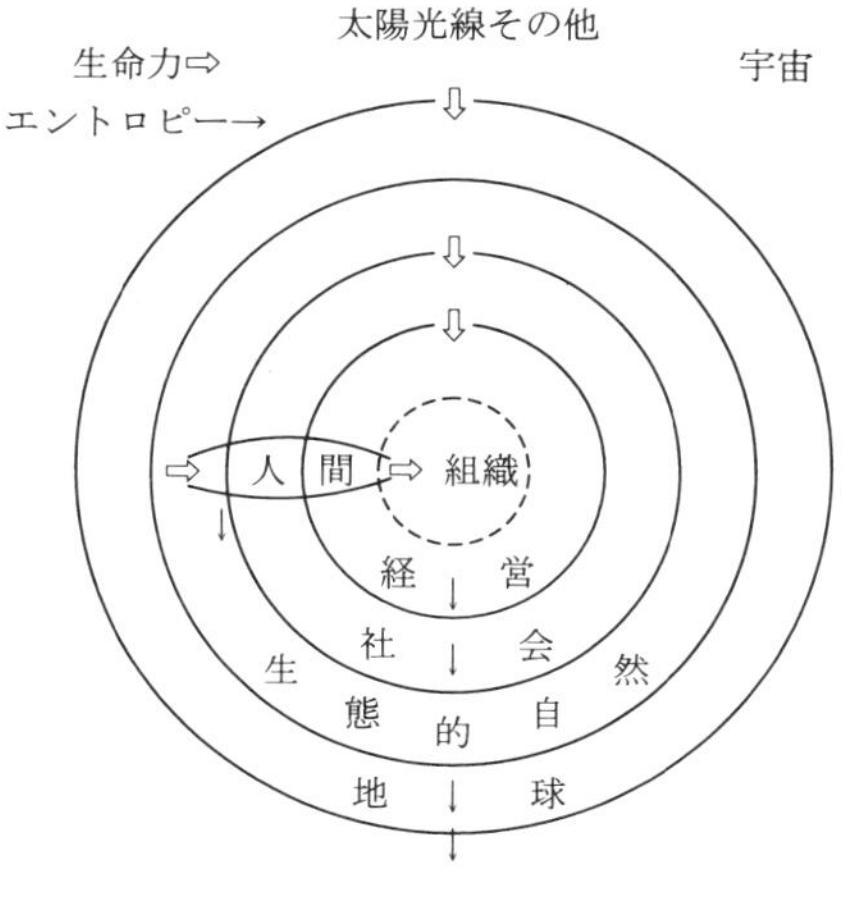

に「生きとし生けるものを産み出す」世界を反映することになる。そこでは生命の関係としての意味、つまり「生かされ」て「生きる」のであり、この「意味」に導かれて生命は自律的であった。あるいは、生命とは自己に内在する意味（生命の暗黙知）を通して生存をはかるシステムだ。ここに注目すれば、生命とはより一般的・抽象的には「意味システム」である。もっとも、単なる生命を超えてしまった社会的存在である人間の生命性は、生命の論理を自己の意味として、社会の文化や経営理念（過剰の意味）のなかに組み込み得るか否かにかかっている。

2　意味システムとしての「人間」と「経営」

地球に自己生成した生命は、地球と生態的自然にとって、その生態以来、「略奪・廃棄システム」であった。もっとも略奪・廃棄が生態的循環の範囲にとどまっている限り、そのこと自体が生態的循環を構成し、環境的自然との共生を破ることはない。しかし生命システムとしての人間は、その社会的存在性ゆえに言葉を獲得し、協働を可能にして、生命の意味を膨らましました。言葉による意味の過剰と意味の分裂である。ここに人間がつくり出した経営（体）は、「生かされつつ生きる」という生命の包括的意味を忘却して「生きる＝略奪」だけに専念し、ひたすら意味の過剰を追い求める。厳しくとも豊かな地球の生態的自然は、それを許し、おかげで人間は廃棄の難しさを長く知らずにすんだ。社会や経営が「捨てる」意味を忘れたのはそのためだ。

意味の消費は、略奪の自由と結びつくとき、際限のない意味の浪費に陥って自然破壊を招くが、意味の創造をも促す。人間が遊びを好み、ゲームに熱中する姿は、一面、意味の浪費だが、意味の創造の基盤である。遊びが意味を豊かにするからだ。そこには意味の消費なくしては意味を創造できない人間の矛盾した姿が示されている。

人間は今や意味の過剰なしに意味さえもちえなくなってしまった。人間が意味的存在だというとき、一般的には意味の過剰の部分に基づく。それは個人的意味を含みつつも、それを超えた人間の相互作用としての社会的意味（文化、価値、規範）として形成されている。人間はこの過剰の意味を通して、環境を捉え、体験を解釈し、行為してきた。その限りでは、過剰の意味が解釈システムとして働いている。この点は組織も変わらない。「意識的に調整された」組織が存続すると、そこには人々の相互接触である非公式組織が生成し、その濃密なコミュニケーションによって、個人の意味を超える意味が形成される。それが社会の意味と異なった組織の意味（組織価値や文化）であり、非公式組織がその基盤である。これを中核に含む経営もまた意味システムなのである。

経営活動や組織行為を理解する鍵は、その「意味」にある。「経営の意味」は、「社会の意味」から生まれ、とりわけ「経済の論理」を多く取り込んでいる。経営が、生命の意味を踏みにじってでも、市場に即応しようとするのはそのためだ。もともと人間協働が生命の意味を超える過剰の意味を生みだし、これが経営の基盤であったことを思えば、経営の意味に生命の意味が自生することは難しい。経営の意味に生命の意味を組み込む工夫が必要である。その役割を果たすのが、経営思想（哲学）にほかならない。過剰の意味システムだからこそ人間や経営には思想が必要なのである。経営においてそれを担っているのが、管理者の道徳的創造職能にほかならない。

3　意味の行方と身体知・行動知

生命とは「略奪・廃棄システム」であるが、システム内では「略奪＝廃棄」が貫徹していなければ生命を保てない。科学技術と結びついた協働の拡大によって、生命は、特に人間は、略奪の自由を大きくして「よく生きる」ことができた。だが、地球に自己生成した生命の廃棄は、生命の論理に従うことを宿命づけられている。これを破ると、生命システム内にいずれ「略奪≠廃棄」をもたらし、生命は死に至る。それを明らかにしたのが、かつての公害であり、今日の地球環境問題だ。「よく生きる」ことが「生きる」ことにつながらなかったのである。ここに「よく生きる」ことを超えて「よりよく生きる」ことが求められるが、生命の意味を基礎にした「意味の発展」が必要である。それは、意味の過剰の方向づけであり、決して意味の過剰の放棄ではない。過剰の最良部分たる知に生命の意味を組み込むのだ。その努力は、過剰が生みだした生命の自由（主体性）の最高の発揮である。

もちろん、生命の意味と過剰の意味を統一する知の構築は容易ではないが、身体的基盤の上に展開されるバーナードの行動知が、生命の論理を含む知の枠組を提供していよう。行動を通して得られる知識であると同時に行動するための知識＝行動知は、生命の論理に従う感覚や知覚の上に築かれた身体知にほかならない。スポーツや音楽演奏などでは日常的にみられるが、「視点」などの認識能力にも現れる。その多くは言語化が容易ではない暗黙知ゆえに、抽象度も低く、一般的には知識と認められることも少ない。しかし、身体知は人間が生きるための基礎的技能だけでなく、科学知を含めたあらゆる知識獲得を基礎づけている。当然、行動知や身体知は科学知に比べて広く深い。生命の危機に対して、自然に接する人々や現場の人々の認識能力が、しばしば科学知で武装した専門家を超えるのは、このためである。このことは、暴走しやすい過剰の意味を生命の意味に秩序づけるには、自然や生活の場をもち、絶えず接する重要性を示している。知識獲得や意味づけと身体を切り離しがちな情報化時代の今日だからこそ、この点が強調されねばならない。これを経営レベルでいま少しみておこう。

地球や自然を射程に入れて行動することが求められていても、日常的に激しい競争にさらされ、これに破れては生きていけない経営体にとって、自己からはるかに遠い所にある生命の意味を常日頃から自覚し、経営の意味として確立することは容易ではない。ここに生命の意味を経営の意味として組み込む道筋が示されねばならない。

経営の中核をなす組織行為は、参加者の身体的行為からなっている。バーナードの組織理解によれば、管理者、従業員、株主、債権者のみならず、取引業者、さらには顧客も組織貢献者である。これに地域住民や地域社会を加えることは、それほど無理でもないだろう。これら組織貢献者の行為は、感覚的・身体的であるからこそ生命の意味を内包しやすい。経営の反自然的行為は、そこを生活の場とする生活者が何よりも嫌う。エコロジカル化の高まりの中で、反自然的商品を提供される顧客は購買を拒否するだろう。食品の不正表示が時に倒産に至るのは、それが生命に直接かかわるからだ。また従業員は、とりわけ優秀な人材は公害企業への就業を好まない。いずれも組織貢献者の反応である。顧客や地域とともに生きようとする経営ならば、このことに気づいている。ここに経営の意味システムを磨く場があるだろう。ここで磨かれた経営感覚は、競争をも打ち勝つに違いない。

三　経営思想から経営の論理へ

1　「思わざる結果」としての地球環境問題――有効性と能率――

一九六〇年代の高度経済成長政策を押し進めた池田隼人元総理の秘蔵っ子で、自身も後に総理大臣になった宮沢は、六〇年代末の国会で河川の水質汚濁を質問され、「何とか答えたが、本当は何を問われたのか分からなかった」と三〇年後に回想している。初めて公害を指摘されて、すぐに理解できなかったのだ。若き日から切れ者と謳われた宮沢にしてそうであった。それを思えば、「資本の論理に促迫せられて大量生産様式が生み出され、資本の論理と大量生産様式が合体せられて、公害が生み出された」（一九七二）と指摘した三戸（公）はさすがに鋭い。後年、「随伴的結果」概念を駆使して地球環境問題に迫ったのは、この指摘からの当然の帰結ともいえる。

三戸の「随伴的結果」は、バーナードの能率概念からヒントを得ると同時にその不満から生まれた。人間行動と組織行動を評価する尺度として、バーナードが目的達成度としての有効性とともに能率を強調したことは広く知られている。能率とは、個人レベルでは「思わざる（意図せざる）結果」の満足であり、不満足は当然に不能率となる。協働行為では個人動機の満足に関連し、「協働システムの能率は提供する個人的満足によって自己を維持する能力」で、「組織の能率とは、そのシステムの均衡を維持するに足るだけの有効な誘因を提供する能力」だという。協働や組織レベルではこれに直接には論究していない。ここに三戸は、バーナードの能率概念に組織レベルでの欠落を見るのである。これに「具体的展開はないが、推論可能だ」と反論する谷口も、同じ認識だ。

宮沢の例に見るように、意図せざる結果を事前に把握することは難しい。だからこそ、個人であれ組織であれ、目的追求行為が意図せざる結果を伴うことすら長く認識できなかったのである。たとえば、新日本窒素水俣工場だけでなく、戦前から日本中で多くの工場が排水を川や海に流し、煙を大気に撒き散らしてきた。それら企業は、公害や環境問題を自らの目的行為の必然的な随伴的結果だと把握していたのだろうか。豊かな生活を夢見た個人は、その実現が、今日の深刻な地球環境問題を伴うと理解していたのだろうか。決してそうではない。どこまでも、意図せざる結果は思わざる結果であり、事後的にのみ「必ずある」随伴的結果と把握できるだけだろう。

公害情報や環境情報は、それが認識できてはじめて、情報化される。組織がそれを認識する契機は、広く捉えた組織貢献者の参加と離脱をおいてほかない。その意味では、バーナードの組織能率概念は、顧客を組織貢献者に含むその組織概念とワンセットになっている。ここにバーナードは協働能率を個人動機の満足に関連させ、組織に視点を据え直して（＝組織に内的な視点で）組織能率を「人々の貢献（協働意思）を確保し維持する能力」としたものと思われる。問題は組織能率から「意図せざる結果」が欠落しているかどうかだ。

動機の満足・不満足は、一般に目的行為の結果にかかわる。バーナードもそのことは承知しているが、「行為の原因ならざる動機」とも説明して、動機の満足・不満足で、目的行為の結果の満足・不満足だけでなく、確かに、意図せざる結果の満足・不満足を含めて論じている。しかし、組織目的が達成されても、個人目的が満たされなかったにしろ、個人にとっての意図せざる結果が不満足だったにせよ、個人が組織から離脱したら、そして今後参加してくれなかったら、個人の協働意思（身体的・精神的エネルギー）を生命源にしている組織にとって、これほどの意図せざる結果の不満足はあるまい。この「意図せざる結果」を扱うことが組織能率である。むしろ、組織能率を「人々の協働を確保する組織能力」と見たところに、地球環境問題をはじめとする意図せざる結果への対応を、経営の内奥に組み込んだ論理として展開できる可能性を秘めているように思われる。

2　自然環境の主体化と情報環境

経営体にとって、自らの生成基盤であり、日々の活動の中で直接向かい合っている経済・技術環境や、それと密接にかかわる政治環境は、特に「環境の主体化」といわずとも、認識しやすい環境であった。しかし、経営体と不即不離でありながら、客体視されていた自然環境や社会環境は、環境の主体化＝社会問題化してはじめて経営体から認識されるという現実は否定できない。思わざる結果としての地球環境問題もまたそうであった。

図3　環境の経営問題化（庭本1982）

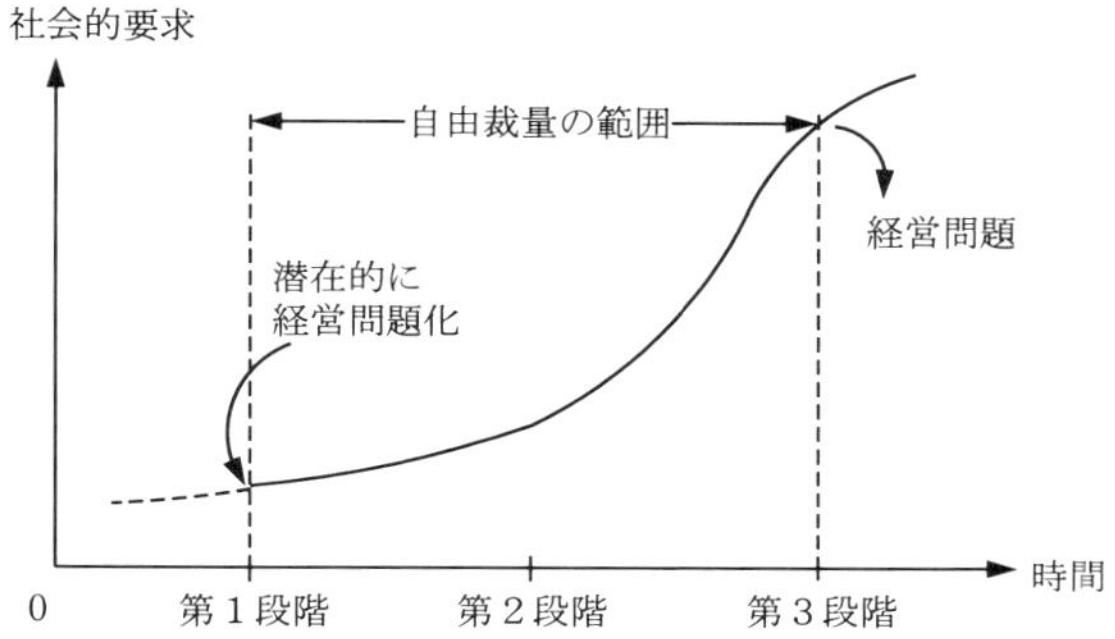

ところで、すべての問題はそれが社会問題化し、経営問題化するまで時間がかかり、通常三つの段階を経て経営に至る。第1段階：社会の一部に関心は存在するが、特に経営体（企業）に向けられていない。経営が環境から受けるシグナルは弱く、未だ不明瞭である。第2段階：経営体が広くかかわるのは明確になるが、社会的圧力は弱い。しかし、シグナルとしてはかなり強くなり、鋭敏な経営は概ねキャッチできる。第3段階：経営体への期待（社会的圧力）が明確になり、政府の規制なども予想され、一気に経営問題化する（図3）。

どの段階で問題となるかは経営の能力にも依っており、第1段階から第3段階が経営の自由裁量の範囲である。いわば社会的責任遂行の準備段階であり、これを超えると、実践が要請される。第3段階ではじめて問題を認識したら、経営の困難は大きく、反社会的行為に走りやすい。従来の経営戦略論や社会的責任論は、第2段階から第3段階の強い環境兆候をもって展開された。そこでは利害者集団が前提になっている。利害者集団を組

図4　情報環境と環境認知（庭本1982）

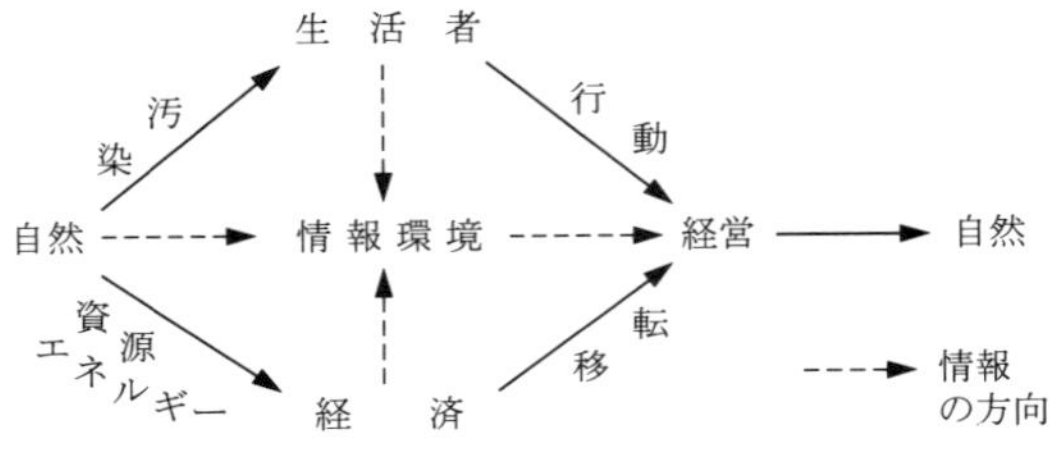

織貢献者として内部化したバーナードの組織理解はこれを超えてはいるが、今、問われるべきは利害者集団への影響要因である第1段階をも捉える環境モデルであろう。そのためには、環境間関係を明らかにしなければならない。

環境間関係を定式化すると、「生活者としての個人→価値観の変化→経済環境→経営」となるのが通常の場合である。環境問題では多くが、「①自然環境（汚染）→②生活者としての個人→③価値観（自然観・社会観）の変化→④社会環境→⑤政治環境→⑥経済環境→⑦経営（環境経営）→⑧自然（汚染減少）」であった。弱い環境シグナルをキャッチするには①～③こそが重要で、経営は政治・経済環境を経ずに、それらを直接に捉える努力が必要だ。それを可能にするのが図4の情報環境であり、経営は環境および環境間の動きや変化をすべて情報環境で捉えることができる。したがって、経営自らの環境観はこの情報環境を通じて形成されることになる。

もちろん、情報をいかに捉え、どのような環境観を構成するかは、経営の認識（解釈）能力によって異なり、そこに経営の主体性も発揮される。情報環境を入れて定式化し直した図4は、鋭敏な認識力があれば、経営が地域や経済からの強いシグナルをキャッチする前に自然環境からの弱いシグナルを直接捉えうることを示している。もっとも、認識が直ちに行為に結びつくとは限らない。地球環境問題のように自己から遠く、実感が伴いにくいとなおさらだ。情報化の思わざる結果である。ここに認識が行為に結びつく論理ないし思考が欠かせない。

3　責任中心思考と環境経営の論理

経営責任は、経済的責任と社会的責任からなる。早くから経営の社会的責任と意識されていたのは、株主への配当責任で、これは同時に経済的責任でもある。これを超える経営の責任が、社会的責任と認識された。わが国の場合、社会的責任論は大きく三つの時期で高まり、いささか混乱しつつ、領域的にも質的にも深められてきた。

第Ⅰ期社会的責任論（一九五〇年代後半）は、株主への責任を前提に、顧客に対する「良質・安価な製品・サービス」が強調された。今日、これは社会的責任というより、経済的責任を果たすための競争武器でさえある。第Ⅱ期社会的責任（六〇年代後半―七〇年代初頭）は経済的領域のみならず、消費者問題（製品の安全性等）や雇用問題（社会的弱者に対する就業保障など）も加わり、特に公害問題（生産プロセス廃棄物による地方的汚染）の解決が迫られた。第Ⅲ期社会的責任論（七〇年代末―八〇年代）では、第Ⅱ期までの問題を質的に深めるとともに、広く地球的規模での環境問題（とりわけ熱汚染や製品廃棄物）がその中核になるはずであった。私自身はそのように論じた（一九八二）し、今日の地球環境問題を認識していた。しかし、第Ⅲ期社会的責任論は浮上せず、八〇年代後半のバブル経済と歩調を合わせて、メセナ（芸術文化の擁護・支援）やフィランソロピーや企業市民が強調された社会貢献論へと展開していった。これは、より積極的な社会的責任の遂行に違いない。しかし、社会貢献論でさえ、経営の論理として十分に展開できなかった。市民意識が権利にのみ結びつくわが国の場合、なおさらである。バブルの崩壊とともに下火になってしまった現状は、そのことをよく示している。それでも、公共意識や責任意識を基礎にする社会貢献論は、地球環境問題を含めた社会的責任を経営の内在的論理として展開できる可能性は示唆していたであろう。バーナードの責任意識はそれと同質のものだ。

社会的責任はしばしば権力を基礎に主張されるが、環境問題などの社会的責任問題は、経営に権力があろうとなかろうと問われる。それどころか、激しい変化や予測のつかない事態（思わざる結果）に備えて、あらかじめ権限を規定しておくことは不可能に近い。権限規定通りに仕事を進めていたらビジネスチャンスをつかむタイミングさえ失ってしまう。むしろ責任の基礎は自由（行為権）にあるのであって、保有する権力（支配権）ではない。この点をはっきり認識していたバーナードはこれを「責任は権限よりも大きい」と説明した。変化に機会を捉え、緊急事態に対処し、どのような小さな責任を果たすにも、権限中心思考では困難であり、責任を中心に考えねばならないという主張だ。自覚や認識が責任を芽生えさせ、知識や情報が責任を生成し、行為能力が責任を負う。知れば（認識）知るほど、行為能力（自由）があればあるほど、責任は重くなるのである。この責任中心思考によって、現代経営は地球環境問題を自己の内在的な論理として展開する道を切り開くことができるだろう。

四　環境経営の展開

環境問題に限らず、経営が先見性を行使せねばならないことは多い。この点、先見性の行使を「世代間の価値評価の問題だ」と捉えたバーナードの主張には実に洞察深いものがある。確かに、生命の意味を問う環境問題は、次世代（未来世代）に対する現世代の責任をいかに捉えるかという問題、経営の意味の問題にほかならない。このことは、地球環境問題の高まりの中で、近年、環境倫理学においてようやく理解されつつある。さらに社会的責任（環境問題）を経営の論理として展開しようとする場合にも、バーナードは一つの示唆を与えてくれる。たとえば、エコロジスト達が「社会の進歩は経済成長と対立する」と言うとき、バーナードは「経済的進歩は、他の社会的諸力もそれに比例して着実に発展し、かつそれらの社会的諸力を表し出すことが確実にできる相応の組織ができたときのみ、社会進歩を意味する」と述べて、経営や組織のあり方いかんでは、「経済的進歩は社会的進歩でもありうる」ことを示し、経営の力と役割が明確に意識されている。

もっとも、経営体の取り組む姿勢は、社会的責任を組み込んだ経営の論理を構築できるかどうかで分かれる。両者を対立的に捉えると、社会的責任は利益を圧迫するものとなる。多くの経営者はそのように考えてきた。この場合、社会的責任を経営戦略に組み込んで展開することは難しい。地球環境問題への関心の高まりを受けとめて取り組んだとしても、投下費用は利益を生まないコストと理解され、消極的な環境対策になってしまうだろう。経営の現実を見れば、社会的責任をよく果たす企業が必ずしも低業績ではない。もちろん業績がいいから社会的責任に取り組めると理解することもできる。しかし、社会的責任は利益の原因ではないとしても、環境変化に対する感受能力の高さを示す指標であり、ビジネス・チャンスをつかむ戦略的能力の高さとも受けとめられる。

もともと企業は社会的要求に応えて利益をあげてきたのであり、いずれも生存にとって必要だとすると、両者を統合することは可能なはずだ。事実、環境問題に熱心に取り組んでいる日本企業には、リコー、キヤノン、トヨタ、セイコー・エプソン、日本ＩＢＭなどのように業績的にも優良な企業が多い。そこには単なる環境対策を超えて、環境問題に取り組むことによって利益を高めてゆく環境経営の展開がある。環境経営の本質は、経営体の本来の投資対象であるとともに行為対象である事業を、その市場性からだけでなく、環境経営を具現するものとして、事業内容と成果、そして事業方法の社会的・自然環境的妥当性を問うところにある。この問いを内包しつつ、自らを鍛えて組織革新をはかり、それを梃子に技術革新、製品（サービス）革新を導き、時に異質な事業領域に転換する、より高度な経営を実現するところに、経営体（企業）にとって、環境経営を展開する真価があるだろう。いわば退路を断ってイノベーションに邁進するところに環境経営を展開する企業の強さの源泉がある。

【参考・引用文献】
バーナード関連文献は巻末を参照。
三戸　公『随伴的結果』文眞堂、一九九四年。
庭本佳和「経営存在と環境の問題」山本・加藤編『経営学原論』文眞堂、一九八二年。
庭本佳和「意味と生命システム」『経済学論叢』第一五二号、一九九三年。

五　組織と個人の統合

――ポスト新人間関係学派のモデルを求めて――

太　田　　肇

一　はじめに

組織と個人の統合は、経営学における主要テーマの一つであり、社会学、心理学、経済学などを含めた学際的アプローチによって多くの研究成果が蓄積されてきた。こうした足跡をたどれば明らかなように、どのような統合の理論が有効かは、企業の外部環境、仕事の性質、経営スタイル、成員の特徴などさまざまな条件に依存する。二十一世紀に突入した今、企業経営に関わるこれらの条件が急速に変化しつつある。そこで、新しい時代における組織と個人の統合のあり方について考察してみたい。

二　伝統的モデルとしての直接統合

1　古典的理論における統合

見方によれば、経営学とりわけ管理論や組織論の歴史は組織と個人の統合を扱う理論の歴史であったということができよう。

たとえばF. W. Taylor（1919）は、高賃金・低労務費という一見矛盾する労使双方の要請に応えるカギを、生産性向上のなかに見出し、生産工程における徹底した無駄の排除と賃金制度の改革によってそれを実現しようとした。そこでは、金銭によって動機づけられる「経済人」が前提になっている。H. Fayolが一九一六年に著した『産業ならびに一般の管理』（一九七九）に代表される古典的組織論、それにM. Weber（1947）の官僚制論なども、経済人を暗黙の前提にしていると考えられる。

一方、ホーソン実験を契機として生まれた人間関係論は、人間特有の非合理的・情緒的な要素に左右され社会的欲求に動機づけられる「社会人」仮説に立脚する。そこでは、個人の社会的欲求を満足させることが生産性の向上につながると考える。

2　直接統合の理論的枠組み

そして、組織と個人の統合というテーマに真正面から取り組んだのは、一九五〇年代以降に登場した、いわゆる新人間関係学派である。新人間関係学派は、人間の欲求のなかでもとくに自己実現や成長といった高次の欲求に注目する（「自己実現人」仮説）。

D. McGregor（1960）は、古典的理論の人間観を「X理論」と呼び、それに対して「Y理論」を提示する。Y理論によると、人間は条件次第では自ら積極的に責任を引き受け自発的に働く。したがって、従業員が企業の繁栄のために努力することによって自分の目標も最高度に達成できるような「統合の原則」が重要であると説く。

また、R. Likert（1967）の掲げる集団参画型の「システム4」は、自由なコミュニケーション、集団的な参加、組織全体にわたる広範な相互作用などを特徴とし、このようなシステムのもとで個人の満足度と企業の生産性がともに高くなることを示している。

そしてC. Argyris (1964) の、原著名で『個人と組織の統合』と題した著書では、成員が心理的成功を遂げるための条件として、全体と部分とが密接に結びついたシステムが存在し、そのなかで個人が能力を最大限に発揮して全体に関係する目的の達成に貢献できることを強調する。

このように新人間関係学派は、個人が組織全体に関係する重要な目的を追求する過程で成長し自己実現を遂げ、組織は彼らの能力を最大限に引き出すことができると考える。具体的には、全体と部分の相互作用、豊富なコミュニケーション、組織的な意思決定への参加などが重視される。この理論によると、個人が協働に参加した時点で組織と個人の目的は統合されることになる。したがって、このような理論モデルを「直接統合」と呼ぶことができる。

なお、近代組織論の祖と称されるC. I. Barnard (1938) は、個人の目的と組織の目的が必ずしも一致しないことを認めているが、個人が組織の目的を受け入れて協働に参加した時点で「組織人格」を取得し、組織目的を仕事上の目的として追求することになる。したがって、Barnard の理論もまた直接統合の範疇に含めることができよう。

直接統合はこれまで、統合についての最もオーソドックスなモデルとして受け入れられてきた。個が全体と部分の両面性をもつという「ホロン型組織」(A. Koestler, 1978) や、終身雇用、個人目標に対するチーム目標の優先、意思決定への参加、低い専門性といった日本的経営の特徴のなかに普遍性を見出そうとした「セオリーZ」(W. G. Ouchi, 1981) などは、こうした考え方の延長線上に位置づけることができる。そして近年でも、さまざまな制度をとおして成員の参加を促進したり組織への一体感を高めようという、直接統合の考え方に添ったマネジメントの必要性が唱えられている (eg. E. E. Lawler III, 1986)。

3　機械的組織と有機的組織

つぎに、直接統合がイメージする組織について説明しておきたい。組織の類型として最も一般的なのは、機械的組織（あるいは官僚制組織）と有機的組織であろう。機械的組織は集権化・公式化が進んだ文字どおり機械のような組織であるのに対して、有機体のアナロジーである有機的組織は分権的で公式化の程度も低いという特徴がある。T. Burns & G. M. Stalker (1961) の研究によると、機械的組織は安定した環境で、有機的組織は変化の激しい不確実な環境のもとで有効性を発揮する。

古典的な管理論や組織論では、統一性や目的合理性を重視するため、機械的組織のような形態になる。それに対して新人間関係学派が理想として掲げるのは、柔軟な有機的組織であり、このようなシステムのもとでこそ組織と個人の統合が実現できると考えた。

企業を取り巻く環境は、以前に比べて変化が激しくかつ不安定になった。また経済のソフト化やサービス化の進展に伴って、非定型的な仕事が増えた。さらに、業務の相互依存度が高まるにつれてシステマティックな協働が必要になってきた。一方、個人の側も経済水準の向上や社会保障の充実により低次の欲求が徐々に満たされ、達成や自己実現といった高次の欲求に動機づけられる者が増えてきた。

新人間関係学派が描くような直接統合とそれを具体化する有機的組織は、こうした諸条件に適しており、同時に人間尊重の理念にもかなう理想的なシステムとして評価されるのである。

三　直接統合の限界

1　仕事の個人化

しかし、直接統合・有機的組織もまたそれを支えてきた条件の変化とともに限界が現れてくる。それはまず、仕事の変化によって引き起こされる。

近年、業務の複雑化・高度化に伴い、個人の専門能力がこれまで以上に求められるようになった。またＩＴ化などによって単純な周辺業務が減少した結果、個人がある程度まとまった仕事を単独で処理できるようになってきた。たとえば、連合総合生活開発研究所が一九九七年に組合員を対象として行った調査によると、過去五年間に「チームではなく一人ひとりが独立してする仕事」が増えたという回答が三九・四％を占め、減ったという回答はわずか二・七％にとどまっている。

その象徴が、いわゆる「一人仕事」であり、証券会社、シンクタンク、コンサルタント会社、それに生産現場など、さまざまな領域で広がりをみせている。また、SOHO (small office, home office) やテレワークなども徐々に普及しつつある。このような働き方は、いってみれば雇用労働と自営との中間にあり、従来の典型的雇用労働のイメージとは大きく異なるものといえる。

もちろんこのような職場はまだ一部にすぎず、他方ではシステム化の必要性はいっそう大きくなっている。しかし、協働のスタイルも従来のように同質的な人材による集団作業から、多様な専門家によるプロジェクトチーム方式へと少しずつ変化してきている。

2　組織志向から市場志向へ

これを企業の環境適応のスタイルとしてとらえた場合、従来のように環境からの要請を組織全体の問題として受け止め組織的に対処するのではなく、組織よりも個人が環境に対して直接適応した方が効率的な領域が広がったことを意味している。

背後には、グローバル化の進行に伴って組織による成員の囲い込みが難しくなり、また複雑化・流動化した環境のもとでは、組織として対応することが困難になったという事情もある。顧客に近いところで働く末端の従業

図1　組織人と仕事人

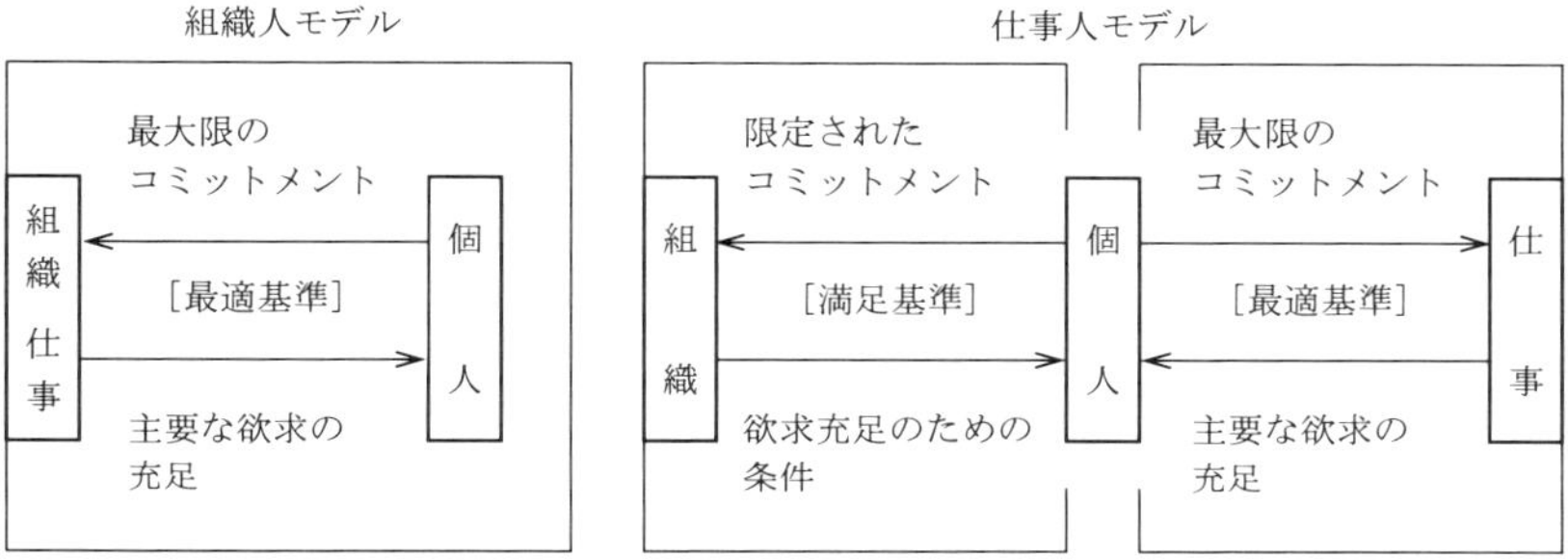

員への権限委譲を進めようとする動きは、こうした変化を反映している。

さらに企業は、経営戦略だけではなく人的資源管理の面でも組織より市場を重視するようになる。すなわち、個人を組織のなかに囲い込み、長期雇用のもとで人材育成を図り安定的な労働力供給を行うよりも、その時々に必要な人的資源を市場から調達する方がメリットが大きいと判断するようになったのである。ベンチャー企業などのなかには、正社員をできる限り切りつめる一方、契約社員、派遣社員、アルバイト、独立自営など、いわゆるコンティンジェントワーカーに業務の中核を担わせているところもある。

3　組織人から仕事人へ

こうした変化と並行して、個人の側もまた変わりつつある。

筆者は、組織と仕事に対する関わり方に注目し、個人を二つのタイプに分類している。一つは、所属組織の内部に目標を見出しそれを追求するプロセス、ならびに組織から獲得する誘因によって多様な欲求を充足するタイプである。もう一つは、所属組織よりも自分が専門とする仕事に対して一体化し、仕事の成果をとおして組織に貢献すると同時に自分の目標を達成し多様な欲求を充足するタイプである。前者が典型的な「組織人」であり、後者を「仕事人（しごとじん）」と呼ぶ（太田、一九九七年）。図1は、それぞれの組織・仕事に対する関わり方をモデル化したものである。

ところで、直接統合は一定の人間像を想定している。それは、組織に対し

図２　職業別雇用者数の推移

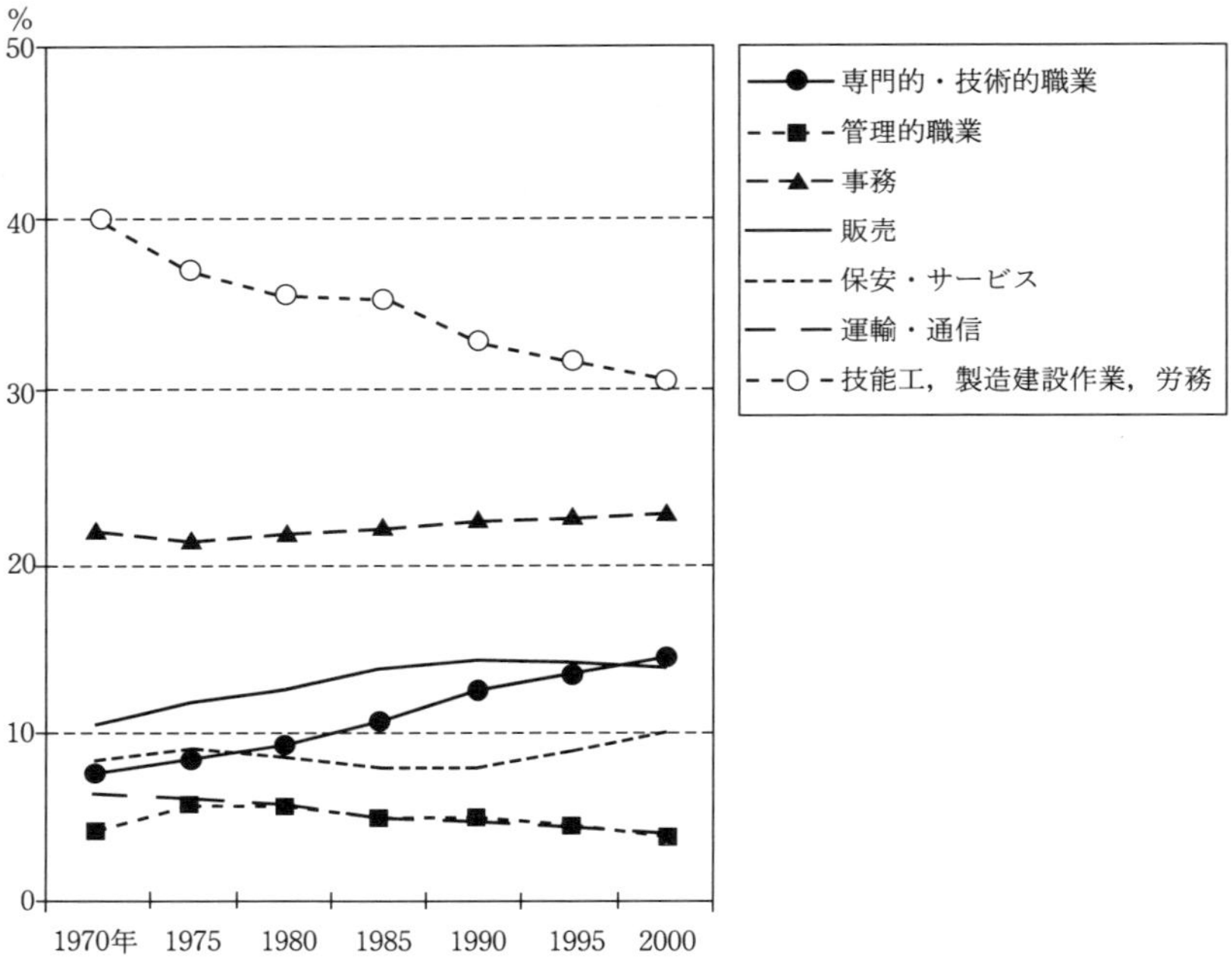

注：(1)　農林漁業作業者，採掘作業者，および分類不能のものを除く。
　　(2)　途中に分類上の変更があったため，正確な比較には注意が必要である。
資料：　総務省「労働力調査」をもとに作成。

て一体化し、組織目的を達成することによって主要な欲求を充足できるような人間、すなわちここでいう組織人である。

ところが、実際には組織人の比率は徐々に低下し、逆に仕事人の比率が高くなっている。筆者が一九九三年から九四年にかけて全国の主要企業で働くホワイトカラーを対象に行った調査によると、研究職、情報処理技術者という技術系の専門職だけでなく、事務系でも財務・経理、営業・マーケティングという比較的専門性の高い職種の従業員は、組織人よりも仕事人に近いことが判明した（太田、一九九四年）。

図2は、わが国における職業別雇用者数（比率）の推移を表した

ものである。ここで注目されるのは、組織人を多く含む管理的職業従事者の比率が長期的に低下傾向にあるのに対し、典型的な仕事人を多く含む専門的・技術的職業従事者が最も著しい伸びを示していることである。しかも調査結果が示しているように、この分類では事務、販売、サービスなどの職種に属する者のなかにも仕事人が多く含まれていることを考えれば、仕事人はもはや少数派とはいえなくなる。

所属組織よりも仕事に対してコミットする仕事人は、活動のフィールドが組織の内部に限定されない。そのため、図1で表したように、組織に対しては限定的・手段的な関わり方をする傾向がある。したがって、組織の重要な意思決定に参加したり、組織全体の目的に対して貢献することによって欲求、とりわけ達成や自己実現といった高次の欲求を充足することができるとは限らない。それればかりか、全体との相互作用や豊富なコミュニケーションに時間や労力を割かれることが、専門の仕事に専念するうえでむしろマイナスになることもある。すなわち、新人間関係学派が描くような理想的図式は当てはまらないことが多いのである。

四　間接統合とその有効性

1　間接統合の枠組み

それでは、直接統合に代わるものとしてどのような統合の枠組みが必要になるのか。図3は、企業を取り巻く外部環境、仕事、経営、それに個人がどのように変化しつつあるかを表したものである。

仕事の個人化や市場志向が強まるにつれて、組織としての一体性よりも個々人の主体的な活動と高いパフォーマンスが重要になる。

所属組織よりも仕事にコミットする仕事人は、仕事の成果をとおして企業の利益に貢献する。一方、企業が最

図３　モデルの変遷

統合	直接統合		間接統合
組織	機械的組織	有機的組織	インフラ型組織
環境	不安定化 →		
		グローバル化 →	
仕事	非定型化（ソフト化，サービス化）→		
		個人化（専門化，IT 化）→	
経営	組織志向 →		
		市場志向 →	
個人	組織人化 →		
		仕事人化 →	

終的に個人に対して求めるのは、コミットメントや一体感ではなく仕事の成果である。個人が仕事で成果をあげるためにも、また企業が利益を得るためにも、必要なのは市場（あるいは顧客）や社会の要求に応えていくことである。そこに両者の統合の可能性が生まれる。たとえば、証券アナリストは市場の動きを予測しながらレイティングを行い、デザイナーや製品開発技術者は顧客の潜在的・顕在的なニーズに応えるような製品を創りあげていく。それが結果的に組織の利益にもつながるのである。

仕事を媒介にしたこのような統合の枠組みを「間接統合」と呼ぶ（太田、一九九三年）。図4は、直接統合と間接統合を比較したものである。直接統合では個人が協働に参加した時点で組織と個人の目的は統合されるが、間接統合では個人が参加しながらも仕事をとおして自分の目的を追求し続ける。そして、組織と個人双方の目的は外部にある市場や社会の誘導によって統合されていくのである。

具体的な例としては、開発した製品から得られた利益の一定割合を開発者個人に還元しているゲームソフト会社、全社最適化という前提を捨てて社内に徹底した市場原理を導入したミスミや日本カノマックスのような企業があげられる（太田、一九九九年）。

図４　統合のプロセス

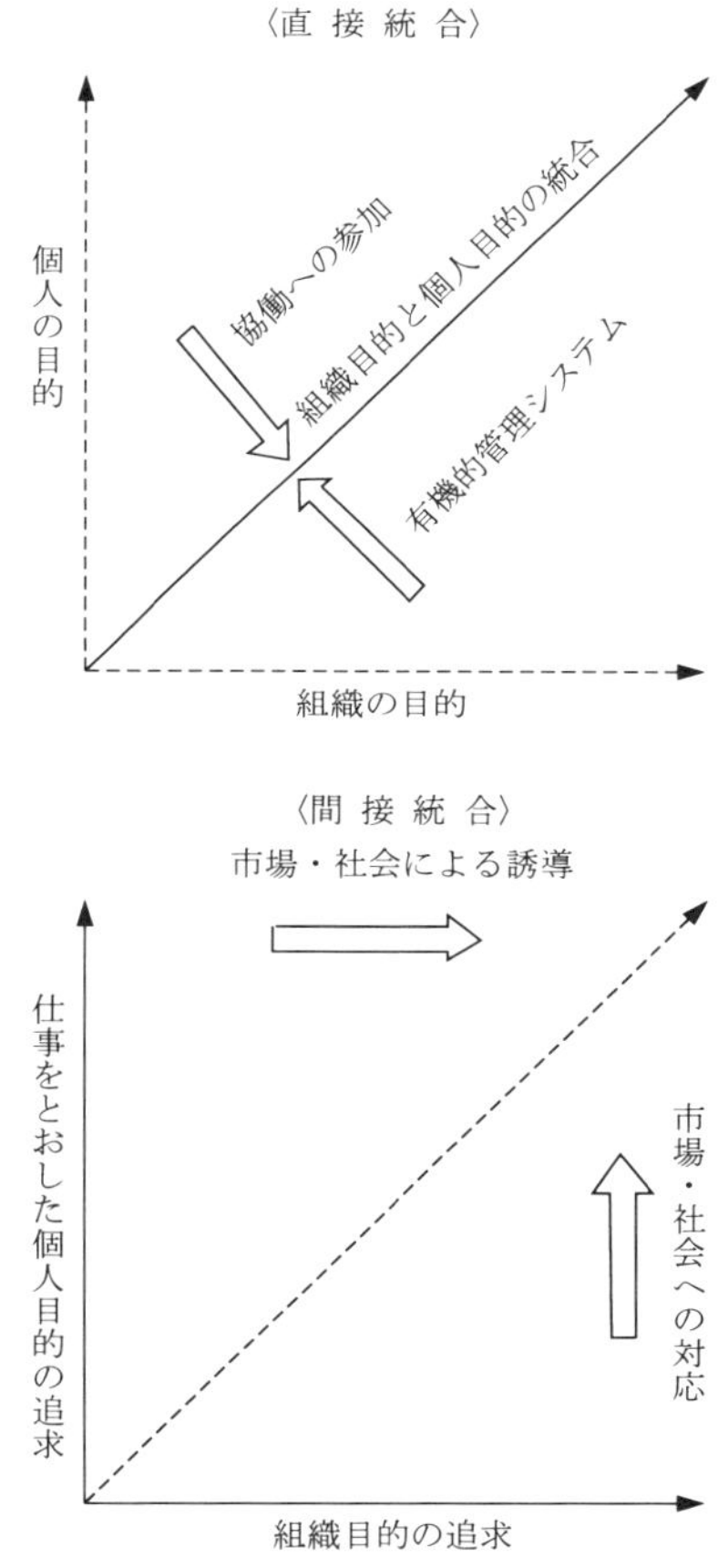

ちなみに、筆者が一九九三年から九四年にかけて実施した前掲の調査を分析した結果、専門性が高く仕事人に近い上述のような職種では、直接統合よりも間接統合の方が個人の満足度、組織への貢献度ともに高いことが判明した（太田、一九九四、一九九五年）。

２　インフラとしての組織

組織そのものの役割もまた、直接統合の場合とは違ったものになる。すでに述べたように、環境の不安定化、経済のソフト化・サービス化、仕事の非定型化に伴い、機械的組織から有機的組織への移行が進んだ。しかし、組織の一体性を重視し、組織として環境に適応する点では両者に共通性がある。したがって、上述したような新しい変化には適応できない面がある。また有機的組織では、全体の目的に対する無限定なコミットメントが要求されるため、組織に対していわば限定的に関与しようとする仕事人には受け入れられにくい。

彼らが求めているのは、仕事の「場」を提供し個人の活動を支援するような組織である。すなわち、個人にとって一種のインフラストラクチャーの役割を果たすわけであり、このような組織を「インフラ型組織」と呼ぶことができる（太田、一九九九年）。図５は、官僚制組織、有機的組織と比較したインフラ型組織のイメージ図である。

図5　組織形態の比較

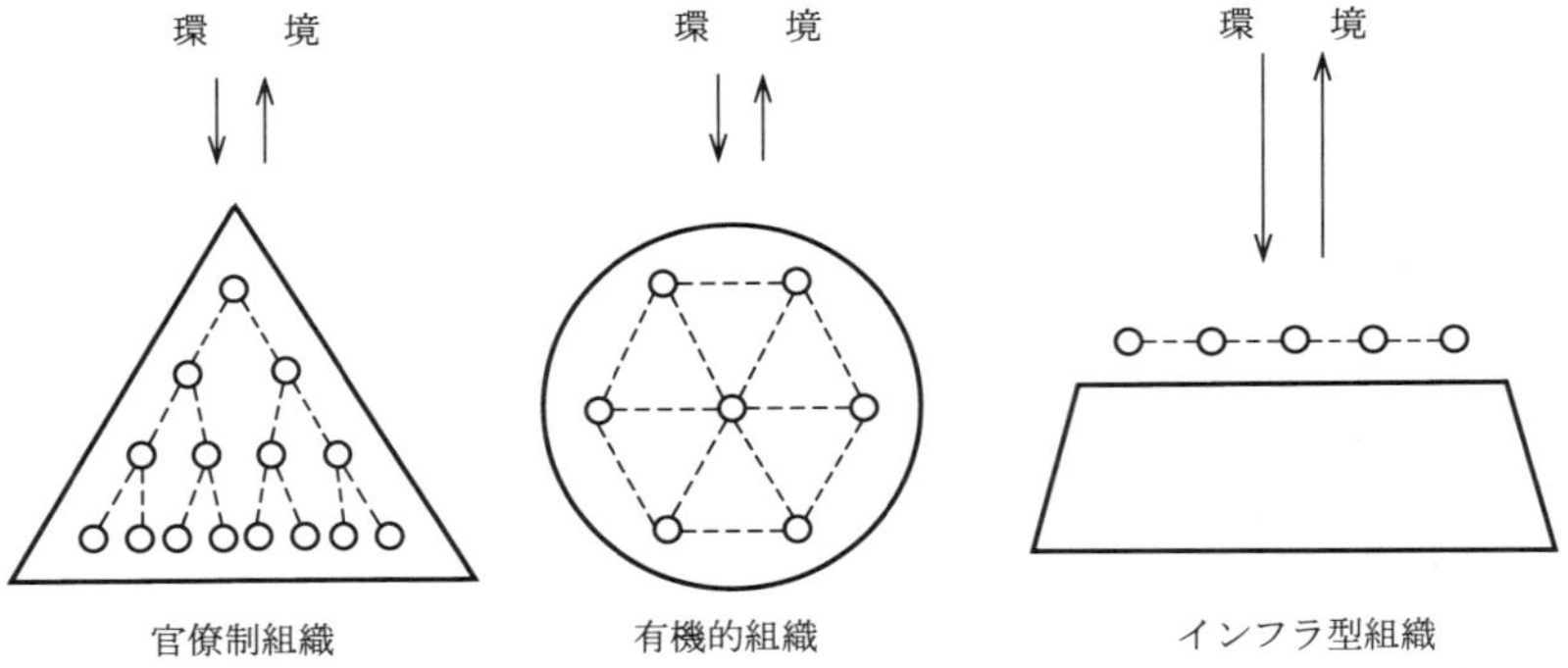

注：○は個人，太い実線は組織，細い実線は相互作用，点線はメンバーのコミュニケーションを表す。

インフラ型組織では，個人が主体となって環境に適応するところに特徴があり，組織構造は比較的シンプルである。

インフラの具体的な中身としては，設備・機械，資金，情報，ブランド，それに能力向上やキャリア形成の機会などがあげられる。グローバル化，仕事の個人化，市場志向が進み，仕事人が中心となって活動している企業，たとえばシンクタンク，コンサルタント会社，広告会社，ゲームソフト会社，それに生命保険会社の営業部門やメーカーの研究開発部門，設計部門などの組織はここでいうインフラ型に近い。

一方，独立自営業者の間では業務のサポートを受けたり効率的に仕事をするため逆に組織化を図る動きがみられる。フリーランスのゲームクリエーター，イラストレーターなどを組織し，プレゼンテーションの代行，ギャラの交渉などをサポートしている企業や，SOHOのネットワークをつくったり職人を組織化して仕事を共同受注している企業も現れてきた。ここでも，組織は一種のインフラとして機能しているわけである。

このように，組織に囲い込まれた雇用労働と孤立した独立自営という分化した二極から，両者の中間的な働き方を前提にしたインフラ型組織へと収斂していく傾向がみられる。

組織はあくまでも目的達成のための手段である。そしてBarnard

(1938) は、組織の三要素としてコミュニケーション、貢献意欲、共通目的をあげている。すなわち、個人を内部に囲い込み管理することは組織にとって必要条件ではないのである。このような組織観に照らしてみるならば、インフラ型への収斂は組織の原点回帰といえるのではなかろうか。

五　結びにかえて

新人間関係学派に代表される組織と個人の統合の理論は、「組織の時代」ともいうべき二十世紀後半の理想的モデルとして確立された。しかし、グローバル化、ＩＴ化、そして組織よりも市場を重視する経営、組織人から仕事人へのシフトによって新たなモデルを必要とするようになった。

それは、新人間関係学派によって構築されたモデルを全面否定するものではない。フラットで柔軟な組織、高次欲求に焦点を当てた人間尊重と経営民主主義の精神などは受け継ぎながら、市場や社会など外部への開放性を高めるとともに、自由主義的、個人主義的な価値をいっそう実現しやすいシステムへと発展させていくことが必要と考えられる。

引用文献

Argyris, C., *Integrating the Individual and the Organization*, John Wiley & Sons, 1964.（三隅二不二・黒川正流訳『新しい管理社会の探究』産業能率短期大学、一九六九年。）

Barnard, C. I., *The Functions of the Executives*, Harvard University, 1938.（山本安次郎・田杉　競・飯野春樹訳『(新訳) 経営者の役割』ダイヤモンド社、一九六八年。）

Burns, T. and G. M. Stalker, *The Management of Innovation*, Tavistock, 1961.

Fayol, H., *Administration industrielle et generale*, Bordas S. A., 1979.（山本安次郎訳『産業ならびに一般の管理』ダイヤモンド社、一九八五年。）

Koestler, A., *Janus,* Hutchinson & Co., 1978.（田中三彦・吉岡佳子訳『ホロン革命』工作舎、一九八三年。）
Lawler, E. E. III, *High-Involvement Management,* Jossey-Bass, 1986.
Likert, R., *The Human Organization,* McGraw-Hill, 1967.（三隅二不二訳『組織の行動科学』ダイヤモンド社、一九六八年。）
McGregor, D., *The Human Side of Enterprise,* McGraw-Hill, 1960.（高橋達男訳『企業の人間的側面（新版）』産業能率大学、一九七〇年。）
太田　肇『プロフェッショナルと組織』同文舘、一九九三年。
太田　肇『日本企業と個人』白桃書房、一九九四年。
太田　肇「間接的統合と企業業績」『彦根論叢』第二九五号、一九九五年、四三―五五頁。
太田　肇『仕事人（しごとじん）の時代』新潮社、一九九七年。
太田　肇『仕事人（しごとじん）と組織』有斐閣、一九九九年。
Ouchi, W. G., *Theory Z,* Addison-Wesley, 1981.（徳山二郎監訳『セオリーZ』CBS・ソニー出版、一九八一年。）
Taylor, F. W., *Scientific Management,* Harper & Row, 1919.（上野陽一訳編『科学的管理法』産業能率大学、一九六九年。）
Weber, M., *Wirtschaft und Gesellschaft, Grundriss der Sozial・konomik, III,* Abteilung, J. C. B. Mohr, T・bingen, 1947.（濱島　朗訳『権力と支配』有斐閣、一九六七年。）

六　日本的経営の一検討

——その毀誉褒貶をたどる——

赤岡　功

一　毀誉褒貶の日本的経営

日本的経営に対する評価は、僅々四十年の時の流れに沿って毀から誉に変じ、そして、褒から貶に転じた。日本的経営の評価にこのような動揺がみられるのは、経営の強さをもたらす要因について十分理解されていないことによる。そのため、日本の企業が脆弱であるときには、日本的経営の特質が批判され、日本企業が世界的な強さを示すとその特質が称賛され、日本経済が退潮するや再び同じ特徴が批判されることになったのである。

それでは、企業経営の強さあるいは弱さをもたらしていたものは何か。これを考察するには、日本的経営に関する評価の動揺をみたこの四十年の歴史を振り返ることがまず必要であろう。

二　日本的経営批判の時代

アベグレン氏の『日本の経営』の翻訳書の上梓は一九五八年である。同書は、日本的経営の特徴である終身雇用は企業に過剰労働をもたらし、それが技術革新を遅らせるとし、「経済的結論から言えば、日本の工場の将来には重大な困難が生ずる」と警鐘を鳴らした。終身雇用制だけではなく、年功制についても、「実際のところ、全部の給与が主として従業員の入社時における教育程度と勤続年数に基礎をおいている。・・・中略・・・いいかえれば・・・中略・・・全給与額のほんの少しの部分だけが、彼のなす仕事の種類とまた仕事をなす方法にもとづいたものである」とされ、年功賃金が仕事と関連しない給与体系であることが批判された。[1] ただし、このような評価は、アベグレン氏だけのものではなく、当時の多くの研究者に共通のもので、終身雇用や年功制は半封建的で古く、欧米の近代的モデルからすると遅れたものとされ、欧米モデルへの接近の必要性が主張された。[2]

しかし、実は、アベグレン氏が同書を公刊したころには、日本にみられる（一）年功制や、（二）終身雇用、（三）企業別労働市場は、遅れたものであるという主張への反論が形成され始めていたときであった。

このあたりの状況を示す文章を引用すると、「一九五五年ごろからの労働経済論の台頭とともに、・・・労働市場の実証的研究が蓄積され、各国の労使関係との比較からイギリス等をモデルとする近代化論は批判をうけることになった。企業別労働組合、年功制に類似のものは欧米にもみられることが明らかにされ、かつては、日本的特殊的とされた日本の労使関係は、日本経済の遅れの産物としてではなく、むしろ独占段階の一般性から説明されることになった。例えば、小池和男氏は、企業別賃金交渉、年功賃金、企業別組合を独占段階の大量生産の技術的必要性から説明される。独占段階における大量生産の技術は多少とも企業独自のものであるとされる。[3] したがって、企業は必要な労働を企業外に見出すことはできない。そのため、企業は企業内養成を行うことになり、養成は仕事につけながら行うのが経済的であるから、企業内昇進が成立する。かくて、企業別労働市場が成立し、企業別の労使関係が成立する。」[4]したがって、小池氏のこの見解によれば、年功制、終身雇用、企業別労働市場、企業別労働組合の成立は、独占段階における技術一般性によるとされており、したがって、年功制や終身雇用は欧米から遅れているという評価にはなっていない。

小池氏の場合は、年功制や企業別組合の形成因は技術であるが、これに反論したのが岸本英太郎氏を中心とするいわゆる京大グループの研究者であった。[5]詳しくみれば、これらの人々の中でも基礎理論の相異により多少の違いはあるが、これらの研究者に共通する特徴は、終身雇用や年功制、それに企業別労働組合は、一言でいえば、労使相互の交渉のなかで、経営の力が優勢であることから成立したとしていたことである。ダンロップ等アメリカの労働経済学を理論的基礎としていた筆者は、正確にはこのグループの周辺にいたというべきであろうが、年功制や企業別労働市場が、遅れたものと考えない点では小池氏と同じであった。しかし、その成因についての考えは異なっていた。そして、「労働市場の形成要因を、小池氏のように単に技術に求めるわけにはいかない」とし、「労使は、・・・労働市場の範囲自体をも自らに有利なように変革しようとする」としており、どのような労働市場が成立するかは、労使の交渉力によるとしていた。[6]このような労使間の相互作用を重視する立場からすれば、日本では労働組合の交渉力が強くないために、企業別労働市場、年功賃金、長期雇用、企業別組合が成立しているると理解することになる。このことは、年功制や終身雇用などの特徴は経済的には経営側に有利であるとみていることになる。これに対して欧米で、労働組合の交渉力が一定の強さをもつ産業では、労働市場の企業別化の程度は弱く、自発的な転職の可能性が大きい。逆に、欧米でも、大量生産産業など労働組合の交渉力が相対的に限られている場合には、企業別労働市場、企業別交渉、企業内昇進がみられる。[7]ちなみに、小池氏の場合は、これ

を独占段階の技術的要請によるものとしていることになる。(8)

したがって、企業別市場や年功制等は、経営の強い交渉力により賃金と労働条件や労働時間を有利に導き、生産コストを下げることができるという意味で経営にとっては経済的に有利である。しかし、このことは、そのままでは、製品の品質の向上にも、また、新製品の開発にも結びつくわけではない。そのため、日本企業の国際競争力の源泉は、人々の汗と膏血による低価格であった。経営者も労働者も営々と働いたが、しかし、日本製品の品質は低く、独自の強みをもつ製品の開発もできなかった。「安かろう、悪かろう」が日本製品の代名詞であった。

三　経営者と労働者の真摯な努力と日本的経営称賛の時代へ

しかし、経営者は真摯に欧米の経営の強さを学んでおり、労働者も勤勉であった。その努力が輝かしい成果として世界に知られ始めるのは、アベグレン氏が「日本の工場の将来には重大な困難が生ずる」と予言したわずか、二、三年後のことであった。一九六〇年にはソニーが世界初のトランジスターTVを発売し、一九六一年には本田技研の一二五ccと二五〇ccのオートバイが、マン島のレースで世界を制覇し輸出増を実現し、日本企業の快進撃が始まる。当時、ソニーの井深氏が作業着姿でTV製造ラインを回っておられる場面や本田宗一郎氏がつなぎを着てバイクに乗り、若者達の先頭を疾駆する姿を見ると、製造現場を大事にし、陣頭指揮をとる当時の経営者の意気込みがよく伝わってくる。そして、経営学への関心も高まり、産業界は、統計的品質管理、TWI、モラール・サーベイなどアメリカの経営技法も熱心に導入し、アメリカのビジネス・スクールも注目された。

占部都美氏の『危ない会社』が発行され、ベストセラー年間第一位となったのは一九六三年である。(9) 戦後第二次経営学ブームの大波が起こり、アメリカ経営学への関心が強まった。あたかも一九六八年公開の映画「華麗なる賭け」では、ハーバード・ビジネス・スクール出身の実業家が、プロジェクト・チームを秘密裏に編成し、綿密な計画をたて見事に成功し、驚くべき高度な経営能力を発揮してみせた。これは、ビジネス・スクールの経営教育の凄さを当時の人々に強く印象づけた。そして、土屋守章氏の『ハーバード・ビジネススクールにて』[10]が上木されたが、それは、日本経済発展の春の到来を告げるような一九六四年も弥生のことであった。

製品の品質への関心が強くなり、高度な技能を誇りと感じ、技術を生かすこと、技術者になることが晴れがましいという感情が若者の間に広がっていた。技能オリンピックのメダル獲得数も一九六二年の六個から一九六四年には一六個と急増し、一九七〇年には二四個にまで増加している。こうして、経営学の理論を真剣に学び、現場を絶えず巡回する経営者があり、人々は勤勉に働き、創意工夫を重ねた。欧米に追いつくという高い目標が熱い思いとして人々に共有されていた。しかし、経営資源は当時の日本には乏しかったから、近年のハメル&プラハラードの用語でいえば日本の企業のストレッチは高かった。その熱意、ストレッチの高さが、顧客に受け入れられる製品の改良、販売法の改善等にむけた人々の懸命な努力を引き出したのである。

それを製造現場で支えたのがQCサークルなど小集団活動である。これらの活動は、勤勉で自ら学び考え経営に積極的に協力する優秀な労働者と、IEスタッフなどの管理者によって、大きな成果をあげてきた。一九七二年の労働大臣官房統計情報部の調査では、従業員千人以上の事業所の実に約七割が小集団活動を行っている。[11]また、一九八二年でみると、この年の提案件数全国第一位は富士電機の当時三十五歳のA氏で一三、一七三件、第二位は日立製作所のB氏、八、七〇六件。第三位は松下電器のC氏、六、八二〇件である。一年三六五日として、三氏は一日あたりそれぞれ、三六件（A氏）、二四件（B氏）、一九件（C氏）の提案になる。[12]日本経営の隆盛を第一線で支えた日本の労働者達の燃え上がる熱気が分かるであろう。

このように、日本の従業員が企業の発展にむけて熱心に働いたのは、第一に、終身雇用制による企業別の労働市場があり、第二に、年功制により、人々の助け合い、相互の教えあいが促進されていたことに関係している。また、年功賃金のもとでは、個人業績の賃金への影響が低いので、部下や仲間の能力を高め戦力アップすることが、結局は自分の利益にもなる。だから、QC活動でも、この点が、活動の成功を支えた。実際、QC活動では、管理者やIEスタッフが従業員に熱心な働きかけを行った。複写機メーカーM社のB工場では、QCサークル活動開始当初の従業員の参加率は約六割であったが、それが七割を超え八割に近づくと、サークル活動の会合開催回数が顕著に低下していく。そこで、管理者サイドが対応して、参加者の自主性を損なわない形で、きめ細かいテコ入れにより、活動の活発さが回復され維持されている（赤岡、一九八三B参照）。これは多くの企業でみられたことで、管理者は、QCサークル活動の「サークル編成」「問題発見」「テーマ解決の計画作成」「実施」「チェック」「アクション」の各段階で、何度も現場を訪れ指導をしている。(13) だから、QCサークル活動は、終身雇用制、年功制のある日本では、参加率も高く成功しやすいが、欧米の終身雇用制や年功制の特徴が弱いところでは、成功させるのに様々な工夫がいり、難しさを見せていたのである。こうした活動のなかで、日本企業の製品の品質も、経営効率も上昇したが、それだけでなく、従業員の能力も上がった。従業員は、経営改善の手法、考え方を学び、一般に問題点の整理、分析、解決の進め方も学び、かつ、QC活動の成果発表会ではプレゼンテーションのやり方から度胸まで身につけた。ある女性従業員は、「最初、数十人の仲間の前で、成果報告したときは、足が震えた。ところが、気がつくと、千人近い大会場で堂々と自分が報告している……」と述べている。

このように、従業員、IEスタッフが密接に連動して、製造現場での改善活動を展開し、活動を通じて製造現場の従業員が成長したから、製造現場をとりだせば、その競争力は抜群である。日本企業は経営を真剣に諸外国から学んでおり、その上で製造現場が欧米の追随を許さないのであるから、日本企業は世界を席巻しえた。それゆえ、労働市場や賃金制度がかなり異なる欧米からも多くのチームがQCサークルを学びにきたのである。

こうして日本企業は強い競争力をもち、日本的経営は称揚された。一九七〇年代中ごろには米では日本の成長をみて、アメリカのビジネス・スクールは短期志向で財務面に傾斜しているとの批判が高まっていた。そして、ハーバード・ビジネス・スクールも科目構成の改革を計画した。エズラ・ボーゲル氏の『ジャパン・アズ・ナンバーワン』の公刊は一九七九年である。一九八〇年初頭にはアメリカの主要なビジネス・スクールは本格的な「日本のビジネス講座」を用意した（日経、一九八二年二月一日号）。

四　日本企業への反感とアメリカにおける日本的経営の研究

こうした強さを背景に日本企業はアメリカの企業を次々に買収していった。一九八六年には、日本企業によるアメリカ企業の買収は四一件を数え、前年度の七割増であるといわれた（日経、一九八六年九月一〇日号）。ハリス世論調査では、「日本の投資に落胆させられる」アメリカ人が四八％あり、「勇気付けられる」とする一八％の人々の二・七倍に及び、日本の膨張に反感が広がり始めていることが報道されている。そして、米政府は日本企業の米国企業買収に厳しい制限を課す動きがみられた（日経、一九八六年一一月二二日号）。しかし、一九八七年には買収件数は九四件に増え、翌八八年には、日本企業が、CBSレコーズグループを二〇億ドル（一月）で、カリフォルニア州のユニオン銀行を七億五千万ドル（二月）、ファイアーストン・タイヤ&ラバーを二七億ドル（五月）で、ウエスチン・ホテルズを一五億三千万ドル、ライヒホールドを五億四千万ドル、シェアソン・ブラザースを五億三千八百万ドルで買収、大型買収が次々に行われ耳目を集めた。それほど、日本企業は強かったと言えるが、それがアメリカ人に耐えがたい思いをさせていた。しかし、日本の人々の中で、そのアメリカ人の感情に十分な配慮のできた人は多くはなかった。

第１図　課業の特質とコントロール

O：W. G. Ouchi, 1979
E：K. M. Eisenhardt, 1985
T. K. Das & B.-S. Teng, 2001

変形過程の知識（O）
課業のプログラム化の可能性（E）

成果の可測性	完全	不完全
高い	行動 or 成果測定 行動 or 成果コントロール 行動＆成果コントロール	行動測定 行動コントロール 行動コントロール
低い	成果測定 成果コントロール 成果コントロール	クラン・コントロール 社会化コントロール 社会的コントロール

各セルの中の用語
上段は Ouchi
中段は Eisenhardt
下段は Das & Teng

さて、それでは、なぜ日本企業は強いのか。これについても、様々な見解があるが、それを組織におけるコントロールからみたのがオオウチであり、[14]アイゼンハートである[15]（なお、同様な見解を二〇〇一年ダス&テンが示している）。[16]これらは、理論的には課業の性質とコントロールの問題を取上げたJ・D・トンプソンの流れを汲むが、オオウチの用語では、（一）横軸に「変形過程（インプットをアウトプットに変形する過程）の知識が完全な程度をとり、完全と不完全の二つに区分し、（二）縦軸に成果の可測性をとりその高低で二つに区分して、四つのセルを構成する。変形過程についての知識が不完全であれば行動は測定困難で、成果の可測性が低ければ成果測定によるコントロールは難しい。したがって、図で四のセル（変形過程の知識不完全・行動可測性低い）では、成果によるコントロールも行動のコントロールもできないことになる。ここでは、クランによるコントロール（あるいは社会化コントロール、社会的コントロール）が行われることになる。つまり、価値の共有や一体化がコントロールの基礎となる。これに対し一のセル（変形過程の知識完全・行動可測性高い）では、行動のコントロールも成果によるコントロールも可能である。[17]この図に対角線をひけば、左上がペローの用語でルーティン性が高く、右下ほどノン・ルーティン性が高いということになる。したがって、この対角線にそって、左上ほど官僚制の特質が濃密で下ほど官僚制の程度が低いコントロールということになる。アメリカでこのころ盛んに企業文化論が主張されたが、それは、官僚制やジョブ・ルールに頼るコントロールだけでなく、社会的コントロールをも一定程度もつことが有利であるという議論であるといってよいであろう。(18)

つまり、米国では基本的に左上で組織は管理されているが、それに社会的コントロールを加味しようとしてきたものとみられる。しかし、やはり、米国では、高度専門職についても行動測定、成果測定を充実させており、その下で高度の専門家が能力を発揮する。この場合成果と行動でコントロールされる程度が高いわけであるから、行動様式や価値観が異なっていても、これらのコントロール尺度にそって働けばよく、考え方の異なる人が協働しやすいことになる。

これに対し、日本では、製造現場では、職務給や仕事別賃金の導入にかかわって一定程度職務の記述も行われてきたし、それゆえ成果の測定もかなり可能であり、合理的な職場管理が可能であり、終身雇用や年功制のもと、これに加えて価値観の共有や組織への一体感があった。したがって、製造現場はやはり優れたものであった。しかし、管理部門や専門職については、社会的コントロールに頼る面が大きく、成果の測定も、行動のプログラム化もすすまなかった。それは、日本の従業員が優秀で、プログラム化しなくても十分仕事ができ、長期勤続の前提の下、プログラム化の必要性が高くならなかったことによる面が大きい。

しかし、大規模化すると、個人の優秀さでは補えない点が多くなってくる。コンピューターも容量が小さく、スピードが遅いうちは、コンピューターにも煩瑣な点や制約が多く、日本の従業員の優秀さに頼る方が能率的であった。そのために、日本ではコンピューター化が遅れた。しかし、容量が上がり、スピードも飛躍的に増大すると、個人の優秀さを超えた性能を発揮し、かつ、個人や人間では扱えない大きな仕事をこなす。この段階では、ジョブのプログラム化を進めてきて、コンピューターの利用を拡大しやすい欧米の企業には太刀打ちできなくなる。ITや金融工学分野で日本が遅れをとったのはその典型例である。また、日本的な社会的コントロールや価値の共有に拘束されると、考え方の異なる世界的なプロフェッショナルの処遇は難しい。高度なプロフェッショナルを適切に処遇しコントロールできず、かつ、管理職や専門職のジョブのプログラム化が遅れたのであれば、この点で日本企業が国際競争力を失うのは避けられないことである。社会的コントロールや価値の共有は企業の力を強めるが、しかし、それは管理職や専門職のジョブの明確化、プログラム化と相容れないわけではなく、その努力をすべきであった。しかし、競争力が高い間は、そうした問題は顕在化しないから、対応が遅れた。

日本企業の退潮は、実は、それだけによるのではない。ハメル&プラハラードは、一九九四年の著書で、日本企業は、目標が高く野心的であったので、経営資源が乏しくても、張り詰めた気持ちで経営（ストレッチ戦略）にあたり、どんな小さなことでも努力を積み上げてそれがコア・コンピタンスをつくりあげてきた。「未来をめざす車は、札束ではなく全社員の知恵と気持ちを燃料にして走る。」だから、日本企業は強いとしている。[19] これに対し、米国の企業はその当時の強さに安住し、一方では目標が挑戦的でなく、他方では経営資源が潤沢であるため、目標は比較的容易に達成でき、スラック経営に陥っていた。その緩みが、一九七〇年代、八〇年代の日本の快進撃と米国企業の敗北を生んだという。だから、一九九四年にハメル&プラハラードは、米国企業がストレッチを高めてコア・コンピタンスを強めていくことが必要であると警鐘をならしたのであるが、この警鐘は今日、そっくりそのまま、いまの日本企業にあてはまる。

五　苦境の日本的経営

企業経営の好調に蔭がさし、企業倒産が増え始めるのは一九九〇年一〇月のことである（「倒産、五年一〇カ月

第２図　日経連『新時代の「日本経営」』（1995.5）の提言

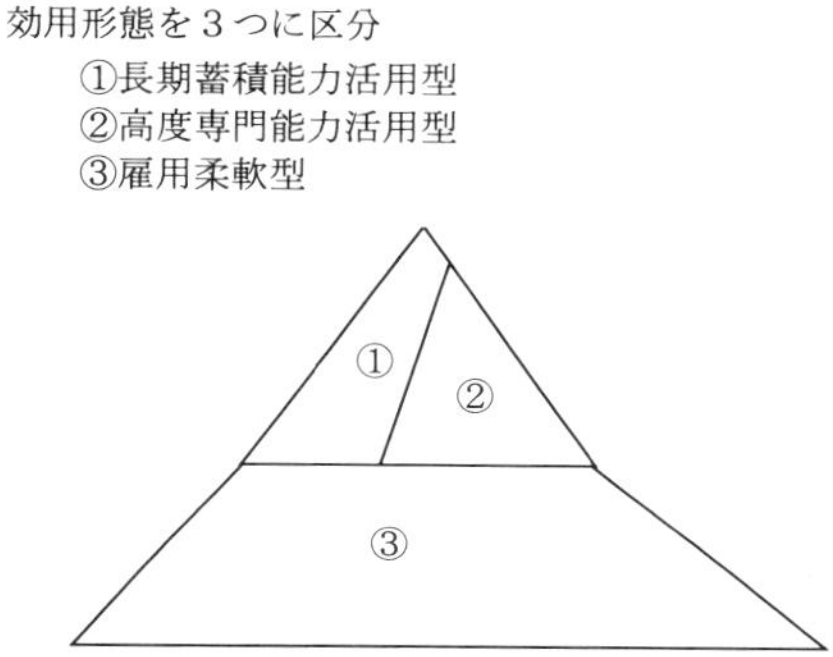

ぶり増勢　人手不足や財テク失敗で」朝日、同年一一月一五日号）。失業率も増加し、総務庁は一九九五年四月、現在の形で統計をとりはじめた一九五三年以来で最悪の三・二％になったと発表している（朝日、一九九五年五月三〇日号）（失業率は悪化し、二〇〇二年四月には五・四％）。これに対してアメリカでは、新規企業、新産業がつぎつぎに立ち上がり、中小企業、サービス業が一、八〇〇万人強の雇用を生み出し、失業率も改善した。

そして、日経連は、『新時代の「日本経営」』を一九九五年五月に発表し、日本的経営の特質は終身雇用や年功賃金といった制度にあるのではないとし、「人間中心（人間尊重）の経営」「長期視点の経営」という理念にあるとした。[20] そして、ひとつの企業に長くコミットしたくないという人が増えているので、これに適合するのが人間尊重であるという。日経連は、雇用形態を（一）長期蓄積能力活用型（従来のようにひとつの企業で長期にわたり勤続し、昇進をしていく人）、（二）高度専門能力活用型（高度なスペシャリスト）、（三）雇用柔軟型（ひとつの企業に長くコミットしたくないという人）の三つに区分し、それぞれの企業は、業態に合わせてこれら三つの型を組み合わせていくことが必要であると提言したのである。この提言は、スペシャリストを年功制や終身雇用と別の枠組みで処遇できるようにする必要があるという点ではそのとおりである。しかし、これを、終身雇用からの脱却を提言したものといえるかといえば、そうではない。なぜなら、もともと、日本の企業では、期間工や臨時工、アルバイトも多く、長期雇用で年功制が適用される労働者は、正規従業員だけに限られており、日経連のいう長期蓄積能力活用型は、もともと一定の範囲に限られていたのである。ところが、景気の上昇過程でその割合が高まっていた。景気が悪くなったので、この終身雇用適用労働者を絞り込むことが必要であるというのが、本来の主張というべきである。それを、ひとつの企業に長くコミットしたくないという人の増加にのせて、雇用の弾力化を円滑に導こうという趣旨であるとみるべきである。(21) ここから正規従業員についても定年まで働くとは限らない雇用形態・賃金・退職金の工夫が行われることになる。しかし、注意しておかなければならないのは、ひとつの会社で長期に勤続し、そこで能力を高め、それによって企業に貢献する一定割合の労働者が必要であることは、改めて、長期蓄積能力活用型として、明確に示されていることである。言い換えれば、企業の基幹的社員については、やはり終身雇用の堅持があり、それに高度専門職の処遇をはかり、そして、全体として、経済環境に合わせて、雇用の弾力化をはかろうとしたものといえる。

日経連は、これは日本的経営の精神である人間尊重にそったものであるという。確かに、一つの企業に縛られたくないという人々もふえているから、新規採用者について、各自の職業設計として雇用柔軟型か、長期蓄積能力活用型を選択させるのであれば、それは人間尊重の趣旨にある程度沿ったものといえよう。しかし、すでに勤続を積み上げてきた中高年者に長期勤続か離職の選択を求めることが少なくないが、この場合、日経連のいう人間尊重という観点からも問題が残る。ところが現実はもっと厳しく、終身雇用を信じ勤続してきた労働者のリストラも少なくはない。さらに、日本の組合は企業別組合であり、①企業間競争に巻き込まれているから同業他社との比較で自社の競争力を維持する必要を強く意識せざるを得ず、②また、多くは基本的に正規従業員だけを組織し、派遣労働者や正規従業員とほとんど同じ労働をしている労働者も組織していないから、交渉力は強くなりえず、したがって、③ＶＯＩＣＥも有効性は限られるから、(22) 長期蓄積能力活用型の絞り込みに対して各労働者の希望を十分に生かす交渉は全く不可能ではないにしても実際には大変難しい。このときに、企業が当面の経済的困難に対処するために、終身雇用からの脱却を強く推進することは、従業員の企業への一体化を損なうことになりかねない。仕事のプログラム化と成果の可測性を十分に高くできるのであれば、一体化からの離脱は成功する可能性はある。しかし、それは、日本の現状で可能であろうか。さらに、仕事のプログラム化と成果の可測性を十分に高くしたとしても、一体化が維持できることは重要であることに注意が必要である。

また、長期蓄積能力活用型の絞込みは、企業の経済負担を軽減するにしても、それ自体は日本の企業の経営を強くする積極策ではなく、それだけでは限界がある。

さて、そこで、この日経連の提言では、高度専門能力活用型の積極的採用がうたわれている。これがうまく行われるなら、日本の企業のコア・コンピタンスを強めることが可能である。

専門職の活用という点では、成果給と、太田肇氏のインフラ組織論が興味深い。[23] まず、インフラ組織であるが、これは、本大会でも報告されているので、その趣旨のみを簡単にみることにする。インフラ組織では、従来の日本の組織のように、人々を組織への一体化によってではなく、仕事によって管理しようとするものである。インフラ組織は、とくに、技術者や管理者等の多くのホワイト・カラーを強く意識している。なぜなら、これらの職種では、仕事の範囲や遂行の仕方・量のあいまいな程度が高く一体化に頼る面が強かったと考えられるからである。さて、組織への一体化ではなく、仕事へのコミットを通じてこれらの人々をコントロールするのであれば、仕事を統合することで組織全体の活動を統合できる。これを個人の立場からすれば、インフラ組織では、仕事遂行能力をきちっと身に着けておれば、各自は組織に一体化せずともその仕事を遂行することで、組織は統合され、動くということになる。太田氏は、組織のかなり上層の管理職から相当広範な範囲で組織をそのように構成する余地は大きいとみておられる。そうすれば、高度な客観的な能力をもった管理職が、その専門能力により管理に従事することになるから、経営管理の質も大きく上がる。つまり、第1図でいけば、対角線を左上にむけて移行

していくものとなる。これは欧米型の官僚組織とよく似たものの提唱ということになる。(24)

さて、高度専門性をもつ人を処遇し、それにより企業の強化をはかるものとして、近年、成果給が注目されている。先駆的企業では、上でみた日経連の提言の前から成果給の導入が行われてきた。一九九二年九月、松下電器は全社に成果主義を拡大しているが、同社は、この時までに研究職・技術職にすでに実施していた。また、富士通では、同年の一一月に成果主義の導入に向かい、一九九三年には管理職に、そして九四年以降は全社員に拡大している。こうした動きは経済界に広がり、一九九二年一二月三日、経済同友会は「賃金や昇進が年齢や勤続年数だけで決まっているのは、公正で納得のいく制度とはいえない」とその提言で述べる。この流れが、上でみた、日経連の一九九五年の『新時代の「日本経営」』に連続したのである。

しかし、成果給の導入は現状では困難な面もある。実際、成果で管理すると、次のような問題が起こることが指摘されている。すなわち、(一) 達成しやすい目標を上げて果敢なチャレンジを避ける、(二) 短期志向になる、(三) グループワークが阻害される、(四) 職場での技能の伝承・教えあいが少なくなる、(五) 個人主義の行き過ぎが生じる、などである。これらのうち、(三) (四) (五) は、一体化を弱めることを意味しており、日本の伝統的な経営の強さを維持するには、これらへの対策が必要である。また、成果給の運営の方法に不満を持つ人も多い。「日経コンピューター」による調査によれば、成果給への不満は (非常に不満、やや不満を合計して) 六二%という多さである。実際、富士通では成果給の見直しで注目を集めた。仕事の過程についての経営サイドに十分の知識がなければ、行動のコントロールは困難だから、仕事の結果により支払う成果給に頼ることになるが、仕事が客観的に把握できていないから、成果給を成功させるには経験が必要である。目標の設定水準の調整や、成果の評価において長期志向やグループワーク、相互に教えあうこと等々への適切な配慮ができる必要がある。

この点からも、終身雇用や年功制から脱却が必要という最近の論調には注意が必要である。日本企業が高度専門家を必要としていることは確かであり、高度専門家の意欲を高めるには成果給が効果をもつ面はある。しかし、景気が悪くなると再び終身雇用や年功給の克服離脱が必要であるとする主張は問題である。重要なことは、従業員の勤勉さ、創造性が低くて、日本企業は競争に遅れたわけではないし、一九八〇年代の未曾有の競争力は終身雇用下での労働者の企業への一体化、勤労意欲・学習意欲の高さ、創造性に基づいていたことである。日本経営が強さを失ったのは、常勝に酔い、ハメル&プラハラードでいうスラック経営に陥ったことが大きい。さらに、株価が上がり続け、財テクなどで利益をあげる企業をみて多くの企業が、本業で真摯に努力することに緩みをみせたことに基づく点が大きい。そして、この緩みが、真剣な競争である経営の改革に遅れをとらせたことにある。終身雇用、年功制に問題の根があるわけではない。

日本企業の現場がまだ優秀であれば、システムやトータルな管理システムを欧米に近いものにできれば競争力は回復するであろう。しかし、欧米の経営は、この面では日本よりは相当前を走っている。それは、欧米における専門経営者、高度技術職の層の厚さをみれば明らかである。むしろ、欧米では、優秀で企業に一体化する労働者を日本ほど多くは持ちえておらず、だからこそ、管理職や技術者のレヴェルと層が高く厚くなってきたのである。それゆえ、日本企業は、優秀で企業の発展に努力する労働者を多くもっているという強みを捨てずに、システムや経営としてのトータルな管理を欧米並みに強化することが求められているといえる。

今日では雇用を懸命に守ろうとする企業はむしろ稀少といえる感がある。その結果、労働者の企業への信頼感はかなり低下している。また、若い人々は企業に希望を見出せなくなっており、そのため、中・高・大学の学生の勉学意欲が大きく低下してきている。これは、日本経済にとって厳しい事態である。しかし、この困難な状況が現状である以上、ここから日本企業が競争力を回復する上でなにが必要かを考えていかなければならない。

それには、まず、第一に、管理者や専門職が、システム改革を行い、日本企業のコア・コンピタンスを強化することが必要である。日経連の提言が出された一九九五年の同じ年に野中郁次郎・竹内弘高『知識創造企業』の原著英語版が発行されたが、同書は、暗黙知を形式知にし、組織での共有をはかって知識創造を行っていくプロセスを示しており、企業がその競争力を高めるために重要なひとつの方向を明らかにしている。

日本企業が競争力を回復するには、企業の努力だけではなく、大学、大学院等の関与も必要である。このことを大学関係者も強く自覚し、行動を起こす必要がある。幸い、この必要性は現在の日本では自覚はされてきている。実際、日本が大きな遅れをとった金融工学についても、その研究・教育に文部科学省も力を入れ、東大、東工大、一橋大、それに京大等々で精力的に研究と教育が始められているし、また、ＩＴ教育には高校段階を含め、もっと広範かつ積極的に取り組み出している。さらに、ビジネス・スクールの新設も図っている。しかし、それでも日本を代表するような新設ビジネス・スクールは教員規模でわずかに二〇数名にすぎない。教員数一〇〇人や二〇〇人、ＭＢＡ学生数一大学院あたり数百人から千人の規模の欧米のビジネス・スクールとは比較にならない。この状態では、企業が作業現場だけでなく、より上層を含む「経営の科学化」をしようとしても、相当時間がかかることになる。しかし、大学・大学院の卒業生の標準的能力を一人前の専門家として広く通用するものとすべく、資格化するなどの改革も行われている。このような、大学等の努力の必要性も高まっている。

六　むすび

本稿で、終身雇用、年功制、企業別組合という日本的経営の特徴とされているものの評価の変遷と、日米企業の興亡を見てきた。一九六〇年前後には、日本的経営は非合理的なものとして批判されていた。終身雇用制の下では企業は過剰労働をかかえこむことになり、年功制は仕事との関係が希薄だから不合理な給与制度であるとされ、これでは日本の経済の発展は困難であるとされた。しかし、多くの論者が日本的経営の批判を行っている一九六〇年ごろから、すでに日本的経営は遅れたものとはいえないとする研究も現れ始めていた。

そして、アベグレンがその著で日本的経営に対する批判を行ったその数年後から、日本経済は、飛躍的に発展し、日本企業の競争力は強くなり、アメリカ企業に対しても競争に勝利するようになった。この日本企業の比類のない強さをみて、アメリカでも日本企業の経営が賞賛され、その強さについて熱心に研究された。そして米国は日本的経営に学んだ。このとき、日本でも、日本的経営に対する評価が逆転した。それまで、古くて遅れたものであるとされていた終身雇用や年功制、企業別組合こそが、日本企業の強さをもたらすものだとする論調に変わった。しかし、アメリカは、努力の結果、その強さを回復し、再びＩＴ、金融工学等々で先駆し、日本企業の強さを凌駕した。今度は、日本企業が長期にわたり苦境を経験した。そして、日本では、日本の企業の強さをもたらした日本的経営の主たる特色である終身雇用、年功制が問題であるとされ、それからの脱却をはかりつつある。

しかし、日本の経営の弱点は、評価が二度逆転した終身雇用や年功制にあるのではない。終身雇用や年功制は企業への一体化をもたらすもので、企業への従業員の一体化はそれ自体企業経営を強くするものである。しかし、一体化だけでは企業を強くすることには十分でなく、やはり、工場でも管理レベルでも、仕事の明確化、成果の可測性を高めて、そのもとで合理的経営改善を続けることが必要である。日本では、工場レベルでは仕事の明確化、成果の可測性の向上はかなりの程度行われてきた。しかし、管理レベルではそれは弱かった。そのために、日本経営は、強い工場はもっているが、管理レベルで科学的な経営に遅れをとった。そして、高度技術者の活用も十分にできなかった。これが、日本企業が競争に負けた最大の要因である。だから、一体化を維持して、管理レベルの科学化をすすめ、高度技術者を活用し、果敢な経営を行うことが日本経営の再生の鍵である。

管理レベルでの合理化、高度技術者の活用に遅れをとったのは、日本企業が強くて経済成果が高く、そのために経営に緩みが生じたことによる。ハメル&プラハラードが一九九四年にアメリカ企業に向けて鳴らした警鐘は今日本企業にこそあてはまる。

注

(1) アベグレン著、占部都美訳『日本の経営』一九五八年、二七―三五頁、三六頁、七六頁。

(2) 例えば、当時の権威、氏原正治郎氏は、日本の技術が非近代的で古いから企業別労働市場が成立したとされている。「大工場労働者の性格」同編『日本労働問題研究』一九六六年所収。

(3) 小池和男『日本の賃金交渉』一九六二年、同一九六六年。

(4) 労働市場が労使の相互作用のなかで決まるとした論文としては、次を参照。赤岡功「ロスとダンロップの賃金論（2）：現実の団体交渉と二説の関係」『経済論叢』第一〇一巻第六号、一九六八年六月、五一―五三頁、同「労働市場の形成要因について」『経済論叢』第一〇六巻第五号、一九七〇年、一七一―一七八頁。なお、アメリカで労働市場の分断論がゴードンらによって発表された。Gordon, D. M. and R. G. Edward, "A Theory of Labor Market Segmentation," *Industrial Relations Research Series*, Proceeding of the 25th Anniversary Meeting, 1972.

(5) 岸本英太郎「日本の賃金と労働組合」同編『労働経済論入門』有斐閣、一九六九年所収。とくに、二六一頁以下に戦後における年功賃金の形成について述べられている。

(6) それぞれ、赤岡　功「労働市場」中村正文・赤岡　功著『社会政策論』法律文化社、一九七三年所収の一七八頁、一七七頁。

(7) 赤岡　功「雛型交渉と産業別労働組合」『経済論叢』第一〇二巻第二号。ここでは、米国鉄鋼業労使の交渉の中で労働組合は産業別交渉を成立させようとしたが、使用者側の交渉力が強く、企業別交渉が続いた。しかし、企業別交渉では、産業という労働市場の全体の一部しか対象にならず、労働組合の市場集中度が低く、労働組合の交渉力は上がらない。そこで、企業別交渉ではあっても交渉の時期、妥結の賃金率等について雛型を意識して産業内で統一化をはかったのが、雛型交渉であることを示して、労使の交渉のなかで労働市場や交渉範囲が決定されることを述べている。後に資源依存モデルは、この考え方に似たモデルを提示している。なお、赤岡　功、「アメリカにおける労働市場分断論について」『国民経済雑誌』第一三六巻第四号、一九七七年参照。

(8) 小池和男『賃金』一九六六年。

(9) 占部都美『危ない会社』光文社、一九六三年。なお、経営学の書が、年間第一位のベストセラーとなったのは、最近の五〇年近くで占部氏の書だけではなかろうか。

(10) 土屋守章『ハーバード・ビジネススクールにて』（中公新書）、一九六四年。

(11)　労働大臣官房統計情報部『労使コミュニケーション調査』一九七二年。

(12)　赤岡　功・岸田民樹・中川多喜雄『経営労務』一九八三年、三五頁。

(13)　赤岡　功「QCサークル活動と社会・技術システム論による責任ある自律的作業集団」『経済論叢』第一三一巻第六号、一九八三年六月、関西生産性本部『職場活性化のための小集団活動』一九八一年。

(14)　Ouchi, W. G., "A Conceptual Framework for Design of Organizational Control Mechanisms," *Management Science*, Vol. 25, No. 9, 1979.

(15)　Eisenhardt, K., "Control: Organizational and Economical Approaches," *Management Science*, Vol. 31, No. 2, 1985.

(16)　Das, T. K. and Bing-Sheng Teng, "Trust, Control, and Risk in Strategic Alliances: An Integrated Framework," *Organization Studies*, Vol. 22, No. 2, 2001.

(17)　Perrow, C., *Organizational Analysis*, 1970.

(18)　このことは、終身雇用や年功制を離脱して、組織への一体化や企業への強い協力意欲は不要として、仕事それ自体へのコミットメントを強く主張する現在の論調を、慎重に再考しておく必要性を感じさせる。アメリカのようにプロフェッショナルが能力を発揮しやすい組織をもっているところでこの議論があった。

(19)　ハメル&プラハラード著、一條和生訳『コア・コンピタンス経営』日本経済新報社、一九九六年、一六五頁。

(20)　日経連『新時代の「日本経営」』日本経営者団体連盟、一九九五年。

(21)　しかし、この提言を、正規従業員でも終身雇用としないことを提言したとみる必要はなく、正規従業員の割合を減らし、正規従業員は終身雇用であるという選択も可能な提言であるとみることはできないわけではない。

(22)　自発的転職（Exit の存在）が容易であることは代替的雇用先があることを意味するから労働者の交渉力を高めるが、労働者にとって有利な転職先が限られているときには交渉力は低い。もし、労働組合が企業を超えて組織していたり、企業を超えて産業全体に（つまり労働市場の全体に）影響力があれば、企業に対する一定の交渉力はあるが、一企業だけの労働組合で産業別統一交渉といったものか、それに近いものが機能していないとき、交渉力は限られている。交渉力がない組合に経営に対して強く発言（Voice）することを期待しても無理である。

(23)　太田　肇『プロフェッショナルと組織』同文舘、一九九三年。

(24)　野中郁次郎・竹内弘高（梅本勝博訳）『知識創造企業』東洋経済新報社（日本語版は一九九六年に発行されている）。

新聞の略称

日経：日本経済新聞

朝日：朝日新聞

Ⅱ　創立十周年記念講演

第八章「経営学教育における企業倫理の領域――過去・現在・未来」(創立十周年記念講演)は明治大学国際交流センターとの共催によるものである。

七　経営学史の課題

阿部謹也

経営学史学会創立十周年記念大会にご招待いただき、誠に光栄に存じます。今日は経営学史の課題と題しましてお話させていただきます。勿論私は経営学の専門家ではありませんので、社会科学を学んでいる学徒の一人としてお話させていただきます。

現在日本社会は未曾有の混乱の中にあります。外務省の混乱状態、法曹界の不祥事、警察の不手際などを見ていますと、わが国に将来がないようにすら思われます。国にも政治家にも大義がなく、人々の間には信義もなくなっているように見えます。このような状態のわが国をどのようにすべきかが私たちの問題であります。このような状況を見るにつけても私たちは社会科学に新たに問いかけなければならないのであります。それはまずこれまでの社会科学のあり方で充分であったかという問いかけであります。勿論これまでの社会科学のあり方に問題があったからこそこのような状況に対して打つ手が見つからないのであります。

現在私は日本社会における二つのシステムについて考えております。二つのシステムとは何かといいますと、一つは近代化のシステムであります。明治政府は欧米諸国から様々な技術を導入してわが国の近代化を図ろうとしました。その結果各省庁が生まれ、その下で行政、法制、教育、郵政などの諸分野の近代化が具体的に図られたのであります。わが国の経営学もそのような近代化の結果として生まれたものであり、近代化のシステムの一環でありました。勿論江戸時代以前の経営学史についても議論する必要はありません。それはおそらく現在最も必要とされている分野であると思われますが、今日の話題からははずさせていただきます。この近代化のシステムとは何かと申しますと、一言でいえば文字と数字と論理から成り立っているものであります。当時の人々は欧米先進国の成果を書物や印刷物を通して学んだのであり、その内容は論理で貫かれているものでした。

明治政府は近代化をあらゆる面で推し進めようとしましたが、どうしても近代化しえないものがありました。それは人間関係でした。親子の関係、師弟の関係など近代化し得ない部分が残されたのであります。つまり制度は欧米に倣って近代化し得たが、その制度を担う人間は古来の習慣や人間関係を残したままだったのであります。その人間関係は「世間」という名で今日まで残されています。

ところでもう一つのシステムとは何かと申しますと、それは歴史的・伝統的システムと私が呼んでいるもので、近代化のシステムが文字と数字と論理であったとすると歴史的・伝統的システムにおいては、言葉と儀礼と義理人情であり、シンボリックにいえば宴会に象徴されているものです。そしてまさにこの人間関係が「世間」の内容をなしているのです。この二つの関係がどのように機能しているのかを見ようとすれば、政治家の日常生活を見るのが良いと思われます。政治家達はまず自分の選挙区から選ばれます。その選挙区の世界は「世間」そのものであって、そこでは土地の言葉をしゃべり、お祝い事や葬儀などの際に政治家達は常に顔を出し、宴席にも必ず出席して人々と顔なじみになっています。いわば義理人情の世界に生きているのであります。しかし彼がひとたび東京に出ますと、国会では標準語をしゃべり、文章に書いたものを読み上げるようにして話をするのです。国会での話の内容はなによりもまず論理的でなければならず、彼はこうしてまさに近代化システムを体現するものとして活動することになるのです。政治家によってはこの二つの世界を混同する人も出てきます。そうすると失言として非難されてしまいます。

じつは政治家だけでなく、私たちも同じように二つのシステムの中で生きているのです。会社や役所で仕事をしているときには私たちは近代化システムの中で暮らしています。しかし五時以降は家に帰り、飲み屋にいったりして歴史的・伝統的システムの世界に帰るのです。いわば合理的なシステムから義理人情の世界に戻るのです。この二つの世界を生きているということは実はそう簡単なことではありません。この二つの世界はそれぞれ別の倫理観を持っており、私たちはダブルスタンダードで生きていかなければならないからです。

最近自分探しという言葉がはやっています。しかし自分をどこで探すのかが問題です。近代的システムの中で探すのなら簡単です。自分はすでにこのシステムの中にあるからです。人によってはデカルトまで遡る場合もあるでしょう。しかし私たちは近代的システムの中だけで暮らしているわけではありません。歴史的・伝統的システムの中でも暮らしているのです。そしてこのシステムの場合は自分は「世間」の中に埋没していますから、自分を積極的に取りだすことは困難です。

ところでこの歴史的・伝統的システムはこれまで封建遺制として位置づけられてきました。近代化を阻害したものとして位置づけられてきたのです。しかし私はそうは考えていません。むしろ歴史的・伝統的システムは近代化を支えてきたのです。日本の近代化は歴史的・伝統的システムによって支えられて実現したのです。この点でこれまでの社会科学の大部分は間違った評価をしてきたと思われます。日本の近代化は歴史的・伝統的システムによって助けられて実現したのです。ということは日本の近代化の深さという問題となります。日本の近代化を西欧流の近代化と同様なものとして位置づけるのであれば、歴史的・伝統的システムは封建遺制になってしまうでしょう。しかし歴史的・伝統的システムが近代化を助けたという観点に立てば、日本の近代化は西欧流の近代化とはまったく異なった形で考えなければならなくなるでしょう。

ここで経営学史の課題が問題となります。これまでの経営学史は大部分は近代化の下での経営のありかたを踏まえてきました。しかし経営の実情は決して近代化のシステムだけでなく、歴史的・伝統的システムを対象として来たのであります。これまでの経営が西欧に範を取っていたことは明らかでありますが、現在ではそれだけではすまなくなっています。この問題に関しては経営学史が先導すべきであろうと考えています。なぜなら経営学の歴史を遡ってゆけば、近代化のシステムだけでなく、歴史的・伝統的システムとの関わりが明らかに読み取れるはずだからであります。しかし現在のところ、近代化のシステムと歴史的・伝統的システムとの関係は一般には充分に知られていません。日本の社会科学はいまだに歴史的・伝統的システムを封建遺制とする立場を捨て切れていないのです。しかしここからが問題であります。なぜなら歴史的・伝統的システムの内容はすでに述べたように［世間］と等しいものです。そして［世間］の実態は儀礼であり、呪術的であって、客観的な分析の対象になじまないからです。これまでの欧米の学問はこの問題に関してはほとんど役に立ちません。そこで経営学史としてはあらゆる社会科学を動員してこの問題に当たらなければなりません。いわば日常生活の具体層を明らかにすることになるからです。これまでの社会科学では日常生活の具体層を解明する方法は出来上がっていませんでした。せいぜいエドムント・フッサールの生活世界の概念から学ぶことが出来るくらいです。フッサールはまず学問が人間にとってどのような意味をもってきたかを問題にします。これまで「学問的で客観的な心理とは、もっぱら世界が、すなわち物理的ならびに精神的世界が、事実上何であるかを確定することだ」（『ヨーロッパ諸学の危機と超越論的現象学』細谷恒夫・木田元訳、中央公論社、一九七四年、一七ページ）とされてきました。人間の問題は背後に退いてしまったのです。そこで認識の問題が浮上します。「［認識］はそのあらゆる発展形態において心理的な体験であります。つまり、認識する主観の認識です。認識に対立するのは認識される客観です。ところで、認識はどのようにして認識される客観との一致を確信するのでしょうか。認識はどのようにして自己を超え出て、その対象を的確に捉えるのでしょうか」（『現象学の理念』長谷川宏訳、作品社、一九九七年、三一ページ）と述べています。

これは哲学の根本問題でありますが、その始まりはガリレイが測定術を開発し、自然を数学によって捉えようとしたことにあります。ガリレイの測定術によって空間と時間、因果関係すらも測定可能となり、その結果近代的世界観が生まれた。私たちは今もその近代的世界観によって物事を観察しているのです。人文科学も自然科学の影響を受けて成立し、主観・客観に基づく客観的真理という理念があらゆる認識にとって規範となり、それが全ての学問の合言葉になったのです。学問はそれ以後単なる事実学になり、生に対する意義を失ってしまったのです。こうしてヨーロッパ諸学の危機が生まれたのであるが、わが国でもヨーロッパの学問を受容れる過程で、同様な問題を抱えたにもかかわらず、今日にいたるまでその危機の意識は鮮明に自覚されてはいません。フッサールはこうして生活世界を捉える必要性を主張しています。

フッサールがいう生活世界とはまさにわが国における［世間］に他ならないと私は考えています。生活世界とは自然的態度の世界であり、環境世界であるとされていますが、世界を直接見、考え、触り、感情をもって暮らしている人間の世界のことであります。私たちの日常生活が生活世界なのであるが、その生活世界を自然的な態度で研究することは出来ないとフッサールはいっています。そのためには何らかの新しい方法が必要なのです。私自身この問題に取り組んでいます。これまでの学問の方法をひとたび棚に上げて新しい方法を考えなければなりません。まず私たちの主観について考察を深めなければなりません。その上で共同主観、集団としての思考などについても視野を広げてゆかなければなりません。

その点で経営学史も社会科学の一環としてこの方法の問題に関わらなければなりません。冒頭で述べたように私たちの生活は二つのシステムによって営まれています。私たちはこれまでそのうちの近代化のシステムと深く関わってきましたが、それだけでは不十分であったために、現在の様々な問題が生じているのです。私たちの生活を構成している二つのシステムのうちこれまで見過ごされてきた歴史的・伝統的システムについて今日はお話し、歴史的・伝統的システムの解明こそ現在の経営学史に求められている課題であることを示してきました。同じ社会科学を学んでいる者として皆様の関心を呼ぶことが出来れば幸いです。ご静聴有難うございました。

八　経営学教育における企業倫理の領域——過去・現在・未来

E・M・エプスタイン

企業倫理の学問領域は、アメリカ合衆国においては比較的最近になって成熟したので、その歴史は約四〇年ほどである。しかしながら、商人、仲買人、職人、農民、船乗りの行動に関する規則や禁止事項は、数千年、実際に東西において歴史が記録されたときまで、遡ることができる。彼らはみな、今日のわれわれが「事業活動」と考えるものに従事していたのである。西洋においては、ハムラビ法典の中に、経済生活の行動基準に関する多様な禁止命令が含まれている。それらは紀元前十八世紀のバビロニアにおける一般的な規範を反映し、知らせることになる。アリストテレスの『ニコマコス倫理学』（特に第五冊）には、経済的な事業の倫理的行動基準について、多くが述べられている。

アメリカ合衆国において、企業組織とその指導者の倫理に関する学問的関心は、十九世紀後半まで遡る。その時代、アメリカの産業経済は、近代株式会社の形態を帯びつつあった。この初期の焦点は、今日、個別あるいは個人の企業倫理として示されるものよりも企業の社会的責任として後に知られるようになるものに置かれていた。すなわち、企業や、より大きな産業界の目的と義務は株主価値の最大化を超えたものであるという考えである。

一八九五年の『アメリカ社会学会誌』(*American Journal of Sociology*) 第一巻の中で、初期のアメリカ社会学において指導的立場にあったアルビオン・W・スモールは、企業の時代に象徴的な戦いを挑んでいる。そのとき、彼は、「単に官職ばかりでなく私的な事業も公共の信頼を得ていない」と書いている。彼の同時代の人々、特に企業人は、ほとんど企業の責任という包括的で挑戦的な概念を受け入れようとはしなかった。それらは、自由放任資本主義の思潮、古典派経済学の奇妙な混合、新カルビン主義、社会進化論、ロックの政治哲学、反国家統制の強大な部分を生み、企業と社会との新しい関係を速やかに受け入れることはなかったのである。しかしながら、スモールの著述は、「巨大株式会社」、大規模産業会社の出現に深く関心を持つ知識人などに影響を与えた。この関心の中には、こうした強大な事業組織体の経済的、政治的、社会的権力の急速な増大に対する不安とこうした企業が公衆に対して説明可能にさせようとする要求が含まれていた。

アメリカでビジネス・スクールが作られたのは、まさにこの時代である。カリフォルニア大学バークリー校の商学部は、今日のハース・ビジネス・スクールの前身であるが、一八九八年に設立された。ペンシルバニア大学が今日世界的に認められているウォートン校を設立した数年後のことである。興味深いことに、バークリー校商学部の最初のコース紹介には「哲学的研究：商業倫理の歴史と原理」がある。このコースが実際に提供されていたのか、どんな内容であったかは定かではない。しかしながら、重要なことは、大学が経営教育に取り組み始めたときに「科学的商業研究」に倫理が適切であることが注目されていたことである。

第一次世界大戦終結後、バークリー校は、商業道徳の講義のために裕福な百貨店所有者からの寄付を得ている。講義は、新しい経済秩序の下での企業の活動が従うことになる道徳法則のさまざまな局面に関することを処理してきた学者と実務家により行なわれた。典型的には、講義は企業の社会的役割と責任に関連する倫理学を超えた課題事項に集中していた。

明示的に企業倫理を取り上げてはいないが、一九三二年に出版された、アドルフ・A・バーリとガードナー・C・ミーンズの『近代株式会社と私有財産』は、経営社会政策に関連するアメリカの学問的考え方の実質的な発展に大きな影響を与えた。バーリとミーンズは、現代の巨大株式会社において所有（株主）と支配（経営者）が分離することを証明し、会社とその指導者は誰に対して責任を負い、どんな法的公的政策の規範に基づくのかという問題を提起した。これから見るように、この問題は今日まで未解決であり、経営社会業績と経営の政策、過程、実践から影響を受ける多様な利害関係者に対する経営者の倫理的義務に関連する論争の下にある。

一九四八年にハーバード・ビジネス・スクールにおいて、「ビジネス・リーダーシップの責任」というテーマでコンファレンスが行なわれ、指導的な立場にある企業の役員や政府の役人による著名なパネルが「企業の活動により影響を受けるさまざまな集団のそれぞれに対する企業人の責任」を明確にしようとした。これらの集団（利害関係者）の中には、「公衆、労働者、政府、消費者、株主、国境を越えた世界」が含まれていた。この本の編者による前書きには、総会が企業の責任概念を拡充しようとする動機に取り付かれていたと記されている。

アメリカ合衆国における一九五〇年代の一〇年は、多くのアメリカ人の関心が企業倫理や企業の社会的責任に関する困難な公共政策について取り組むというよりも、アイゼンハワー時代の「平和と繁栄」を享受した静寂の時代であった。この時代の政府の指導者によって法的には無視された社会的、経済的、政治的課題事項の出現により問題を抱えていた知識人や地域の活動家の中での救いは、こうした事柄が公衆の中で重大な関心になっていなかったことである。

一九五〇年代後半から一九六〇年代初頭の期間におけるアメリカ合衆国における経営教育をよく見てみると、カリキュラムにおける倫理と経営社会政策の重要性を結果的に増大させることになった、いくつかの基本的要因を確認することができる。第二次世界大戦終結からの一〇年で、アメリカ合衆国における経営教育、特に、修士の段階において、真に爆発と呼ぶにふさわしい変化があった。また、博士の段階では一九五〇年代末までに変化が起こった。二つのアメリカの財団（フォードとカーネギー）がアメリカの高度な経営教育に関する主要な研究を委託した。ロバート・A・ゴードンとジェームズ・E・ハウエルは、『企業に関する高等教育』（Higher Education of Business）を、フランシス・C・ピアソンは、『アメリカ企業人教育』（Education of American Businessmen）を、それぞれ一九五九年に出版した。二つの報告書は、将来の企業の「専門職」には、その経営者としての職能と責任に関わる「非市場」あるいは「外部」の環境の本質と影響に関する情報を提供される必要性を強調している。一九五〇年代後半までに、ハーバード、コロンビア、バークリー、カーネギー・メロン、ノースウェスタンといった、多くの先進的な立場にあるアメリカのビジネス・スクールは、広義の「企業と社会」の領域における科目を開設し始めた。

一九六〇年代は、企業倫理と経営社会政策が経営教育に登場した、特に重要な時代である。すでに言及した要因の中には、直接的に企業業績に関する公衆の期待の増大につながったものもあった。まだ、「企業倫理」について本質的に書いたものはほとんどなかったけれども（レイノルド・C・ボマートの『企業人はどのように倫理的か』が一九六一年に出版され、彼の『企業の倫理』がこの時期の顕著な著作である）、株式会社とその指導層の社会的責任をめぐる、活発な議論が環境、消費者、差別を経験したり不利益を蒙った集団、従業員と地域社会の健康と安全、都市の荒廃、公教育、社会全体を良くすることに対して企業部門の負うべき義務の点から生じた。リチャード・イールズとクラレンス・C・ウォルトンの『企業の概念的基礎』、エドワード・S・メイソン編の『現代社会の株式会社』、アール・F・チャイト編の『企業体制』のような影響の大きな書物が、会社権力、正当性と責任、私有財産の本質、混合経済における国家と企業との関係について精査すべき問題を示した。

一九七〇年代の一〇年は、「企業と社会」が学問の専門分野として十分な発達をした時期であり、企業倫理が重要な調査領域として出現してきた時期である。この発達は多様な手段でなされた。一九九〇年代初頭のアメリカ滞在中に、明治大学の中村瑞穂教授は、文献を調べたところ、一九五〇年代と一九六〇年代には、企業倫理、企業と社会、企業の社会的責任に関する本は一八冊しか出版されていなかったが、一九七〇年代には、五〇冊出版されたとしている。一九七〇年代初頭までに、バークリー、コロンビア、ピッツバーグ、ワシントンなどのアメリカの指導的な大学が「企業と社会」における創造的な博士課程を確立した。新しい分野を刺激し形成するのに有用な、主要な教科書と論文の初版が出された。実際、出版社の中には、この新しい分野の一連の著作を出版した。*"Business and Society Review"*, *"Journal of Business Ethics"*などの新しい雑誌が刊行され、企業の社会業績と政策に関する重要な一連の論文も出された。著名な*"California Management Review"*, *"Academy of Management Review"*, *"Business Horizon"*, *"Harvard Business Review"*などの学会誌が、「企業と社会」に関係する論文を頻繁に掲載した。アメリカ合衆国全体の大学が、学部とMBAの課程に「企業と社会」という科目を設置した。多数のこの領域における学術教育と研究が劇的に増加した。実際、五年で、アメリカのビジネス・スクールの半数以上が、この領域における必修科目を提供し、AACSB（アメリカビジネス・スクール協会）により公表された認定条件に大いに促されたのである。一九七一年、AMA（アメリカ経営学会）の中に、SIM（経営の中の社会的課題事項）部会が設立され、この領域における学者の継続的な連携を提供した。GE財団とAACSBは、夏期にこうした領域のワークショップに資金を提供することにより、「企業と社会」の発展を促した。

一九八〇年代の間、「企業倫理」は学問分野としての明確なアイデンティティを確立した。再び、中村教授によるこの領域における文献調査が有用である。一九七〇年代には、広い意味での「企業と社会」の領域の中で出版された五〇冊の本のうち、特に「企業倫理」を扱っていたのは一〇冊に過ぎなかったのに対し、一九八〇年代には、この割合は劇的に変化し、この期間に出版された五九冊のうち、三七冊が倫理的な指向を有していたのである。一九八七年五月二五日号の *"Time"* の巻頭記事は、「倫理に一体何が起こっているのか」と問い、「低俗、醜聞、偽善による攻撃により、アメリカは道徳的態度を求めている」と考察している。企業の領域においては、以下のことが起こっている。大規模な金融機関の崩壊、アメリカの主要な証券会社と金融業者による証券市場の操作と内部者取引の発覚、防衛産業における政府への水増し請求、合衆国では禁止されている危険な製品の海外でのマーケティング、環境の健全と安全に関する基準を無視した極悪企業の発覚、アパルトヘイトを行なっていた南アフリカへのアメリカ企業の投資と活動をめぐる論争、不況期における工場の閉鎖と移転の増大とそれに伴う失業の増大、海外での贈賄や問題のある取引の痕跡。これらは、アメリカ企業の倫理基準に対する関心を高めた。

この時代の本や映画は、大衆の関心を増大させた。注目すべきことは、多くの国の市民がその国における倫理的に問題のある企業の実践により多くの関心を持つようになるにつれ、この時期に「企業倫理」がヨーロッパにおいても十分に発達し、日本においても現れ始めたことである。学界の中では、一九八〇年代後半から一九九〇年代にかけて、企業倫理関係を主要な焦点とする学会組織、コンファレンス、学術雑誌が増大した。ＩＳＢＥＥ (International Society of Business, Economics and Ethics)、ヨーロッパ企業ネットワーク (European Business Network)、企業倫理学会 (Society for Business Ethics) のような組織は、企業倫理に第一の焦点をあわせた国際コンファレンスに資金を提供した。企業倫理の研究者による国際的な学会は、主に哲学者、経営学者、法学者、神学者により構成され、アメリカ、アジア、ラテン・アメリカ、西ヨーロッパ、さらには旧ソ連の諸国における研究者（時には実務家を含めて）にまで拡大した。利害関係者分析、代理人理論と社会契約論、「徳の倫理」、企業の即応性、社会業績、経営社会政策、国際経営における倫理は、この期間において発達ないし拡大した基本的なテーマである。

過去一〇年の間に、四つの展開が企業倫理の領域を特徴付けた。

・地球規模にはっきりと焦点を合わせること。
・宗教的伝統が多様な中での倫理教育への関心。
・分析アプローチと概念モデルの開発を強調すること。それらは企業の政策、慣行、過程から日々生じる倫理的課題事項と二十一世紀の世界の政治経済にある無数の倫理的関心を示すことに有用である。
・情報と企業の領域における複雑な技術から生じる倫理的課題事項の増大への探求

「小さな世界」、これはアメリカのディズニーランドで人気のある乗り物の名前であるが、企業倫理の研究者にとって失われることのない重要なメッセージを伝えている。そこからわかるのは、「遠くであっても出会い、直接的なつながりもある、紡がれた世界」にわれわれが生きていることである。ＷＴＯ（世界貿易機関）とＧ８閣僚会議の最近の会合が行われた際に経済のグローバル化に反対するデモが行なわれたが、国際経済と地域経済の結びつきは解けないほどに、また、共生するようにグローバル経済に結ばれ、それは、ここにいるものの生活の実際となっている。大規模企業は、国境を超えて活動し、そのどこにおいても優勢な規範と倫理基準を守ることが期待されている。この期待が経営者に難問を課す。というのは、規範と基準は国によって異なり母国のものとは劇的なまでに対立することもある。問題は、特に北半球の多国籍企業と発展途上国との関係に先鋭化する。

事例研究も、はっきりと国際的な見方を前提としている。この見方に固有なものは、異なった社会における倫理的期待と基準の比較分析である。自然環境に関わる慣行、賄賂と不正、労働者の権利と地域社会との関係に関する課題事項は事例を抱負にする。企業倫理領域における国際化は、以前に言及した二つの他の関連する影響を有する。実際の国際的な学会は、一九九〇年代以降統合され、世界規模の会合が世界規模に集まり、ますます「共創」的な研究に従事するようになっている。結果として、企業倫理の領域は、急速に北アメリカ中心という狭隘な表情を変え、幅広い多様な文化から生じる材料、事例、課題事項により、国際社会の主流に入っている。国際化のもう一つの側面は、ヨーロッパ、アジア、ラテン・アメリカにおいて生まれた集団であり、それは、地域に固有の関心に焦点をあわせる地域からの学者と一緒になっている。

過去一〇年における、第二の有用な展開は、学者も実務家の中にも企業倫理に宗教的伝統を考慮することへの関心が高まっていることである。過去二〇年にわたる、「企業倫理」の今日の発展の初期から、宗教的に関連する機関（特にカトリック）の学者がこの発展に指導的な役割を演じてきたけれども、逆説的にごく最近まで、宗教的な起源を有する洞察と材料は、この領域の発展において比較的小さな役割を果たしたに過ぎない。議論はあるが、宗教的な基礎を置く倫理への関心は、正当性を求めて奮闘した、この領域の初期の時期における活力と学問的受容とを害するという懸念が形成期にはあったのである。最近では、主要な企業倫理の組織や指導的な経営関係の学術誌には、ますます宗教に基礎を置く企業倫理が含まれるようになっている。（たとえば、"Business Ethics Quarterly" 一九九七年三月号、"Journal of Business Ethics" 一九九三年一二月号を参照。）議論はあるが、宗教的源泉に関心が再生されることにより、合衆国においては少なくとも、カトリックから二つの重要な文書が公表されている。一九八六年に出された、カトリック司教全国会議の司教教書、『すべてのための経済的正義―カトリックの社会教育と合衆国経済』と、一九九一年に出された、教皇パウロ2世の回勅、『センテスマス・アヌス』である。これら二つの文書は、どちらも労働の本性、労働者の尊厳、現代社会における富と分配に焦点を合わせているが、カトリックの機関ばかりでなく、合衆国ならびに他の国においてもすべての大学における「企業倫理」カリキュラムの一部となっている。（すでに言及した出典の中では、オブライエンとシャノンのものの中に見られる）倫理と経済に関するユダヤ教の教育は、モーゼス・パッヴァアとメイヤー・タマリの主要な著作の出版や他の学者の投稿などにより「企業倫理」の主流に入っている。最後に、仏教、儒教、イスラム教からの見方は、すでに論じた領域の国際化の結果として西洋からの注目が集まっている。

現代企業倫理の第三の側面は、考慮を必要とすることを是認する。過去一〇年にわたる「企業倫理」領域の成熟化が進むに連れて、学問領域においてより強力な理論と概念を開発したいという強い願望が多くの学者の中にある。そうした領域は、望めるのであれば、企業部門へよりよい実践として移管される。多くの企業倫理の学者は、自分達の教育、研究、コンサルティングを通じて、企業の倫理的風土を強化し、経営者と組織がその職能を行なう方法に影響を与えたいと思っている。最近、特に北アメリカやヨーロッパにある大規模企業が倫理綱領を公表し倫理教育計画を制度化する傾向にあるが、これは専門の倫理学者と実務家とを一緒にする結びつきを提供する。合衆国においては、大学を本拠とした学者が学問的な集まりを去り、主要なコンサルティング事務所の倫理コンサルタントになったり、巨大株式会社の倫理担当役員になったりするようないくつかの事例がある。明白な金銭的な刺激は別として、こうした移動を行なった個人の動機付け要因は、倫理的な企業の実践を刺激し容易にすることにより「他のことをする」ことにあった。こうした学問の分野との「交錯」現象を伴う協力は、ベントレー・カレッジの企業倫理センターの実質的な支援による倫理担当役員協会（Ethics Officers Association）のような集団の発展により、企業に基礎を置く企業倫理の実務家の専門職化を増大させた。

最後に、一九九〇年代の情報技術と生物科学における革命が企業倫理の学者が高度技術における領域に関心を向けることを促した。コンピュータ、遺伝子調査、医療実験から生じる情報の特徴から来るプライバシーと所有権を巡る課題事項は、従業員、消費者、健康保険の提供者、患者、報償を構成するものや判事、一般大衆の主要な関心事となっている。洗練されたコンピュータの技法により個人に関する微妙な情報を検索し集めることが政府の役人や企業の業務にとってはできることになり、それは、不可侵の自由という市民の権利を侵すことになる。バイオ医学の進展のすばらしい可能性により、病気に対する治療の提供や病気の危険性を削減することができるが、それは、「遺伝子工学」の倫理的影響や「優生学」に回帰するのではないという問題を提起する。地球環境における環境への侵略的な新しい技術の影響は、国際的な関心を集めた。今まで以上にエネルギー資源を生み利用する人間の能力の結果として、地球規模の警告が明らかに代表的な例である。新しい技術を生み出すことにおいての人類の精巧さは地球の住人に費用を負担させせないことはない。

情報技術の領域における企業倫理の有利性から、情報の商業化に関する課題事項が提起される。それは、多くの人々が、情報は個人的で私的なものであるが、意図されない目的でその情報を利用することについて考えるものである。たとえば、雇用の適合性を決定するために医療技術を使うことである。バイオテクノロジーの分野については、ＤＮＡの研究やクローン技術の長所の記述をめぐって論争が続いているが、ＤＮＡの利用に関わる課題事項と同様に、私企業によって開発されたＤＮＡ配列の商業化をめぐる明白な企業の課題事項がある。こうした技術的に引き起こされる無数の例は、企業倫理の学者という製糸工場に幅広い材料を提供するような、関心事の示唆に過ぎない。従業員、消費者、地域社会の構成員に対して新旧の技術から起こされる健康上の危険は、努力を要する課題事項である。

前述した技術などの発展は、ＩＢＴＥ (Institute for Business, Technology and Ethics, *"Ethics"* を発行) のような新しい組織の設立を促し、伝統的な倫理学者の集団にこうした技術の倫理的関係を検証する活動の拡大を行なうようにしている。それらはまた、情報の倫理、コンピュータの倫理、生命倫理などの領域において、学術誌、経営関係誌、大衆誌にかなり活発に投稿するようになっている。

学問の領域として、経営に必要なものとしての「企業倫理」は、今、合衆国に存在するものである。一九七〇年代後半と一九八〇年代の一〇年の期間を特徴付けた、誇大と誇張がだんだん強くなることはなくなっているけれども、学問と経済における企業倫理の制度化は、維持されている。しかし、いずれの領域においても企業倫理の学者は、楽観することはできない。エンダルが記しているように、記述のような過去二〇年にわたって企業倫理において印象的な発展があったにもかかわらず、「企業倫理は確立された学問の専門分野にはほど遠い状態にあり」、特に、より知的伝統のあるヨーロッパ、また、ある程度、合衆国においてもそうである。今日まで、企業倫理の科目は、多くの機関のカリキュラムにおいて不安定な状態にある。

企業の領域では、経済の停滞期に、すでに新千年紀の到来以来経験しているように、企業倫理のプログラムの評価を下げたり、あるいは（法律上可能であれば）それを排除したり、より少ない費用になると認識されるものや、時にはあまり倫理的でない企業戦略を求めることにより、支出を削減しようとする誘惑が不可避的に起こる。さらに、二つの領域において、無数の適切に訓練された人々を必要とする。それは、われわれの複雑なグローバル社会に特有の、無数のグローバルな課題事項と国内の課題事項に取り組むために、新しい分析アプローチを生み採用するためである。大切なことは、組織の政策、過程、実践を真に「倫理的」にするために、企業と個々の経営者の意思決定機構に制度化することである。この必要は、アリストテレスの基本的な前提（アリストテレスの『ニコマス倫理学』を見よ）と関連する。それは、他のすべての社会機関がそうであるように、企業が社会的目的を達成する存在になり、「共通善」や「共同体」（アリストテレスのポリス）の促進が企業の存在の継続により究極的な根拠となる。究極的には、「企業倫理」は、「公共サービスの倫理」として見られるかもしれない。それにより、企業人、企業組織、拡大するグローバルな企業体制が、フィリップ・セルズニックが「道徳的共和国」と呼ぶものに貢献するか、その一部になる。ついで、この「道徳的共和国」は、社会秩序を生み出すことに役立つ。それは、推論され、市民化されたものであり、合衆国を含む地球上のすべてにおいて人類に恩恵となるような、平和と繁栄しているグローバルな社会に事前に必要なものである。

同様の考えは、最近の国際会議の場で、キャノンの前会長で、日本の著名な企業指導者である賀来龍三郎によっても示されている。彼は、キャノンの「共生」の哲学について話している。

「共通善のために一緒に生き働く。すべての人々は、人種、宗教、文化を問わず、実現のために何年も調和的に生き働く。企業の成長と発展は、地球規模の繁栄と人類全体の福祉に貢献することと一緒に行なわれる。」（一九九五年一〇月、コロンバスで行なわれた、経済の中の倫理会議（Council for Ethics in Economics）で賀来が「共生―二十一世紀を導く概念」という講演を行なった際の資料からの引用）。

「共生」は、学者と将来の企業指導者の教育者、現在の企業人を含むすべてのものが「企業倫理」というぶどう畑のようなところで個人的にも集団としても努力することを通じて支持し支援する世界秩序への希望の表明である。

Ⅲ 論攷

九　バーナード組織概念の一詮議

川端久夫

筆者は三〇年もの間、バーナードの組織の概念を基本的に受容しつつ、部分的修正を試みてきたが、数年前、中條秀治の所説に示唆を得て長年のこだわりに終止符を打ち、『形式的には廃棄、実質的には継承』――端的にいえば、ウエーバーの〈経営〉(及び経営団体) 概念とバーナードの〈組織〉(及び協働体系) 概念との間に基本的同一性を認め、両者融合的に理解する――という立場を表明した。[1] ウエーバーにおいて〈経営〉は『ある種の永続的な目的的行為』と定義され「また目的合理的に行為を統制していく『技術的な内容をあらわす範疇』でもある。・・・要は与えられた仕事を合目的的にかつ持続的にこなすということである。[2]」これはバーナードの〈組織〉定義「二人以上の人々の意識的に調整された活動または諸力の体系」と大同小異、実質的に同一である。

小異1・・・経営は一人でも成り立つ。組織は二人以上が協働しなければならない。

小異2・・・経営は反復持続しなければならない。組織は瞬間的な協働でも成り立つ。

両者は重点が異なる。プロテスタンティズムの倫理が資本主義の精神を形成しつつあった時代には独立自営業者が支配的であり、目的合理的な労働エトス(を具えた個人)の形成に重点があった。二十世紀資本主義の時代には大規模組織体が支配的で労働の目的合理性は機構的に確立し、組織体の構成員ないし貢献者の間の理念・利害の対立・抗争とその克服、即ち複数個人の『協働』に重点がある。このように小異はあるが、発達した経営は当然多人数であり、一回かぎりの短命な組織は実際には組織として扱われない、とバーナードも認めている。

多人数による経営は『行為』概念だけでは記述できず（『集団』概念をさらに条件づけた）『団体』概念を用いる必要がある。Verband は結合の動機（利害か一体感か）と性格（任意か強制か）を軸として四類型に分かれ、例えば企業は任意利益団体に属する。団体の次元では、①閉鎖的社会関係、即ち境界の存在 ②『秩序の維持と実施』の担い手である管理スタッフの存在が前面に出てくる。[3]――現代の『経営』は、このような管理スタッフを具えた閉鎖的な利益社会関係の中で営まれる経営団体 Betriebsverband として存在している。

ハーバード・サークルの一員でバーナードと文通関係もあったパーソンズは『経済と社会』の英訳において Betrieb を organization としている。大塚久雄はウエーバーから『経営体は独自な支配関係を含む組織』という引用を示し「経営体が組織だと読み取れる表現を使っている。[4]」中川敬一郎・岡本康雄は経営と経営団体との区別を実質的に無視しているが、現代の経営の殆どが経営団体であるとすれば、さして支障はなかろう。

以下、上述の見地に立ってバーナード組織概念の生成・造形・確定の経緯を素描する。加藤勝康による文献考証に全面的に依拠しながら筆者流に読み直し、結果的には加藤とは全く対立的な見解を披瀝する。

一 組織概念の生成・造形・確定の経緯

バーナードの組織観は夙に一九二二年に最初の表明『人間の諸力ないし活動の計画的な段取り』がある。それは伝統的な『機構』としての組織であったが、管理執行者としての厳しい協働体験を経て、一九三四年論文では

『個人と協働のインターフェイスとしての組織』とよぶべき構図に到達した。(5) 三六年後半～三七年初め頃の執筆とされる「組織論草稿」では『一つまたは複数の目的によって統一された人間の相互作用の体系』とある。同年四～一〇月の間に書かれたローウエル講義草稿では『二人以上の個人的な諸力の体系であり、目には見えず非個人的な何かであり、主として関係性の問題』及び『調整された人間努力の体系』と定義され、加えて「組織は人々から構成されると通常考えられているが・・それは真ではない」「組織を擬人化する通常の用語法は①組織の性質、②個人の組織への関係性、の両者について重大な考え違いを生じることになる」と説明されていた。(6)

この定義をみたヘンダーソンが「組織の概念枠組から人間を排除することは（通常の科学手続における）便宜性の観点からみて見当違いではないか」と次のような比喩を用いて疑念を表明した――「ケプラーの第一法則をバーナード流により厳密に述べるとすれば太陽によって代表される一点が焦点を占有し、惑星を代表する他の一点が楕円軌道を描くと言われねばなるまい。(7)」

バーナードは抵抗した――「（この枠組みは）システムとして短期間しか存続しない組織化された活動を、組織として認めたがらないという、世間に存在する強い偏見に対して、一種の平衡力として役立つ」「直接の便宜性のみに囚われて・・外見上のリアリズムを得ようと試みたとしても、結局のところ、コペルニクス的な体系の代わりにプトレマイオス的な体系となってしまう恐れがありはせぬか。」もともとヘンダーソンの助言は、前記比喩の示すように、概念の内容よりは表現の説得性の問題で『真理の探究といった哲学的な問題』でも、『血の通った慣い性となるほどの事物への直観的習熟』『事物の整然たる知識』そして『事物の有効な思考方法』の結合」といったヘンダーソンの科学方法論の核心に触れるものでもなかった。しかしバーナードは深刻に受けとめ、「組織定義それ自体の問題にとどまることなく、『講義草稿』の構成全体を根本的に再検討する」作業を開始し、激務にさいなまれながら推敲を重ねて翌三八年三月には講義草稿にかなりの追加・修正が施された新稿が成った。(8) ――ヘンダーソン助言の意図せざる結果として『経営者の役割』の枢軸ともいえる部分が産出された。

最も重大なメリットは第二章「個人と組織」が新たに書き下ろされたことである。組織の性格や機能を研究するにはまず、人間すなわち『個人』や『人格』とその関連事項についての立場・理解・公準を明確にしておかねばならない。とりわけ第一節「個人の地位と人間の特性」に記された諸命題はバーナード・パラダイムの中核をなすもので、組織との関連における人間の二面性、あるいは二面的取り扱いの必要性を説得的に論じている。

しかし、問題の組織定義について、バーナードは自説に固執しつづけた。――ヘンダーソンは前記書簡の最後を「結局のところ、組織を構成する人々の貢献以外の属性すべてを無視しても、経験に照らせば一般的には差し支えない、と貴方が言い続けるのなら、一方では言うべきことは言い得ており、他方では誰にとっても便宜性が大きい、そのようなトリックを仕掛けるべきだ」と結んだ。『人間含まず』へのこだわりに対するいらだちを婉曲にのべた、とも取れるきわどい示唆であるが、バーナードはこの書簡から着想を得て『人間含み』協働体系の概念を案出し、『人間含まず』組織をその下位体系に位置づけた。「方法問題についての貴方の結論との関連はともかく、この点は旧稿に比べてかなりの前進であり、以前には欠けていた本書全体にとっての重要な配慮を組み込んだもの。[9]」と書き送ったバーナードは、ヘンダーソンから「貴方の組織と協働体系についての所説にはもはや反対すべきものはない、むしろ有用で明快だと思う[10]」との返答に接して歓喜の至情を味わった。

『トリックを仕掛けたら』という示唆を受けて、バーナードが着想したのは「Democracy 論考」に記述された『協働体系』の概念を再生して組織定義に連結することであった。「組織論草稿」と「講義草稿」との中間（一九三七年一～四月頃）に執筆されたこの「論考」では、まず個人の行為を (a) 他人から隔絶した行為 (b) 他人の行為との相互作用を含む行為 (c) 意識的協働という意味で互いに結合され相互依存している行為に分類し、(b) が非公式組織の素材を、(c) は公式組織を構成する――「総計としての協同的行為が『組織』とよばれる全体システムを構成する」とされた。つまり、組織＝協働行為であり、「そのような行為自体は協働的に行動する個々人に属するのだから、組織は協働集団といぅ考え方を導くであろぅし、さらにその協働体系にとって基礎となる物的体系という考え方に導かれる。」こうして「協働体系は、組織、それに付随する物的体系（ないし環境の地理的隔絶）、そして諸個人の協働集団とで構成される」といぅのである。[11]つまり［組織＋物的体系＋諸個人＝協働体系］であり、これに社会的体系を加えれば主著でいぅ協働体系になる。

さて、物語のこの結末は、果たしてヘンダーソンが遂に「バーナードのコペルニクス的体系としての組織概念について納得した」[12]大団円であろうか？『人間含まず』組織に対するバーナードの執念に根負けし、『人間含み』協働体系の設定という『歩み寄り』の熱意に感じての握手ではなかったか？――ヘンダーソンは別の書簡でバーナードの努力と成果を讃えて、この著作が「遅々とではあれ、意味深長な結果を不可避的に生み出すであろう。多くの人々はそれを理解せず、理解していると考える人々でさえも実はその内容を誤解するであろうことは、まず疑いない。」と述べ、「この種の取り扱い方のもつ複雑さは、いつかは単純化されるであろう。しかし本書で扱っているような主題を最初にやり遂げようと努力する際には、この種の複雑さは避けて通れない――またそこには厳密な意味での誤謬といえるものや、その他の単なる偶然の結果生じた多くの過誤が存在するに違いないことも、言わずもがなである」という「主著の運命を予見し得た誠に適切にして的確な評言」を加えている。[13]――厳密な意味での誤謬か、単なる偶然の結果生じた過誤かはともかく、『人間含まず』組織から発し、『人間含み』協働体系との二重構造に達したバーナードの思考経過とその帰結（としての主著当該個所の記述）は筆者にとって一層納得し難いものとなった。

二　主著での組織概念関連記述の検分

主著第一章には協働体系概念は未だ登場せず『公式組織』と『協働的努力』とが等置されている。「さし当たり厳密に定義しないで公式組織の比較的重要なものについて記述すると、それは協同的努力の結合体であって、・・政府、政府の諸部局、教会、大学、事業所、産業会社、交響楽団、フットボール・チームなど。公式組織とは意識的・計画的・目的志向的な人々相互間の協働である。[14]」と記されているが、その前段は現象次元での組織の定義、後段は本質次元（に向かって何程か下向したレベル）の定義に当たる。そして前段は『経営団体』、後段は『経営』に照応している。第六章で協働体系概念を導入した際に、前記の現象次元（経営団体に当たる）の『組織』を『協働体系』と名づけ、本質次元（経営に当たる）のそれのみを組織とよんで「協働体系のなかの一つの体系」に位置づけた。本質次元の存在に日常用語を当て、現象次元の事物に本質認識を含意した抽象語を当てる、という『ボタンの掛け違い』――ここから混線がはじまる。

　経験的実在の次元で定義された『協働体系』から、(1)物的 (2)社会的 (3)個人的要因を捨象して抽象的次元の『組織』定義を導き出すのが主著第六章の行論であるが、問題は(3)に在る。その肝腎の個所[15]――「組織についての最も普通の概念は、その活動が多少とも調整された人々の集団というものである。」しかし「集団の概念には、実効概念としては、確実に一般化して論じえない程に多くの変数が含まれていることが明らかであり、何かもっと限定した概念でないとうまく扱えない。したがって少なくとも私には、集団的協働についての論議からは、むしろ漠然、混乱、内的矛盾という印象しか得られない。――理由は明白である。集団は、明らかに多数の人々に何らかの相互関係や相互作用がプラスされたものである。これらの相互関係や相互作用の性質を記述・定義しようとすると、人間がきわめて可変的なものであるということが直ちに明らかになる。」

バーナードはまずこのような心証を披瀝したあとで、以下のように集団概念の意義を認める。――「社会的概念として集団が通用するのは、集団内の人々相互間の重要な関係が個人の体系的な相互作用の関係とみなされる、という事実に拠ってである。」「協働体系との関連ないしは社会的な意味で集団という言葉が用いられる場合に、集団概念の基礎となっているのは、実際には相互作用の体系なのである。集団という言葉が用いられる場合、殆ど常に前面にでてくるのは人々の方であるが、この概念（人々の協働的相互作用）も当然含まれている――集団という言葉は三人の人が互いに闘っていたり、何の関係も結ばないでいる場合には用いられない。」

このように集団概念の含意を評価する言葉と消極的にそれを限定する言葉とが混じり合い、次第に後者が優勢になって、誰もが知る（個人の組織に対する）部分的・断続的関与、重複参加・同時貢献、という事実の指摘と実例説明があり、「もし人間が『組織』という概念の中に含まれるべきだとしても、その一般的意義は極めて限られたものである。」という結論に続いて、『人間含まず』の組織概念が提示される。

以上の行論は行きつ戻りつで説得力に乏しい。最初のパラグラフに「パーソンズが述べているように、デュルケム、パレート、ウエーバーの概念図式においては少なくとも重点を行為に置いた体系が基本的であったが、社会学、人類学、社会心理学の文献では、集団の概念がしばしば協働体系の重要な特徴とされていることもまた確かである。」とあるがこの文章をどのように理解するか――列記の三巨人が『行為のみ・人間含まず』の立場をとっていたわけではなく『行為に重点を置いた』しかし『人間含み』の集団概念を用いていた筈である。三巨人に限らず、恐らく殆どの集団概念の使用例は、当該集団内の人間の行為に重点を置いたものであろう。バーナードの『人間含まず』の組織概念は念の入りすぎた思いこみというのが第一印象であり、以上に摘記した程度の論証では、その有用性ましてや理論的必然性を納得することは難しい。

苦心の末に確立した『人間含まず』組織であったが、それを協働現象の分析にそのまま用いることはできない。「実体ではなく主として種々の関係によって特徴づけられるような無形のものを実用的な意味で取り扱わねばならぬときは、何か具体的なもので象徴するか、擬人化するかせねばならない。」その通常唯一の方法は組織に関係する人々によって象徴することであり「意味の混同が生じない場合には、表現の便宜上、しばしば組織を人間の集団と考える通常の習慣に従う」というのだから、先ほどの入念な論証は何のためだったか、と言いたくなる。(16) 第九章では非公式組織という社会的要因が付加されて協働体系に一層近づく。残る物的体系は第一六章後半に登場して四要素が出揃う。そこで協働体系の四重経済、その構造と動態が論じられるのだが、記述は難解を極める。(17)

第一六章後半いわゆる組織経済の理論についての「講義草稿」の記述は次のごとくであった。(18)

「組織は物的環境と社会的環境の中に存在する。従って組織には、物的経済、社会的経済および、それらの総合としての全体経済という三重経済がある・・組織は二つの環境のそれぞれからエネルギーを利用し、逆に環境に対してエネルギーを再分配する。物的環境には人間も含まれているが、組織は物的環境との関係では、メンバーから貢献される、あるいは物的環境に働きかけて獲得される、物的エネルギーや物的素材を取り入れ、逆に、物的環境に向かって消費され、メンバーに与えられる、物的エネルギーや物的素材を支出する。この関係における組織の経済が物的経済である。社会的環境は人間の相互関係から成り、組織は社会的環境に関して、人間から個人的・集団的に犠牲、意欲、凝集力を受け取り、そして彼らに個人的、集団的に満足を分配する。この社会的環境との関係における組織の経済を社会的経済という。・・これら二つの個別の部面に加えて、第三の、創造的局面としての調整の機能によって生ずる組織の全体経済がある。物的経済に不足が生ずれば社会的経済で補充し（逆の場合も同様）、全体としての均衡を維持することが能率であり、全体経済と考えられる。」このような三重構造は図（上）のように描くことができよう。

協働体系概念の追加に伴って、組織の三重経済が協働体系の四重経済に再編成された。

㈠　個人的経済の新設。これは、物的経済からそのなかの人間の要素つまり労働力を、社会的経済から「協働体系内の人間関係など、直接に社会的誘因（満足）として利用するもの」[19]をそれぞれ割愛・併合したものである。この結果、物的経済はモノ・カネに純化し、社会的経済は内容の大半を失い、「ある組織と他の組織との関係、ならびにその組織とは協働的な関係をもたない個人との関係（すなわち効用を交換する力）から成り立つ・・・協働体系外のものとの協働の可能性の総計」「組織の社会的諸関係のプール」で、「測定できない・・・一般的に記述することが困難」なものになった。[20]

㈡　組織経済の位置・役割の変化。組織は上記三経済を独自の評価基準で支配・調整し、全体を均衡させるべく、組織内外の効用を創造・変形・交換する『第一次効用体系』として大きな存在感をもつことになった。

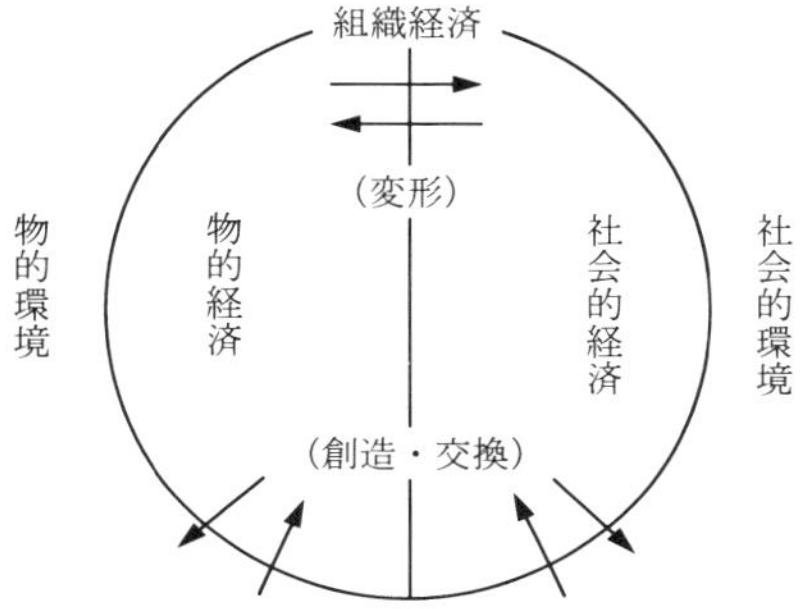

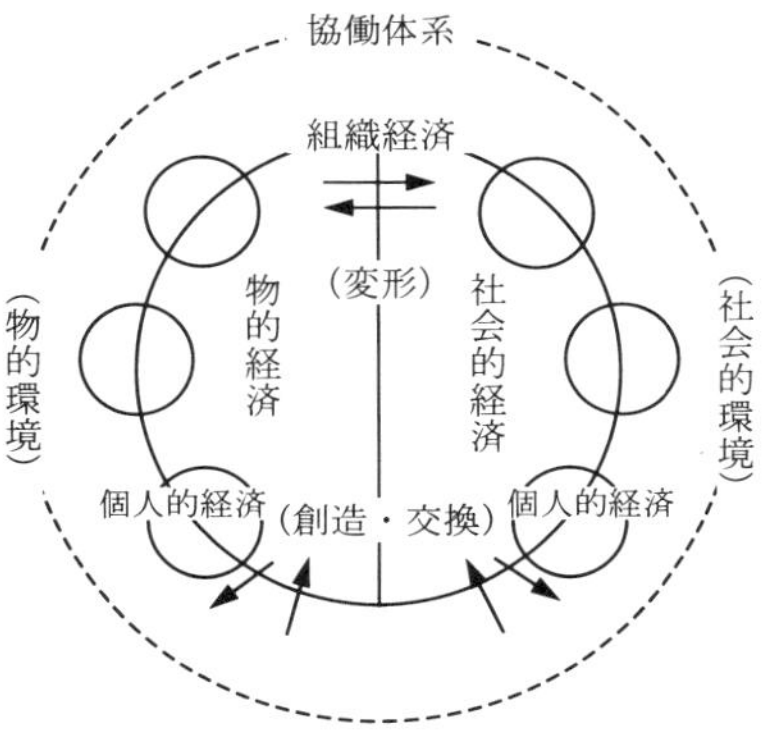

バーナードの新たな意に沿って、協働体系の四重経済図を画くことは極めて困難である。組織の外側に「人間含み」協働体系を設定する、というだけならば、図（下）のように、組織経済の境界にまたがる個人的経済を貢献者の数だけ画けばよい。（境界内が組織人格、境界外が個人人格）その場合、物的経済・社会的経済と個人的経済とはレベルが異なり、前二者の上に後者がかぶさる形が想定される。けだし、物的経済・社会的経済の実体は、企業でいえば、株主による資金提供、従業員による購買・生産・販売、経営者による配当支払等々の織りなす物的効用・社会的効用の創造・変形・交換、つまりは二人以上の人々の意識的に調整された活動それ自体である。そして、同じ実体を、組織 vs 個人の誘因貢献バランスとして捉え直したものが個人的経済であり、前二者とは別の実体が存在するわけではなく、いわば、貸借対照表の資産と資本のような関係である。物的経済・社会的経済については、組織の境界の外側に協働体系の境界線を引く意味は全くない。

しかるに、バーナードによる四重経済の設計は、このような単純補訂にとどまらなかった。三つの経済を同一平面に併存させたので（物的経済はあまり影響を受けなかったが）、人間間の相互作用においてのみ存在しうる社会的経済は、内容の大半を個人的経済に奪われて『協働体系外の人々との協働の可能性の総計』という仮想現実と化した。[21] ――「社会的経済はある組織と他の組織との関係、ならびにその組織とは協働関係をもたない個人との関係（すなわち効用を交換する力）から成り立つ[22]」というが、他の組織がある組織と関係をもつということは、誘因と貢献を交換することであり、ある組織が中核となっている協働体系のなかの『個人的経済』に仲間入りすることである。『その組織とは協働関係をもたない個人との関係』とは全くの空語であって『すなわち効用を交換する力』という修辞で糊塗しうるものではない。

バーナードがこのような羽目に陥らずに済む方法は、前記の重層配置法の他にもう一つあった。――個人的経済を追加せず、講義草稿の三重経済のままにしておくこと。第六章の定義では組織が実体でなく関係であることを強調したが、第七章以降の論述がすすむにつれて、組織の実体感が強まっており、第一五章まで跟いてきた読者なら、物的経済・社会的経済を組織が支配ないし調整する、という構図をすんなりと受容し、人間（という実体）含みの協働体系はどこに消えたのか？　と問いはすまい。バーナードは、いわば寝た子を起こしたのである。

　この逆説は、ひるがえって、協働体系概念の設定が、バーナードにとって、こだわりにこだわった末の決断であったことを推察させる。それは不幸な決断であった。ヘンダーソンの助言を容れて、組織を『構成員の行為の特定のあり方によって特徴づけられる集団』と定義すれば、何の問題も生じなかったであろう。バーナードが戒めてやまなかった『具体性とりちがえ』の誤謬に自ら陥るとは——思考の灼熱が時として産み落とす錯覚とでもいうべきか。

注

（1）川端久夫「組織概念をめぐるウェーバーとバーナード」熊本学園商学論集、第三巻第一・二号併号、一九九七年。
（2）中條秀治『組織の概念』文眞堂、一九九八年、一六〇頁。　（3）同書、一四四―八頁。　（4）同書、一五五頁。
（5）加藤勝康『バーナードとヘンダーソン』文眞堂、一九九六年、五四三頁。　（6）同書、四八〇頁。　（7）同書、四八一頁。
（8）同書、四八四頁。　（9）同書、五〇八頁。　（10）同書、五一五頁。　（11）同書、二二九―三〇頁。
（12）同書、五五七頁。　（13）同書、六〇二頁。
（14）Barnard, C. I., *The Functions of the Executive*, Cambridge, 1938, p. 4.（山本安次郎・田杉　競・飯野春樹訳『経営者の役割』ダイヤモンド社、一九六八年。）
（15）*Ibid.*, pp. 68-73.　（16）*Ibid.*, pp. 74-5.　（17）*Ibid.*, pp. 240-57.
（18）飯野春樹『バーナード研究』文眞堂、一九七八年、一五九―六〇頁。　（19）同書、一六一頁。
（20）Barnard, *op. cit.*, pp. 241-3.　（21）*Ibid.*, p. 241.　（22）*Ibid.*, p. 241.

十　道徳と能力のシステム

――バーナードの人間観再考――

磯村和人

一　はじめに

本稿の目的は個人を構造および動態として分析することを通じて組織と個人の関係を考察するための理論的枠組を構築することにある。本稿は個人と組織を構造と動態の概念を通じて考察したバーナードの人間観を再検討するなかで議論を展開する。(1) 個人は物的、生物的、社会的諸力から構成されるシステムであり、一つの全体として組織で活動するときに組織を表象＝代表する。他方で、個人は物的、生物的、社会的諸力を行動という形で表出する能力をもち、組織に必要な活動を提供するときに組織の一部分となる。本稿では個人を構造であると同時に動態であり、全体であると同時に部分である多様体として提示する。(2)

第二節においては構造概念と動態概念について説明する。構造とは全体を構成する部分の安定的で固定的な関係を意味する。動態とは全体を構成する部分が運動し変化する状態を意味する。ここでは構造と動態を相互浸透的なものとして捉える。構造は静態的であると同時に変化を生み出し、動態は変化をもたらすと同時に安定した状態を生み出す。

第三節では個人を構造として捉える。個人を構造として物的、生物的、社会的要因によって構成されるシステムとして理解する。個人を構成する諸要因を具体的には様々な組織との関係を通じて形成される組織道徳とし、個人を道徳のシステムとして提示する。第四節では個人を動態として捉える。個人の動態を行動する能力のなかに見いだす。活動、心理的要因、選択力、目的の設定を経験と適応の能力という視点から論じることで個人を能力システムとして提示する。第五節では道徳の対立のなかで意思決定し行動する個人について論じる。個人は様々な組織から課された道徳を考慮しながら行動を決定し、その結果に対する責任を受容する。第六節では全体の議論をまとめる。

二　構造概念と動態概念

本節では、まず構造概念（structural concepts）と動態概念（dynamic concepts）の定義を説明し、続いて両概念の関係について論じる。

構造とは「主題についての、相対的に安定して固定している一般的側面に関係する。動態的なものは、運動あるいは変化に関する『いかに働くか』についての一般的観念に関係する。その区別はいくぶん恣意的であるが、便宜的である・・・構造概念は絶えず継起する一連の行動間の安定的な関係についての言明であり、何かある固定的なものの感覚、感じを与える」[3]。構造とは要素間の安定的で固定的な関係を意味し、動態とはそうした要素が運動し変化している状態を意味する。構造と動態は概念的に区別されたものであり、構造は安定的であると同時に変動し、動態は変動的であると同時に比較的に安定的と見なすことができる。

バーナードは構造概念として個人、協働システム、公式組織、複合公式組織、非公式組織を、動態概念として自由意思、協働、伝達、権威、意思決定過程、動的均衡、責任を取り上げている。バーナードは個人を完全に自由意思を行使して独立しているとする立場と完全に非個人的で、自由意思を行使できない反応的な非実在とする立場のいずれかの両極端な考え方に立つことに懐疑を示す。バーナードは構造的な側面と動態的な側面が二重化されたものとして個人を捉えようとする。

バーナードは「社会進歩における不変のジレンマ」という論文のなかで「社会的世界を、生きた、動的な、つねに変化している人間世界」として提示する。[4] 社会的世界は社会的諸力（social forces）によって絶えず変化しているとする。社会的諸力とは物理的諸力、生物的諸力、経済的諸力、宗教的または精神的諸力、人種的諸力、政治的諸力のことを意味する。社会的諸力は相互に作用し合うなかで個人と組織という起動力（powers）を通じて表出される。社会的諸力の相互作用、対立という変化の累積は個人と組織に内在化され、諸力の間に安定した関係が生み出される。ここでは、動態から構造が生み出されることを論じている。

しかし、こうした社会的諸力、起動力は相互に作用し合うなかでしばしば対立するために、対抗的な社会的諸力、起動力を利用し、方向づけ、バランスを図り、調和させることを人々は課されることになる。構造は全体主義と個人主義の対立、権威の確立と維持、寛容の確保という三つのジレンマのために変化にさらされる。これは構造が常に動態的に変化していくことを述べている。

以上のように、バーナードは個人と組織を構造と動態によって二重化され、相互浸透したものとして提示している。

三　ネットワークと道徳のシステム

本節では個人を構造として捉える。まず、人間が物的、生物的、社会的要因の統合物であることを説明する。続いて、個人を様々な組織との関係を通じて道徳を形成する存在として提示する。

バーナードは人間を物的、生物的、社会的要因の統合物と考えた(5)。人間はそれ自体が物的、生物的、社会的存在として他の物的、生物的、社会的存在との関係のなかに生きている。人間は変化に対応する適応の能力とその適応の性格を変化させる経験の能力に基づいて他の物的、生物的、社会的存在と相互作用を行う。人間同士の相互作用は双方が適応の能力と経験の能力を持っている点で、物的、生物的存在との相互作用と異なっている。人間同士の相互作用は適応と経験に基づく反応に対する反応となる。それは適応的行動の意図と意味に対する応答という相互反応であり、この側面が社会的要因と呼ばれる。

このように、人間はそれ自体が物的、生物的、社会的存在として他の物的、生物的、社会的存在との相互作用から生じる外的な諸力から構成される構造である。構造として人間は他の物的、生物的、社会的存在との多様で複雑なネットワークを生きている(6)。

人間は他の人々との社会的関係のなかで生活しており、社会的要因は物的、生物的要因と不可分の形で交じり合って個人に作用する。多様で複雑なネットワークを生きる個人は様々な公式組織、非公式組織を通じて他の人々との相互作用を行う。また、公式組織、非公式組織はそこで活動する人々との相互作用の合計以上の社会的単位として個人に対して働きかける。こうした社会的要因は他の要因と結びついて個人に作用して、普通なら生じないような変化を個人にもたらす(7)。バーナードはこうした作用の結果として形成されるものとして組織道徳の存在

を指摘し、個人は多様な公式組織、非公式組織との関係を通じて道徳を形成する存在として論じている。(8)

道徳とは正しいと考えられる行動を促進し、正しくないと考えられる行動を抑制する力であり、行動の質を決定する。(9) 道徳とは感情や衝動を統制しようとする力であり、社会的関係を通じて形成される外的な力である。道徳は人々の行動を通じてその存在を知ることができるので、バーナードは私的行動準則（a private code of conduct）と捉えることが有益であるという。行動はある種の表現であり、道徳がその内容を形成する。道徳の力が行動に信頼性と決断力を与え、行動の目的に先見性と理想性を与える。道徳に支配された行動は個人の信念を表明したものとして理解され、こうした行動の累積が個人の人格を形成していく。

道徳には道徳水準（moral status）と責任（responsibility）という二つの側面が存在する。個人は様々な組織と多様な関係を結んでいるので、複数の行動準則を内在化させることになる。道徳のなかには単純なものもあれば複雑なものがあり、高い道徳もあれば低い道徳もある。道徳の複数性と多様性がもたらす複雑性を道徳水準という。また、道徳はそれぞれどの程度守られるかが異なっている。道徳を守り、それに反する行動を抑制する程度を責任という。責任とは道徳の強度を意味する。強度は状況に応じて変化する。強度の違いによって行動準則の優先順位が決められ、道徳はシステム化される。

以上のように、個人は複雑で多様なネットワークのなかに埋め込まれた構造であり、そのなかで様々な道徳を内在化する道徳システムとして形成される。

四　行動と能力システム

前節では社会的諸力という動態から構造としての個人が形成されるプロセスを論じた。本節では構造としての個人が行動する能力をもち、物的、生物的、社会的諸力を行動として表出させせることを論じる。個人を経験＝知識を行動へ変換する能力システムとして提示する。

バーナードは人間の特性として活動（activities）、心理的要因（psychological factors）、一定の選択力（the limited power of choice）、目的（purpose）を取り上げている。[10] 活動とは他の存在に対して働きかけていく適応の能力を意味し、具体的には行動として表出される。心理的要因は過去と現在の物的、生物的、社会的要因が個人の経歴と現状を規定していることを表わしている。一定の選択力とは人間が自由意思をもって適応の能力を発揮する側面を表わす。人間は自由意思を信じることで責任という感覚を形成する。目的の設定とは一定の選択力を行使できるように現在の物的、生物的、社会的要因が条件づける現状から選択条件を限定しようとすることを意味する。

これらの特性は経験の能力と適応の能力として捉えることができる。能力とは「ある目的ないしは目標の観点から環境へと適応するプロセスである諸行為の特質」と定義される。[11] 心理的要因とは過去の物的、生物的、社会的要因という過去の経験を生かして適応の性格を変える経験の能力である。目的の設定とは現在の物的、生物的、社会的要因から現在実行できることを限定することで選択力を発揮できるようにする能力である。活動は人間の自発性を表わしており、この能力が他の物的、生物的、社会的存在に働きかける適応の能力である。一定の選択力は心理的要因、目的の設定という経験の能力に基づいて行動を決定する適応の能力を意味する。

バーナードは人間の能力を技能（skill）、知識（knowledge）、判断（judgment）という能力が階層化された構造として捉えている。[12] 技能とは行動の蓄積のなかから形成される行動的知識であり、身体的技能、社会的技能、知的技能がある。知識とは行動の蓄積から学んだものを言語化したものであり、個人に蓄積される局所的な個人的知識と一般的に共有される公式的知識がある。判断とはそれらに基づいて行動を決定することを意味する。これらの能力は階層的な構造をなし、専門化した身体技能がピラミッドの基底にあり、その上には責任ある行動の基礎をなす個人的知識が位置する。さらにその上には公式的知識が置かれ、最上位は判断によって占められる。

技能、知識、判断という能力は人間の特性で取り上げられた経験の能力と適応の能力を具体的に表現したものと考えることができる。技能とは道徳化された行動であり、現実に適応する能力と考えることができる。また、個人的知識、公式的知識は責任ある行動の基礎と判断のための前提をなす経験の能力といえる。さらに、判断はこれらの経験の能力に基づいて適応の能力を果たすことを意味する。

以上のように、動態としての個人は経験の能力に基づいて行動することで環境への適応を図る。個人とは構造化のプロセスで行動的知識、公式的知識という身体的、社会的能力を獲得し、それをさらに判断という能力を通じて行動へと変換させる能力システムである。

五　道徳の対立と責任能力

本節では道徳と能力のシステムである個人が道徳の対立のなかで意思決定し行動していくプロセスでどのように変化していくかを論じる。

構造としての個人は様々な公式組織、非公式組織との関係のなかに空間的に配置されている。ネットワーク社会が進展するにしたがって個人は多様な組織との関係を通じてヨコの関係を広げている。また、特定の階層組織において職位を得ることでタテの関係も広がっていく。これに対して、動態としての個人は環境へ適応するために意思決定し行動することで時間的なプロセスのなかを生きている。情報技術の発展は人々の行動に対する反応の速度と反応の頻度を高める。また、技術的に制約され社会的にも抑制されていた反応が可能になることによって未知の人々からの反応を受けることも起きる。このように、タテとヨコの関係の広がりによって空間的な配置は複雑となり、行動に対する時間的な反応が高まることで個人は飛躍的に道徳的な複雑性を高めている。

その結果、個人に様々な道徳的な対立が発生する。道徳的な対立は個人の道徳システムに負荷をかけ、個人の行動様式に変更を迫る。[13] すべての道徳準則に責任的であろうとすると、行動の回避や麻痺が引き起こされる。また、特定の道徳準則が優先され他の道徳準則が破られ続けると、道徳の低下や責任の減退がもたらされる。さらに、特定の道徳準則にのみ責任的であることが過剰になると、それを守ることで不正を働き、他者から要求される道徳準則を無視することになる。このように、道徳の対立は道徳システムに歪みをもたらし、行動様式を変更させることで個人に構造変動をもたらす。

構造としての個人は道徳の対立のなかで人々に受容される行動を選択しなければならない。また、例外や妥協に対して疑問が提起されれば、道徳システムを守るために自らの行動に対する正当性を説明する必要がある。さらに、様々な他者からの呼びかけに応答するために責任を受容し新たな道徳を創造することで道徳システム自体を変化させていくことが重要である。そのためには、個人は様々な能力を必要とする。人々に受容される行動を選択するために道徳の複雑性に対応する能力や状況を把握し分析する能力を、行動の正当性を説明するためにコミュニケーション能力を、新たな道徳を創造するために、判断能力と責任能力を必要とする。[14]

以上のように、複雑なネットワーク社会、情報社会に生きる個人は道徳の対立のなかで行動を決定する。さらに、その行動は予想もしないような結果や反応を呼び起こすので、それに応えていくなかで責任を受容し新たな道徳を創造することで道徳システムを変化させていく。

六　おわりに

ここでは、これまでの議論を整理しておく。本稿は個人を構造と動態の両面から分析するなかで道徳と能力のシステムとして提示した。社会的諸力という動態から構造としての個人が形成されるプロセスを説明した。具体的には様々な組織との関係を通じて道徳を形成する道徳システムとして個人を捉えた。これに対して、動態としての個人は行動する能力をもち、社会的諸力を行動として表出する。行動する能力として適応の性格を変化させる経験の能力と適応の能力がある。経験の能力に基づいて適応の能力を発揮し、経験＝知識を行動に変換する能力システムとして個人を捉えた。具体的には個人は道徳の対立のなかで意思決定し行動する。個人は行動の結果あるいは反応に対する責任を受容することで道徳システムを変化させていく。それは構造としての個人が変動していくプロセスである。

個人は様々な組織との関係を通じて様々な道徳を課されている。そうしたなかで道徳の対立が生れるために、個人は対立を解消するための行動を意思決定しその結果と反応に対する責任を受容するという責任能力を行使する。このように、個人は組織との関係を通じて道徳という人格を形成し、道徳の対立のなかで行動を意思決定し責任を受容する能力を高めていく。そのなかで個人は変化を遂げていくのである。

注

＊学会報告に際しては三戸先生、吉原先生、中條先生、池内先生、髙澤先生からご質問、コメントをいただき、議論を再検討する手がかりを提供していただいた。記して感謝申し上げる。

（1）三戸　公はバーナードの人間観を高く評価している。三戸　公「人間、その行動」『現代の学としての経営学』文眞堂、一九九七年、三戸　公「バーナード理論の意義」加藤勝康・飯野春樹編『バーナード』文眞堂、一九八七年を参照のこと。

(2) 本稿のアイディアは Deleuze, G. and F. Guattari, *Mille Plateaux*, Minuit, 1980.（宇野邦一他訳『千のプラトー』河出書房新社、一九九四年。）、Deleuze, G., *La philosophie critique de Kant*, Presse Universitaire de France, 1963.（中島盛夫訳『カントの批判哲学』法政大学出版局、一九八四年。）、Varela, F. J., *Ethical Know-How*, Stanford University Press, 1999. から多くを得た。

(3) Barnard, C. I., "Concepts of Organization," *Organization and Management*, Harvard University Press, 1948, pp. 131-132.（飯野春樹監訳・日本バーナード協会訳『組織と管理』文眞堂、一九九〇年、一三二―一三三頁。）

(4) Barnard, C. I., "Persistent Dilemmas of Social Progress," W. B. Wolf and H. Iino, eds., *Philosophy for Managers*, Bunshindo, 1986, p. 28.（飯野春樹監訳・日本バーナード協会訳『経営者の哲学』文眞堂、一九八七年、四〇頁。）を参照のこと。また、拙著『組織と権威』文眞堂、二〇〇〇年ではこの論文に基づいてバーナードの組織概念を検討している。

(5) Barnard, C. I., *The Functions of the Executive*, Harvard University Press, 1938.（山本安次郎・田杉　競・飯野春樹訳『新訳　経営者の役割』ダイヤモンド社、一九六八年。）の第二章を参照のこと。

(6) ネットワークとは一様に広がったものではない。ネットワークとは多様なネットワークの連合体であり、相互に連絡されていたり、切断されたりしている。

(7) Barnard, *The Functions* の第四章を参照のこと。

(8) Barnard, *The Functions* の第十七章を参照のこと。

(9) Barnard, C. I., "Elementary Conditions of Business Morals," W. B. Wolf and H. Iino, eds., *Philosophy for Managers*, Bunshindo, 1986.（飯野春樹監訳・日本バーナード協会訳『経営者の哲学』文眞堂、一九八七年。）を参照のこと。

(10) Barnard, *The Functions* の第二章を参照のこと。

(11) Barnard, C. I., "Notes on Some Obscure Aspects of Human Relations," W. B. Wolf and H. Iino, eds., *Philosophy for Managers*, Bunshindo, 1986, p. 96.（飯野春樹監訳・日本バーナード協会訳『経営者の哲学』文眞堂、一九八七年、一三九頁。）。バーナードはこの論文の補論で能力論を展開している。筆者はこの論文に依拠してバーナードの能力論に関する論稿を準備している。

(12) Barnard, C. I., "Skill, Knowledge, and Judgment," W. B. Wolf and H. Iino, eds., *Philosophy for Managers*, Bunshindo, 1986.（飯野春樹監訳・日本バーナード協会訳『経営者の哲学』文眞堂、一九八七年。）を参照のこと。この論文に依拠して庭本佳和「組織と知識」『大阪商業大学論集』第九〇号、一九九一年はバーナードの知識論を展開している。知識の階層性だけでなく、知識の循環プロセスについても論じている。

(13) 道徳の対立は個人に大きな精神的な負担をかける。中井久夫『最終講義　分裂病私見』みすず書房、一九九八年を参照のこと。

(14) 飯野春樹は責任の二面的分析を提案している。「責任とは公式組織における意思決定と行動に対する義務 obligation の性格であり、それは個人の責任能力に依存して受容され、遂行される、と。この定義によれば、責任には二つの側面がある。一つは主観的、人格的なものであり、道徳性を遵守することである。それは自分自身への責任 responsibility to oneself を意味する。他は客観的、組織的側面であり、組織的意思決定に対する上司への責任 responsibility to others for organization decisions である。そのなかには個人が行なう組織的意思決定の環境としての公式組織の道徳性が含まれている。」(飯野春樹「バーナードの責任と権威の理論」『バーナード組織論研究』文眞堂、一九九二年、六六頁。)を参照のこと。

十一　バーナードにおける過程性と物語性
——人間観からの考察——

小濱　純

一　はじめに

学としての経営学の思想的基盤には、人間把握の方法、つまり人間観がそのうちに含まれていなければならない。そこで、本稿ではC・I・バーナードの人間観を「過程的存在者」として位置づけることから始め、そこに浮上してくる心身統合の問題を、解釈学的「物語論」によって克服することの可能性について検討する。そこからさらに、協働を通じて得られた自己の経験知を、リーダーシップによって語ったバーナードの物語性の意味についても論究する。

二　過程的存在者としての人間

人間は絶えず活動性のもとに在る。それは、人間が瞬間瞬間において能動的に世界を感受し、自ら活動する主体であることを意味する。しかしその活動は、無制限に自由なものではなく、与えられた情況のもとに発揮されるものである。すなわち人間は、与えられた情況によって間断なく制約を受容すると同時に、それらを主体的に克服するように駆り立てられている存在なのである。与えられた情況とは、過去から現在における自己の世界と、自己が体験し得ない過去から現在とが結びつけられたところの情況である。この全体情況に拘束されながら、人間は自らの内に摂り込まれた客体的環境を前提に、それら諸制約を克服していく。この制約克服の過程は、自己批判的に循環し、この循環過程において人間は絶えず「人間に成り行く」のである。この過程を引受けて行くことは人間の宿命であり、また責任でもある。そして、この過程が「満足」(satisfaction)[1]に到達したとき、主体性が止揚され、客体化されて次の過程へと差し出されるのである。このような世界における「被限定即能限定的[2]」プロセスにおいて現れる主体的存在を、本稿では「過程的存在者」と呼びたい。

バーナードの人間観も、全体情況から限定された個人が、自由意思を行使し続けることで、却って全体情況を変えていくという一連の人間形成の循環的プロセスとして示されていた。具体的には、与えられた客体的制約である「個人の地位」から語り始めて、人間の主体的創造特性である「人間の特性」へと論理を展開することで、このプロセスは説明されている。そこで以下では、「過程的存在者」としてのバーナードの人間観を主著『経営者の役割』での記述をもとに論じていく。

1　制約される人間――「個人の地位」――

まずバーナードは、限定された個人の状態の考察から始めている。これは、過去から現在における多次元的な世界において、諸制約要因によって限定され、一つの有機体システムとして統合される個体化のプロセスから人間を捉えようとするものである。すなわち、物的、生物的、社会的要因が自己の内に活動の原動力として摂取されることではじめて、人間の主体的活動は意味のある活動状態へと特徴づけられるのである。

この人間の諸制約要因を概観すると、われわれには物的要因によって個別的な物体としての空間性が獲得されている。しかし、それは個々独立に物的に存在しているのではなく、他の諸制約との関係性を排除して、その位置を説明することはできないのである。

他の制約要因としては、生物的要因と社会的要因があげられるが、前者は人間が有機体すなわち「生きている」ことの証である。人間は「内外のたえざる変化や広範な変異にもかかわらず、適応力、内的均衡を維持する能力、したがって継続性をもっている」ことに加え、「経験の能力、すなわち過去の経験を生かして適応の性格を変える能力」(p.10, 一一頁) を持ち合わせている。さらに人間には、過去から現在における自己の経験に適応するだけでなく、自己が経験することのできない「長い人類の歴史 (a long race history)」(p. 11, 一一頁) をも持つことができるとバーナードは述べている。歴史を考える場合、そこには人間有機体間の相互作用を抜きにしては考えられない。しかし、なぜバーナードはこれを社会的要因ではなく、生物的要因でまず説明するのであろうか。

物的、生物的、社会的要因は、機能的にそれぞれ区別されてはいるが、これらが一体となって人間を制約する。つまり社会的要因による相互作用によって個人が歴史をもつようになるためには、相互作用するための生物的な機能を潜在的に有していなければならない。したがって、生物的要因とは、物的環境や過去から現在における人間の経験可能なものに対する適応能力だけでなく、体験不可能な過去から現在をも感得し反応する生理的機能として明示する必要があったのである。それゆえ、人間有機体をバーナードは「見ることとさえもできないような多くの物からなる一つの集合体」(p. 11, 一一頁) であると表現したのである。そして、この体験可能な自己の歴史と、体験不可能な人類の歴史を、自己の内に統合していく際に不可欠な要因として、社会的要因が浮上してくるのである。

人間有機体が有機体として機能し得るためには、人間有機体間の相互作用が不可欠となる。この相互作用をバーナードは次のように言う。「二つの有機体間の相互反応は、適応的行動の意図と意味に対する一連の応答である」(p. 11, 一二頁)。ここに人間有機体は「意図と意味に対する一連の応答」によって自己の経験能力と、人類の歴史を体得する能力を統合し、自己に内在化させることができるのである。

「意図」とは、主体の行為と密接に関わるところのものであり、常に行為への志向性を有している。「何事かを意図するということには、意図された事象を自ら実現することができるという意識が含まれており、それゆえまた、どのように実現しうるかという行為の仕方に関する知識が含まれている」のである。[3] 他方、「意味」は理解されるところのものとして、ある程度の抽象性と一般性を有している。しかし、意味は意図的な人間の行為に常に働きかけそれを実現するもの、すなわち意図的行為に先行し、それを促進する。つまり「意図を持ちうるためには、あらかじめそのつどの状況ないし世界のあり方が、行為を実現しうる場として理解されていなければならない」のである。[4] そこから却って意味は、意図的行為によって新たに解釈し直される。この意図と意味の一連の循環過程において人間有機体は、「長い人類の歴史」という主体的個人が感得し得ない抽象的で一般的な「意味」を、個人の主体的な「意図」によって自らの内に宿らせ、そのつど解釈し新しい意味を提供するようになるのである。これが「意図と意味に対する一連の応答」である。そしてこの相互反応に特有な要因を社会的要因とバーナードは呼んだのである。

このような意図と意味に対する一連の応答過程は、物的な位置を占め、生物的能力によって制約された諸要因が不可分に統合された有機体のもとに実現可能となる。したがってバーナードは、個人の置かれた状態を「過去および現在の物的、生物的、社会的要因である無数の力や物を具体化する、単一の、独特な、独立の、孤立した全体」(p. 12, 一三頁) と表現したのである。

2　創造する人間——「人間の特性」——

多元的世界を個別的情況に集約させる過程がある一方で、自己が主体的に多元的な目的の世界へと向かう過程がある。それが「人間の特性」に現れる(a)活性、(b)心理的要因、(c)有限の選択力、(d)目的の過程である。「活性」によって一旦主体的に自己を創造していく過程が始められると、物的、生物的、社会的要因が結合されたものは当該個人に作用し、人々の精神的、感情的な性格へと組み入れられる。これが「心理的要因」である。心理的要因をバーナードは、「個人の経歴を決定し、さらに現在の環境との関連から個人の現状（history）を決定している物的、生物的、社会的要因の結合物、合成物、残基」（p. 13, 一四頁、傍点筆者）と、個人の行動に先行する要因として説明している。前述したように、「意図」も個人の行為と密接に結びつくものであるが、バーナードは心理的要因を「意図」ではなく、「動機」と言い換えているのはなぜだろうか。

前述のように意図は、実現可能な特定行為へと向かうものであり、当該意図的行為を実現するための制約された状況が前提とされている。他方、欲求、衝動もしくは欲望と呼ばれるところのものである動機は、行為を規定するものではなく、逆に行為によって事後的に推論されるものである。そこには未来への志向性が含まれている。したがって、動機によって必ずしも求める目的だけでなく、つねに求めない他の結果を伴うことになる。そしてこの動機が充足することを「能率」、また求めた目的の達成を「有効性」とバーナードは定義している。

そして、意図と意味に対する一連の応答によって解釈されたものが、現在の自己のもとに「記憶」や「条件づけ」と呼ばれるところのものとして「個人の現状（history）」、つまり「現在の私」の中に一旦凝集され、未来への志向性のもとに積み重ねられることで単なる反応以上の行為が可能となるのである。

このような心理的要因を背景として「有限の選択力」が行使され、「目的」へと到達することができる。われわれの自由意思を行使する能力は、無制限な自由ではなく、物的、生物的、社会的要因の作用により常に限定されている。しかし同時に、この決定を促進する心理的要因には、現状を超えようとする未来への志向性が含まれている。したがって、バーナードは「選択は、あるときには非常に狭い範囲に限られることもあるが、一定の方向にひきつづいて選択をしつづけると、究極的には人間生活の物的、生物的、社会的要因を大いに変えるであろう」(p. 16, 一六頁) と述べるのである。

以上、バーナードの人間観は、個人の状態が決定されていくプロセスを説明する「個人の地位」と、人間の主体的精神作用によって所与の環境を克服しようとする「人間の特性」のプロセスとして捉えられている。人間におけるこの二つのプロセスは、機能的に二つに区別され説明されようとも互いが表裏一体となった一つのプロセスなのである。(5)

さらに、この「過程的存在者」としての人間観は、協働システムや社会システムにも適用される。なぜなら、非公式な社会的結合である社会的要因は、人間の心理的意識に作用し、入り込んでくるだけでなく、協働システムや社会システムの基底にある公式組織の発生条件をも創造するからである (p. 116, 一二一頁)。すなわち個人のみならず、協働システムも社会システムも歴史的世界における意図と意味に対する一連の応答によって世界の意味を知り、そこから自由意思を実現していく存在へと成って行くのである。

三　心身統合のプロセスにおける物語性

バーナードは、人間が不断の活動性を有するための契機として、多元的世界を受動的に内在させた個別の身体を持つことを「個人の地位」で示した。そこから、却って能動的意識作用としての「人間の特性」の四つの過程を経て世界に能動的に働きかける人間が語られたのであるが、これはデカルト以来の近代心身二元論の克服を示す人間観であったと言えるだろう。

バーナードと同時代の一九三〇年代半ば、西田幾多郎は「歴史的身体」と「行為的直観」の概念によって心身の統一体としての人間存在についての思想を展開している。(6) 西田はわれわれの生命の根底には、いつも客観的表現的なものがあり、この客観的表現的なものである「歴史的身体的種」すなわち「ゲマインシャフト的社会」に媒介されて、われわれの行為は惹起され、そこから自己自身を形成して行くと言う。(7) そこにはバーナードの人間観と共通するものが少なからずある。

また、このような後期の西田哲学の思想について野家啓一は、「後期の西田はフッサールやメルロ＝ポンティとはまったく別の道筋を辿りながら、われ知らず〈生活世界の現象学〉あるいは〈身体の現象学〉の問題圏域へと近づいていたのである」と述べている。(8) そこからさらに、西田の「歴史的身体」と「行為的直観」の概念が、現象学の行った静態的・共時的な身体把握の限界を超え、「理性―感性」の二分法を歴史的実在としての身体へ根づかせるという、二十世紀の哲学的解釈学が引受けた課題に踏み込むものであったことが指摘されている。(9)

西田の初期の思想が、W・ジェイムズの影響を多分に受けてきたことは周知である。そして、バーナードがプラグマティズムの系譜に位置づけられることから、西田とバーナードの思想的基盤の類似性は、特にわが国の経営学研究において詳細に論じられてきた。(10) それでは、西田と同時代に提起されたバーナードの人間観における心身統合のプロセスを、解釈学的見地、つまり歴史的実在としての人間の物語論から読み解くことは可能なのであろうか。

西田の言う「歴史的身体」とは、歴史過程における時間の積み重なりによって形成されたものであり、われわれは身体をもって歴史的世界を内在化させることで経験的現実的な知識を獲得しているのである。(11) したがって、「過去の『実在』は、歴史的過去を体験的過去に結び合わせ、それを知覚的現在に時間的に接続する『物語り』のネットワークの中でのみ志向的に構成される」のである。(12) 一方、バーナードが「個人の地位」でまず述べた人間の身体性も「歴史的身体」と言い換えることができるだろう。なぜなら、人間は、自己の経験能力や適応能力の意図と意味の相互作用によって「長い人類の歴史」といった特定の個人が体験し得ない歴史を、身体的に非論理的に知ることができるからである。(13)

われわれは、この歴史的社会的な文脈における解釈を経て、一旦自己の中に「記憶」や「条件づけ」として潜在的な過去の物語を注入することで、今度は自律的にこの記憶を「想起」し、物語っていく。それが人間の四特性で示された過程である。つまり、いかに歴史的な全体情況を解釈し、その解釈された情況のもとに階層的に現れてくる諸制約を変化させ、また人間の能動活性の意味に影響を与えるのである。その過程は、単に因果論的世界に収斂されるものでも、また他方で目的論的世界のなかに収斂されてしまうものでもない。この二つの世界は、現在において過去を語り、そして現在から未来への展望や理想について語るという行為によって、循環的に新しい意味の世界が再構成され、自己の中に総合され蓄積されていく。バーナードの言葉を借りれば、「われわれは、現在ないしごく近い将来になすべき行為の決定にあたって、ときには、それがあたかもすでに過ぎ去った過去にもあてはまるかのように思って決定する。…過去の知識は、いま、現在の事実に影響を与ええないが、しかし経験にもとづいてのみ、われわれは現在の目的に照らしていま観察していることの将来的意義を判断しうる」(p. 209, 二一九頁)のである。

四　バーナードの物語性——バーナード管理理論の現代的意義——

カント的な主客分離の認識方法のもとに現れる物語は、個人の主観的意識によって因果論的に構成されたところのものとしてある。他方、バーナード理論における物語とは、あらゆる主体的存在における活動の相互連関関係を前提とし、そこに投企された主体が他者と共に解釈していく過程において創造され続ける物語にほかならない。したがって、解釈する主体すなわち「物語る主体」によって、人間、組織そして社会の存在価値は、相互反復的に再構成され続けるのである。人間、組織、そして社会を「過程的存在者」という垂直同型の論理で捉えるバーナードにとって、「物語る主体」は個人だけではないことが推測できよう。バーナードは主著の結論において次のように述べた。

「著者が意図したわけではなく、あるいはおそらく読者も期待しなかっただろうが、本書はその根底において、人間の生に内在するこの深刻な逆説と感情の対立を含むこととなった。自由と非自由、支配と被支配、選択と被選択、誘因の供与と誘因の拒否、権威の源泉と権威の否定不能、独立と従属、人格の育成と非人格化、目的の形成と目的のやむをえざる変更、意思決定のための諸制約の探求、特定なものを探求しながらも全体との関連の保持、リーダーの発見とリーダーシップの拒否、現世支配の希望と見えざるものによる支配――これが本書で述べた社会における人間の物語である。」（p. 296, 三〇九頁、傍点筆者）

すなわち、バーナードはリーダーとしての視点から、人間の生に内在する世界を自らの経験に引寄せ、人間協働を通して解釈し語ったものが『経営者の役割』という物語だったのである。したがって、バーナードにおける物語性は「管理」から捉えられたものでもあったとも言えるだろう。ここに、その人間観と組織観において表された過程的存在者の心身統合の過程を媒介する物語と、人間や組織そして社会との調和的関係を「管理」によって媒介する物語、という「二重の物語性」がバーナードからは導出されてくるのである。

野家はL・ヴィトゲンシュタインの言葉を借りて、「物語りえないことについては沈黙せねばならない」と言った。(14)「物語る」という行為は、間主観的な言語制作行為であり、世代を超えた通時的なコミュニケーションを可能にする。このようなコミュニケーションを通じて、自己と他者の共感が生成されてくるのである。それに加えて、バーナードは協働における「道徳創造」という管理の作用によって、「物語りえないこと」から「共通理解の信念」(faith in common understanding)(p. 259, 二七〇頁)が醸成され、共通の精神的結合つまり「文化」が創発されてくることを自らの経験を物語ることで示したのである。

したがって、われわれはバーナードが物語った「人間の物語」を、組織貢献者が多様化し、それに伴いコミュニケーションと共通目的も多重層化してきた現代において、人間や組織のみならず時空を超えた他者との「協働」と「共生」という彼が語りえなかった課題と共に継承し、自己の中に内在化させ、現在の自己に蓄積された情況のもとで物語っていく責任を負っているのである。その際、物語の媒介としての「管理」も、現代経営学の抱える問題を踏まえ、新たな意味が付け加えられていかなければならない。そしてそこには「倫理」という問題が浮上してくるだろう。

バーナードは「道徳」を、個人に内在する一般的で安定的な性向であると同時に、物的、生物的、社会的環境といった外的諸力に由来するものであると定義した(pp. 261-262, 二七二―二七三頁)。前述した人間観を踏まえれば、個人に限らず協働システムや社会システムにも固有の道徳準則が存在することが推測できるだろう。そしてこれら主体的存在固有の道徳は、協働という主体的活動の相互連関関係において実践的に再構成されていくのである。また同時に、各々の道徳準則は、他の主体的存在の道徳創造過程における外的要因ともなっていく。この外的諸力を了解し、自らの内的性向へと向かわせる循環的道徳創造過程の通路となるものが「倫理」である。すなわち倫理を基盤とする道徳創造の解釈学的循環過程において、われわれは人間に成り行くのである。

そこで、「管理」と「倫理」の両義的な媒介作用によって「人間の物語」を共に語り継いでいくこと、またそのプロセスにおいて「倫理」を基底とした「管理」の新しい意味を探求することが、現代経営学においては要請されており、今後の課題となるだろう。

＊注

＊ Barnard, C. I., *The Functions of the Executive*, Harvard University Press, 1938.（山本安次郎・田杉　競・飯野春樹訳『新訳　経営者の役割』ダイヤモンド社、一九六八年。）からの引用は、本文中に（原典、訳書頁数）の順に明示した。

（1） Whitehead, A. N., *Process and Reality, An Essay in Cosmology*, The Free Press, 1978.（山本誠作訳『過程と実在』松籟社、一九八四年。）

（2） 山本誠作『ホワイトヘッドと現代――有機体的世界観の構想――』法藏館、一九九一年、一七二頁。

（3） 村田純一「人称の成立」『新・岩波哲学講座　哲学4　世界と意味』岩波書店、一九八五年、七〇頁。

（4） 同書、七一頁。

（5） このような二つの過程とそれを包摂する全体としての過程を村田晴夫は、ホワイトヘッドの「合成」(concrescence) と「移行」(transition) の過程の反復によって説明している。（村田晴夫『管理の哲学―全体と個・その方法と意味』文眞堂、一九八四年、六七頁。）

（6） 主に後期の思索である「論理と生命」（一九三六年）、「行為的直観」（一九三七年）以降の論文において、西田は「歴史的身体」と「行為的直観」の概念を展開している。（『西田幾多郎全集　第八巻』岩波書店、一九四八年。）

（7） 西田幾多郎「人間的存在」『西田幾多郎全集　第九巻』岩波書店、一九四九年、二一一―二一三頁。

（8） 野家啓一「歴史の中の身体―西田哲学と現象学―」上田閑照編『西田哲学　没後五〇年記念論文集』創文社、一九九四年、八八頁。また、湯浅泰雄も西田の身体論は世代的に言って直接の影響を受けていないとしても、メルロ＝ポンティの見方といくらか似ているところがあると指摘している（湯浅泰雄『身体論』講談社学術文庫、一九九〇年、五一頁。）

（9） 野家啓一、前掲書、九〇―九二頁。

（10） 山本安次郎「経営学と西田哲学」『彦根論叢』第一六四・一六五号、一九七三年。村田晴夫「組織における美と倫理」『組織科学』第三三巻第三号、二〇〇〇年、参照。

（11） 野家啓一「歴史の中の身体――西田哲学と現象学――」九二―九三頁、『物語の哲学―柳田國男と歴史の発見』岩波書店、一九九六年、一七二頁。

（12） 野家啓一「歴史のナラトロジー」『岩波新・哲学講義8　歴史と終末論』岩波書店、一九九八年、六五頁。

（13） バーナードは「日常の心理」と題する講演のなかでも「非論理的過程の源泉は、生物的な条件ないし要素、もしくは物的、社会的環境より由来し、たいてい、無意識的に、あるいはわれわれの側で意識的な努力をしなくても、われわれの心に植えつけられるものである」と述べている。(Barnard, C. I., "Mind in Everyday Affairs", *Appendix of The Functions of the Executive*, Harvard University Press, 1938, p. 302.（山本安次郎・田杉　競・飯野春樹訳『新訳　経営者の役割』ダイヤモンド社、一九六八年、三一五頁。）

（14） 野家啓一『物語の哲学』前掲書、一七四頁。

十二　経営学における利害関係者研究の生成と発展

――フリーマン学説の検討を中心として――

水村典弘

一　はじめに

「利害関係者」（"stakeholder"）を中核概念とする経営学的研究（以下、利害関係者研究と呼ぶ）に関する包括的かつ実証的な文献、『株式会社の再定義――利害関係者指向型経営と組織的富――』（*Redefining the Corporation: Stakeholder Management and Organizational Wealth*）の一節で、ポスト＝プレストン＝ザックス（J. E. Post, L. E. Preston, and S. Sachs）は、二十一世紀における、企業、とりわけ株式会社の存在意義について、次のように述べている。「現代社会ならびにグローバル経済において、私的な営利法人（the private business corporation）、すなわち株式会社の地位および目的を明確にするためには、株式会社を理論的かつ実践的に再定義する必要がある。『株式会社の存在理由は株式会社の活動そのものである』（"Corporations ARE what they DO"）という実証的な命題（the empirical maximum）に従えば、株式会社はそれが富とそれ以外の便益を供与するところの、多様な構成員（constituents）とともに存在する組織体として認識されている。当該構成員の大部分は、生産過程における投入と、財またはサービスの販売への貢献ゆえに、株式会社の業務に必要不可欠な存在となっている。また、当該構成員は、能動的または受動的の別は問わず、国民経済ならびに社会の機関としての株式会社に、『業務執行の許可証』（"license to operate"）を与えるがゆえに、株式会社の業務に必要不可欠な存在ともなっている。当該構成員は、企業の事業活動に利害関係を有するところの利害関係者と総称されている。（傍点部原著者挿入）[1]」

ここにおいて提唱されているものは、近年のアメリカにおける経営学研究の領域において、「利害関係者論的株式会社モデル」（the stakeholder model of the corporation）として広く知られている。このモデルは、ジョーンズ＝ウィックス＝フリーマン（T. M. Jones, A. C. Wicks, and R. E. Freeman）の論稿「利害関係者研究――現在の研究状況――」（Stakeholder Theory : The State of the Art）においては、「古典的な企業モデル」（traditional models）――①経営者の世界を極度に単純化した関係において記述するモデル（例えば、経営者の取引関係を、従業員・納入業者・顧客との限定的な取引関係において規定するモデル〔原著者挿入〕）、②企業は利潤を創出するためだけに存在するか、唯一、特定の集団（例えば、株主〔原著者挿入〕）の要求を満たすために存在すると説明するモデル――に代わるモデルとして理解されている。[2]

本稿の目的は、利害関係者概念の起源を確認した上で、アメリカ経営学における利害関係者研究の歴史的な生成と発展の過程について、利害関係者研究の先駆的研究者フリーマン（R. E. Freeman）の学説の整理と検討を中心として、文献史的に概観するものである。そして、利害関係者研究の理論的体系化に向け、利害関係者研究における論点の提示と論証を試みることとしたい。

二　利害関係者概念の起源

"stakeholder" という英語の起源は、アメリカの開拓時代に遡る。(3) すなわち、新大陸への移住民は自己の所有地に杭（stakes）や支柱を打ち立て、その土地所有権を主張していたという。その当時、それらの「正当な所有権を保有する移住民」は、「利害関係者」と呼ばれていた。そして近年に至り、"stakeholder" という英語は、とりわけ経営学の領域においては、企業にたいして正当な請求権の保有を主張する個人または集団を指して用いられるようになってきている。

なお、「利害関係者」という邦訳に相当する英語は、単数形で "stakeholder" と表記される場合と、その複数形で "stakeholders" と表記される場合がある。前者の場合、その存在自体を利害関係者として一括可能な個人または集団が存在するという見方が成立する。後者の場合、利害関係者として特定可能な個人または集団は複数種類実在するという見方が成立する。

利害関係者概念が、経営学の領域で用いられるようになったのは、一九六四年、スタンフォード研究機構（Stanford Research Institute）で実施された「長期計画セミナー」（"long range planning seminar"）の配布資料においてである。(4) そこでは、"stakeholder" という英語は、"stockholder" を意識して用いられていたという。その含意について、グッドパスター（K. E. Goodpaster）は、次のように説明する。「現代の、公開株式会社（publicly held corporation）の意思決定に関与する人は、株式を所有する立場にある人以外にも存在する。(5)」その後、フリーマンは、利害関係者を、「……その支援がなくては、組織が存続できなくなるような集団(6)」と説明している。

三　利害関係者研究の歴史的背景

利害関係者研究の歴史的背景には、一九六〇年代以降のアメリカ社会の特徴的な思潮の変化を看て取ることができる。とりわけ一九六〇年代から一九七〇年代にかけて、アメリカ国内の社会問題の解決に向けた集団的行動(=ボイコット・ストライキ・示威行進)の高まりは、同国内の社会的価値観に混乱と対立を招いた。さらに、ウォーターゲート事件の発覚を契機として、企業批判が噴出した。その当時、アメリカ国内の社会問題、なかでも企業の業務活動に関わる社会問題の解決に向けて積極的に取り組む団体が、利害関係者として認識されていた。

一九七〇年代には、利害関係者の存在が社会的に広く認知されるようになる。ディル(W. R. Dill)によれば、利害関係者間の連携と利害関係者権力の拡大・強化によって、経営者には「(横から口出しをする)トランプの見物人」(“kibitzer”)への対応が求められるようになったという。「利害関係者の存在は、経営決定の与件か、経営決定にたいする法的または社会的な制約か、そのいずれかであった。しかし、現実には、利害関係者は、経営決定において積極的な役割を果たすことを求め、場合によってはその地位を獲得することもある。今日の動向は、『利害関係者の影響力行使』から『利害関係者代表の取締役会参加』に向かう傾向にある。[7]」

このように、アメリカ社会の関心は、社会において企業が果すべき役割に向けられるようになってきている。こうした時代変化の一端を典型的に示す学術研究上の出来事として、一九六〇年代から一九七〇年代にかけて、企業と社会とのあいだの関係様式を研究する学問が「企業と社会」(Business and Society; B & S)論として確立した。また、企業倫理(business ethics)が理論的に体系化されたのも、この時期においてである。[8]

四　利害関係者研究の展開過程

一九六〇年代以降のアメリカ社会の特徴的な思潮の変化を受け、アメリカの一部の経営学研究者のあいだでは、利害関係者研究の理論的体系化が試みられることとなる。その契機をなしたものは、ペンシルヴァニア大学ウォートン校（Wharton School, University of Pennsylvania）における応用研究センター（Applied Research Center）を拠点に取り組まれた「利害関係者プロジェクト（"Stakeholder Project"）」（一九七七年～一九八〇年実施）である。(9)

「利害関係者プロジェクト」の概要は、シャラン＝フリーマン（R. Charan and R. E. Freeman）の論稿「利害関係者との交渉」（Stakeholder Negotiations）において紹介されている。(10) このプロジェクトの目的は、①企業外部から経営者にその解決が求められるところの課題事項（issues）および懸案事項（problems）を特定すること、②論理的に正確かつ実践的に有効であり、経営者の戦略的意思決定の段階において利用可能な理論を構築すること――であった。(11) また、「利害関係者プロジェクト」の経過報告に相当する論稿のなかで、エムショフ＝フリーマン（J. R. Emshoff and R. E. Freeman）は、利害関係者の行動様式に特徴的な性質を示した上で、利害関係者研究が向かうべき方向として、「利害関係者指向型経営」（"stakeholder management"）という構想を提唱している。(12)

利害関係者の行動様式に特徴的な性質は、次の二項目である。①利害関係者相互の協調行動は、企業の未来に直接的な影響を与える。②企業は、利害関係者を直接に操ることはできない。また、利害関係者指向型経営の基本原則は、次の二項目である。①企業と利害関係者とのあいだに最大限包括的な協力関係を確立すること。②企業と利害関係者とのあいだの関係を管理するための最も効率的かつ効果的な戦略を策定するためには、多様な利害関係者が関わる可能性がある課題事項を同時に取り扱うこと。ペンシルヴァニア大学ウォートン校におけるプロジェクトの成果とフリーマンの研究は、それ以後の利害関係者研究の方向を決定付けた。

「利害関係者プロジェクト」の成果は、フリーマンの著書『戦略経営論――利害関係者アプローチ――』(*Strategic Management: A Stakeholder Approach*) において包括的に取り込まれている。フリーマンは、当時の状況を、次のように描写している。「経営者は、従業員・納入業者・顧客を、利害関係者として積極的に認識する。……しかし、経営者はそれと敵対関係にある集団 (adversary groups) を、利害関係者に含むことには躊躇する。……意味論は別とすれば、戦略経営モデルには、友好的 (friendly) または敵対的 (hostile) の別を問わず、企業にとって外的な、ありとあらゆる社会勢力の分析を可能とするモデルの構築が求められている。[13]」その含意について、フリーマンは、次のように述べている。「あなたが有能な戦略家になるためには、あなたに影響を与える集団と取引しなければならない。あなたが即応的 (responsive) な、(そして長期的に有能な [effective] [原著者挿入]) 戦略家になるためには、あなたが影響を与える集団と取引しなければならない。[14]」フリーマンの研究は、プラグマティズムの立場からアメリカ社会の現実を分析するという特色と、利害関係者研究の体系的整理を試みるという特色を兼ね備え、利害関係者研究の生成から発展に至る各段階において実際的かつ理論的に重要な位置を占める。

他面、アンゾフ (H. I. Ansoff) は、利害関係者の存在が広く実業界で指摘されている事実を認めながらも、次のような見解を示している。「経営者に対する社会的圧力は、『各人が皆』(“everybody”) の要求を満たすことを求める。……理論は別として実際的には、利害関係者の願望は相対立し、利害関係者の要求に等しく応じることは不可能である。……企業目的は、経営者において、企業が追求すべきと信ずるところの目標によって制限されるべきか、経営者が追求すべき目標によって制限されるべきである。[15]」こうして見れば、フリーマン学説の特徴は利害関係者の包括領域の拡大にあり、アンゾフ学説の特徴はその縮小にあると捉えることができる。

その後、フリーマンの関心は、戦略経営論から企業倫理論に転換する。その理由について、フリーマン＝ギルバート（R. E. Freeman and D. R. Jr. Gilbert）は、次のように述べている。「戦略経営では、『価値（values）』（＝倫理的価値〔引用者挿入〕）にほとんど関心が向けられていない。……倫理は、戦略経営論の核心に据えられるべきである。」[16] そして、フリーマンなどの経営学研究者は、経営学の課題に、倫理学の基本法則の適用を試みる。

例えば、エバン＝フリーマン（W. E. Evan and R. E. Freeman）は、哲学者カント（I. Kant）の定言命法（categorical imperative）における第二法式（＝『自他の人間性を手段としてだけではなく常に目的として扱うように行為せよ〔執筆者注〕』）を理論的根拠として、「企業の究極的な目的は、利害関係者の権益（interests）を調整する手段（vehicle）として機能することにある」[17] という命題を導き出している。また、ウィックス＝ギルバート＝フリーマン（A. C. Wicks, D. R. Jr. Gilbert, and R. E. Freeman）は、利害関係者研究に、フェミニスト哲学（feminist philosophy）の成果を適用している。それによれば、①利害関係者間の連携、②利害関係者の権力および権威の分散、そして③利害関係者相互の合意形成の実現は、利害関係者から構成されるネットワーク全体の価値を増幅するという。[18]

利害関係者研究の特徴は、以下、四点に整理できるであろう。第一に、利害関係者研究は、「利害関係者論者」[19]（"stakeholder theorist"）の活動を軸に展開されてきている。第二に、利害関係者研究は、プラグマティズムの立場を採用する。利害関係者研究が、経営実践の臨床的観察（clinical studies of business practice）のもとに構築されていると指摘される所以はここにある。[20] 第三に、利害関係者研究は、「企業の社会的責任」（corporate social responsibility）を高度化したモデル――『企業の社会的即応性』（corporate social responsiveness）、『経営社会政策過程』（corporate social policy process）、『経営における社会的課題事項』、『企業の社会的業績』（corporate social performance）——の限界を克服する。[21] 第四に、利害関係者研究は、経営学の課題に、倫理学の基本法則を適用する傾向にある。とはいえ、そこでの基本法則は個別的かつ分散的に適用され、アドホックに援用されていることもまた指摘されている。

五　利害関係者研究における論点の提示と論証

「利害関係者プロジェクト」以後の成果は、アルフレッド・P・スローン財団（Alfred P. Sloan Foundation）と、トロント大学ジョセフ・L・ロトマン・スクール・オブ・マネジメント（Toronto University, Joseph L. Rotman School of Management）におけるクラークソン企業倫理センター（the Clarkson Centre for Business Ethics; 以下CCBEと略す）を拠点に取り組まれた「『株式会社の再定義』プロジェクト（"Redefining the Corporation" Project）」（一九九五年～二〇〇〇年実施）に結実する。そして、一九九八年には、このプロジェクトの経過報告として、クラークソン（M. B. E. Clarkson）の編著『株式会社とその利害関係者——古典的・現代的論文選集——』（*The Corporation and Its Stakeholders: Classics and Contemporary Readings*）が刊行された。[22] また、二〇〇二年に刊行されたポスト＝プレストン＝ザックスの著書『株式会社の再定義——利害関係者指向型経営と組織的富——』は、このプロジェクトの成果報告書としての性格を兼ね備えている。

「『株式会社の再定義』プロジェクト」の成果を踏まえ、利害関係者研究における論点は、それを社会科学方法論の構成要素——概念規定・理論的研究・実践的研究——に準拠して整理すれば、以下のようである。[23]

㈠利害関係者の概念規定：利害関係者研究では、利害関係者の概念規定を明確にするために、利害関係者の概念内容の限定、利害関係者認識の段階的把握、[24] そして利害関係者の系統分類[25]が取り組まれている。

(二)「利害関係者理論」（"stakeholder theory"）の論理構造の解明：利害関係者理論の論理構造は、ドナルドソン＝プレストン（T. Donaldson and L. E. Preston）の学説では、記述的（descriptive）・手段的（instrumental）・規範的（normative）側面において構成され、それらの三側面は経営的（managerial）性格を兼ね備えるという。[26] そして、ドナルドソン＝プレストンは、「利害関係者理論の公理（axiomatic principles）」として、次の(a)と(b)を提示している。「(a)利害関係者を構成する個人または集団には、企業の事業活動の過程的および実質的側面にたいする正当な権益が保障されている。利害関係者の存在は、企業にたいする権益において認識され、当該企業が利害関係者にたいして権益を有するか否かは問題外である。(b)すべての利害関係者の権益にはそれ本来の価値が保障されている。すなわち、利害関係者の存在そのものが考慮に値するのであって、例えば株主の得べかりし利益を増大するための手段として利害関係者を考慮するのではない。[27]」

(三)利害関係者指向型経営という構想の提唱：利害関係者指向型経営は、「利害関係者理論の公理」を具体的に応用し、それを実践するための具体的指針となっている。なお、利害関係者指向型経営の根本法則は、CCBEの文書「利害関係者指向型経営の原則」（"Principles of Stakeholder Management"）において掲げられている。[28]

このように、利害関係者研究の内容は、経営理論としての利害関係者理論を理論的根拠として、経営実践の具体的指針としての利害関係者指向型経営に発展してきているものと捉えることができる。

六　結びに代えて

利害関係者概念がアメリカでの経営学研究において最初に取り扱われたのは、一九六〇年代においてである。それ以後、現在に至るまでのあいだに、利害関係者の存在および活動にたいする法的ならびに社会的な合意がアメリカ国内において形成されただけではなく、アメリカの経営学研究者のあいだにおいてもまた、利害関係者概念ならびに利害関係者指向型経営に関する共通の理解が形成されるようになってきている。

今ここに、利害関係者研究の立場から、経営が意味する内容に目を向ければ、経営とは、社会に存在する様々な利害関係者間の利害の対立とその調整の過程と解釈することもできる。利害関係者指向型経営が意図するものは、そのような利害の対立と調整が社会の全成員のための「善」として、そして究極的には、個人によって享受される「善」となることである。ここに、「共同の善」("common good")という理念が意味を持つ。

注

(1) Post, J. E., L. E. Preston, and S. Sachs, *Redefining the Corporation: Stakeholder Management and Organizational Wealth*, California, 2002, p. 229.

(2) Jones, T. M., A. C. Wicks, and R. E. Freeman, "Stakeholder Theory: the State of the Art", N. E. Bowie, ed., *The Blackwell Guide to Business Ethics*, Massachusetts, 2002, p. 19.

(3) Julius, D., "Globalization and Stakeholder Conflict: A Corporate Perspective", *International Affairs*, Vol. XXXXXXXIII, No. 3, 1997, p. 454.

(4) Stewart, R. F., *The Strategic Plan*, Long Range Planning Service (report no. 168.), Massachusetts, 1953.

(5) Goodpaster, K. E., "Business Ethics and Stakeholder Analysis", *Business Ethics Quarterly*, Vol. I, No. 1, 1991, p. 54.

(6) Freeman, R. E., *Strategic Management: A Stakeholder Approach*, Massachusetts, 1984, pp. 31-32.

(7) Dill, W. R., "Strategic Management in Kibitzer's World", H. I. Ansoff, R. P. Declerck, and R. L. Hayes, *From Strategic Planning to Strategic Management*, New York, 1976, p. 126.

(8) 一九七一年、「アメリカ経営学会」(The Academy of Management)の一部会(a division)として、「経営における社会的課題事項」(Social Issue in Management)部会が創設された。また、一九九〇年、国際経営社会関係論学会(The International Association for Business and Society)が創設された。さらに一九八〇年には、企業倫理学会(The Society for Business Ethics)が創設されている。(中村瑞穂「アメリカ経営学の一一〇年——社会性認識をめぐって——」経営学史学会編『経営学史学会年報[第四輯]アメリカ経営学の潮流』文眞堂、一九九七年、一七四—一八六頁。)

(9) 「利害関係者プロジェクト」の上席研究員(senior project manager)は、フリーマンその人であった。このプロジェクトについては、次の文献に詳しい。(Emshoff, J. R. and R. E. Freeman, "Who's Butting into Your Business?", *The Wharton Magazine*, Vol. IV,

No. 1, 1979, pp. 44-48.）

⑽ Charan, R. and R. E. Freeman, "Stakeholder Negotiations: Building Bridges with Corporate Constituents", *Management Review,* Vol. XXXXXXVIII, No. 11, 1979, pp. 8-13.（当誌の表紙には、ジョナサン・スウィフト作の文明批判小説『ガリヴァー旅行記』(Gulliver's Travel) の主人公ガリヴァーに模された経営者が杭と紐で捕らえられている図柄が掲載されており、当時のアメリカ社会における経営者の状況を彷彿させる。）

⑾ Freeman, R. E., "Strategic Management: A Stakeholder Approach", R. Lamb, ed., *Advances in Strategic Management,* Vol. I, Connecticut, 1983, p. 37.

⑿ Emshoff, J. R. and R. E. Freeman, "Stakeholder Management: A Case Study of the U. S. Brewers Association and the Container Issue", R. L. Schultz, ed., *Applications of Management Science,* Vol. I, Connecticut, 1981, p. 58.

⒀ Freeman, R. E., 1983, *op. cit.,* p. 38.

⒁ Freeman, R. E., 1984, *op. cit.,* p. 46.

⒂ Ansoff, H. I., "Societal Strategy for the Business Firm", R. Lamb, ed., *op. cit.,* pp. 14-16.

⒃ Freeman, R. E. and D. R. Jr. Gilbert, *Corporate Strategy and the Search for Ethics: Comments on Corporate Governance and the Search for Ethics,* New Jersey, 1988, p. 64.（笠原清志監訳『企業戦略と倫理の探究』、文眞堂、一九九八年、九三頁参照。）

⒄ Evan, W. E. and R. E. Freeman, "A Stakeholder Theory of the Modern Corporation: A Kantian Capitalism", T. L. Beauchamp and N. E. Bowie, eds., *Ethical Theory and Business,* New Jersey, 1988.

⒅ Wicks, A. C., D. R. Jr. Gilbert, and R. E. Freeman, "A Feminist Reinterpretation of the Stakeholder Concept", *Business Ethics Quarterly,* Vol. IV, No. 4, 1994, p. 493.

⒆ Donaldson, T., "The Stakeholder Revolution and the Clarkson Principles", *Business Ethics Quarterly,* Vol. XII, No. 2, p. 107.

⒇ Freeman, R. E. and J. McVea, "A Stakeholder Approach to Strategic Management", M. A. Hitt., R. E. Freeman, and J. S. Harrison, eds., *The Blackwell Handbook of Strategic Management,* 2001, Massachusetts, p. 204.

(21) Freeman, R. E. and J. Liedtka, "Corporate Social Responsibility: A Critical Approach", *Business Horizon,* Vol. XXXIV, No. 3, 1991, p. 93.

(22) Clarkson, M. B. E. ed., *The Corporation and Its Stakeholders: Classics and Contemporary Readings,* Toronto, 1998.

(23) 拙稿「利害関係者をめぐる経営学的研究の推移」『日本経営学会誌』第七号、二〇〇一年、三六―四七頁。

(24) Goodpaster, K. E., *op. cit.,* pp. 55-69.

(25) Mitchell, R. K., B. R. Agle, and D. J. Wood, "Toward a Theory of Stakeholder Identification and Salience: Defining the Principle of Who and What Really Counts", *Academy of Management Review,* Vol. XXII, No. 4, pp. 853-886.

(26) Donaldson, T. and L. E. Preston, "The Stakeholder Theory of the Modern Corporation : Concepts, Evidence and Implications", *Academy of Management Review*, Vol. XX, No. 1, 1995, pp. 66-68.

(27) *Ibid.*, p. 67.

(28) Clarkson Centre for Business Ethics, *Principles of Stakeholder Management*, Toronto, 1999.

十三　現代経営の底流と課題
――組織知の創造を超えて――

藤　沼　　司

一　緒言――問題の所在――

およそ経営学の展開は組織知の創造の歴史であり、それはまた経営実践への適用が予想されたものでもある。その端緒を成すF・W・テイラーの科学的管理は、労使の「対立から協調へ」を実現させるために課業の科学的分析を行い、「作業の科学化」を図った。これは、作業管理の基盤の「経験から科学へ」の転換を、換言すれば、熟練工に内在する課業に関わる主観的・経験的知識の客観的・科学的知識への転換を意味する。そしてこのように集成された客観的・科学的知識は、計画室によって一元的に管理された。

それ以降経営学は、「管理全般の科学化」へと進展していった。それはとりもなおさず、管理全般に関わる主観的・経験的知識の客観的・科学的知識への転換の推進を意味するものであった。こうした事態をG・E・メーヨーは「知識経営 intelligent management」化と呼んだ。メーヨーは、知識経営化の進展という事態を文明論的視角から批評する。知識経営化の進展は、組織の有効性の実現に向け大いに成果を上げてきた。しかしこの事態が他方では、経営体の活動の社会的文脈からの乖離や、経営体に潜在する多元的な意味を組織の有効性の達成という特定の意味へと一元化させる事態を惹き起こした。この事態を本稿では、「知識経営の問題性」と呼ぶこととする。

現代経営（学）の課題が、①環境問題、②文化多元性の問題、③人間性の問題にあるといわれるが、その根底には「知識経営の問題性」が伏在している、といえまいか。こうした文脈の中に、今日注目される議論のひとつである「知識創造の経営」――以下、これを単に「知識創造経営」と表記する――を位置づけることは重要であろう。これには、メーヨーが批評した知識経営と比較するとき、客観的・科学的知識（形式知）のみならず主観的・経験的知識（暗黙知）の重要性にも着目し、二つの知識の相互性を強調するという、明白な相違点がある。本稿の主題は、現代経営（学）の底流にある「知識経営の問題性」を、はたして知識創造経営は乗り越えるのか、ということである。この問いに応えるために本稿では、まずメーヨー文明論の観点から知識経営を概観する。この作業が、現代経営（学）を問うための「問いの原型」となる。

二　メーヨー文明論の思想基盤――ジェイムズとの関連で――

メーヨーの思想の中に様々な影響を見出せるが、本稿では特に、W・ジェイムズとの関係を手掛かりとする。それは、メーヨーが文明批評を展開するに当たり、ジェイムズから具体的知識（knowledge of acquaintance）および抽象的知識（knowledge about）という概念を援用しているからである。ここで具体的知識とは、言語化は困難であるが、主‐客未分の純粋経験における事物との共感・一体化に基づいて、事物に馴れ親しんでいる事態を意味する。また抽象的知識とは、主‐客が分離して、事物を対象化し諸要素へと分析して、事物の潜在的に多元的な意味の中から一側面を抽象化して概念として理解することを意味する。本稿では、今日よく見受けられる暗黙知と形式知に、それぞれ具体的知識と抽象的知識とが対応するものとして取り扱う。

ジェイムズによれば、〈生〉の流れである純粋経験において、知覚（percept）は多様な意味の可能性を孕んでいるが、当該主体は自身の注意・関心・選択にしたがって、特定の意味を概念（concept）として抽象化させて行く。とりわけ、高度に抽象化された科学的知識は、明確に限定づけられた意味体系を構成するようになる。この「知覚の概念への転換」に潜む問題は、ひとつには多元的な意味の可能性の特定の意味への抽象化という「意味の一元化」であり、もうひとつは抽象度の高まりにつれて概念が知覚から乖離して行くという「概念の〈生〉からの乖離」である。しかしこうした問題を抱えた概念（抽象的知識）は、つねに具体的行為を通じて験証され、有益である限り「真理化 verification」[1]される。この真理化過程で鍛えられた概念（抽象的知識）は、一方でより高度な抽象的知識への展開の可能性を獲得し、他方で我々の行為を導く信念・行為準則・習慣へと強化・自明化され、我々の身体に染み着いた技能となる。この技能こそが具体的知識に他ならず、抽象的知識の強固な基盤となる。具体的知識を通じて、当該主体の能動性が行為として現実化される。具体的知識は、庭本佳和の言葉を借りれば「行動を通じて得られる知識であると同時に行動するための知識」（庭本、一九九一年、一二三頁）であり、また同時に固有の信念・行為準則・習慣といった価値体系を含む。知と行為と道徳性とは本来、密接不可分な関係にある。

したがって、メーヨーが技術的技能（technical skill）および社会的技能（social skill）を、具体的知識の派生物と捉えていることは重要である（Mayo, 1945, p. 17, 二二頁；p. 30, 四一頁）。なぜならそうした把握は、技能を単なる「一連の身体動作の手続き」とのみ把握せず、固有の価値体系を有するものと把握することを意味するからである。事物を人間の目的に役立つように取り扱う能力である技術的技能は、特定の状況下での事物の意味やその処し方を規定する価値体系を内包する。また他者とコミュニケートする能力である社会的技能は、特定の状況下での他者の意味やその処し方を規定する価値体系を内包する。

三 「知識経営」化の意味——経営体における知の変容と道徳的基盤の動揺——

知識経営化の進展は、技能に変化をもたらした。技能に内在する具体的知識は抽象的知識へと転換され（知の変容）、「技能の科学（技術）化」が目指された。それは、技能の客観的側面である「一連の身体動作の手続き」に注目することを意味した。こうした事態が、技能の主観的側面である審美的・価値的要因の看過をもたらし、人間協働の存立基盤をなす「道徳的基盤の動揺」を惹き起こした。それは、一面で伝統に根ざした社会的価値体系の衰退・解体を、他面でそうした価値体系からの個別経営体の分離・自律化を意味する。

知識経営化の進展は、主体としての組織が、組織の有効性の達成という特定の意味を実現させるために、管理全般における抽象的な科学的知識の獲得・集成・適用を目指し、一切の諸要素を対象化し、組織目的との調和という観点から諸要素を排列し、社会的行為準則・習慣から乖離した組織固有の行為準則・習慣に則って活動することを促進させた（藤沼、二〇〇一年、七六頁）。組織の有効性は大いに高まり、その成果を我々は物質的繁栄という形で享受している。一見すると、組織的行為が日々験証され、その真理化に成功しているかに見える。

しかし組織的行為は、我々の生活から乖離し、組織固有の道徳的基盤に立脚しつつ展開されるようになってきた。組織の有効性の実現を所与として、組織的行為が験証され、その真理化が試みられる。知識経営化の進展によって惹き起こされた「道徳的基盤の動揺」は、従来の伝統的な社会的価値体系の衰退・解体のみを意味するのではなく、むしろ特定の組織目的を所与として、その効率的な実現を目指す「閉じられた人間協働(2)」の傾向を強化するものでもある。それは、経営・管理、組織、そして人間の意味を問うことの空洞化をもたらす。あるいはせいぜい、組織の有効性の実現に有益である限り配慮されるに過ぎない。はたして、こうした「知識経営の問題性」が、今日注目を集めている「知識創造経営」によって克服されうるのであろうか。

四　「知識創造経営」の意義——「知識経営」との非連続性と連続性——

知識創造経営の主唱者である野中郁次郎によれば、知識創造（意味創出）プロセスの三要素として、①ＳＥＣＩ《セキ》プロセス、②文脈としての「場」、③知識資産が挙げられる。ここでＳＥＣＩプロセスとは、以下の知の変換過程から構成される。それは、①暗黙知から暗黙知への移転過程である共同化（Socialization）、②暗黙知から形式知への変換過程である表出化（Externalization）、③形式知から形式知を創る過程である連結化（Combination）、④形式知から暗黙知への変換過程である内面化（Internalization）という各局面であり、それぞれの頭文字をとって「ＳＥＣＩプロセス」と呼ぶ。また、「その中で知識が創造・活用される、共有された動的なコンテクスト」（野中他編著、二〇〇一年、四頁）としての「場」によって、ＳＥＣＩプロセスを通じた知識創造（意味創出）が可能になるという。そしてＳＥＣＩプロセスの材料であり成果でもある知識資産として、個人が蓄積するスキルやノウハウ、製品コンセプトやブランド、マニュアルや特許、組織の文化や風土や「型」（作法）などを挙げる。こうした三要素からなる知識創造過程である「知のスパイラル」の成功は、その支援・推進要因である、①個人の自律性、②意味のゆらぎ・カオス（解釈の多義性）、③組織的意図、④情報冗長性、⑤最小有効多様性の確保にかかってくる。

重要なことは、新たな知識創造に向けた「知のスパイラル」が、「個人レベルでの暗黙知の蓄積に基づいて、それを組織の具体的な技術・製品および戦略的行動といった複合的な一つの知識体系へと完成させていくこと」（野中他著、一九九六年、二二一頁）へと向かう点にある。「知のスパイラル」は、あくまでも「組織の有効性の実現」を指向し、その埒内において個人の自律性や意味のゆらぎ・カオス、情報の冗長性、そして最小有効多様性が認められる。

本稿との関連で知識創造経営の最大の特徴は、知識経営においては具体的知識（暗黙知）の抽象的知識（形式知）への全面的転換が目指されていたのに対して、それが組織知の創造の一局面に過ぎないことを指摘し、暗黙知と形式知との相互性を強調した点にある。知識経営は、SECIモデルで言えばまさに「表出化」局面に該当する。(3) また知識創造経営は、組織内における情報の冗長性や解釈の多様性、そして個々人の主体的なコミットメントを要請する。以上の事態は、知識経営と知識創造経営との非連続性を示す。しかし両者の間には、依然として連続性もある。それは、知識創造経営が目指す新たな組織知の創造（意味創出）も、知識経営と同様に、「組織の有効性の実現」という埒内で展開される、ということである。このことは何を意味するのか。

五　組織知の創造と道徳性――「知識経営の問題性」の深化――

知識経営および知識創造経営の連続性の意味を問うために、組織の有効性の意味を問う必要がある。組織の有効性の実現とは、組織目的の達成である。バーナードは、目的は現在に立脚しつつ、過去と未来とを架橋するものと捉える。組織目的における現在とは、まさに「いま・ここで協働している」という協働の現在である。それに対して、協働の未来について村田晴夫は、「協働に参加する個人が、人間としての主体を回復する瞬間に訪れる」（村田、一九八四年、九一頁）という。各個人は、各々の動機をもって協働に参加する。諸個人は、協働に対する貢献（協働の現在に身を投じること＝個人の客体化）を通じて、協働の未来における成果配分を期待する。協働の未来においては、「組織は自ら主体であることを放棄し、協働の利益を個人の主体と共有しなければならない。つまり、個人の動機に満足を与えること、貢献に対して報酬を供与することであり、人間の主体的目的にとっては、協働システムが手段と化すときである。この瞬間は、協働システムは主体から客体へ転化する瞬間であり、人間はまた、客体から主体へ転化する一瞬である」（村田、一九八四年、九一頁）。

協働の現在において第一義的に目指されるものは、組織目的の実現、すなわち有効性の達成である。それに対して、協働の未来において第一義的に目指されるものは、組織貢献者の満足、すなわち能率の獲得である。協働の現在においても能率は獲得されうるが、それは組織の有効性の実現の手段としての能率獲得である。

組織の有効性の実現を所与とする知識経営によって、人間協働の存立基盤をなす「道徳的基盤の動揺」が惹起こされた。それは、経営体の活動の我々の〈生〉からの乖離と、潜在的に多様な意味の組織の意味（有効性の達成）への一元化という事態である。バーナードは、人間協働の道徳的基盤について、「それらは全世界からきたり、全世界に展開する。それは、深く過去に根ざし、未来永劫に向かっている」（Barnard, 1938, 1968, p. 284, 二九六頁）と述べる。道徳的基盤は、空間的および時間的拡がりを有する。ここで道徳的基盤の空間的拡がりとは、特定の道徳準則が共時的に受容されることで多様な意味の間の調和を実現させる範囲を意味し、また時間的拡がりとは、当該主体の現在にのみ配慮した動機の実現を禁止・統制・修正して、当該主体の現在を過去および未来の中に調和するよう位置づける時間的膨らみを意味する。それは、当該主体の主体性の回復を他者の主体性の回復との調和の中で意味づけることである。

知識経営化の進展は、人間協働の存立基盤を揺るがす「道徳的基盤の狭窄化」をもたらした。それはまず、空間的拡がりにおける特定経営体の道徳的基盤の社会的道徳準則から特定経営体固有の道徳準則への狭窄化を、また時間的拡がりにおける過去―現在―未来の時間的調和にかえて、協働の現在にのみ配慮するという狭窄化を、もたらした。その根底には、経営体の活動の我々の〈生〉からの乖離と、潜在的に多様な意味の組織の意味（有効性の達成）への一元化という、「知識経営の問題性」が潜んでいる。

しかし、今日の知識創造経営においては、事態はさらに深刻化してきているのではないか。一見すると知識創造経営においては、個人の自律性や意味のゆらぎ・カオスといったものが保障され、推奨されてきているが、それはあくまでも協働の現在の埒内でのみ許されるという危険性を孕んでいる。このことは、「組織の有効性の実現」という特定の意味の埒内で意味の多様性が許されることを含意する。これは、組織貢献者の多様な意味の組織の意味への包摂・一元化（多様な〈生〉の組織の意味への包摂・一元化）を、換言すれば、組織貢献者の協働の現在への包摂（閉じられた人間協働）を意味する。「〈生〉からの乖離」と「意味の一元化」という「知識経営の問題性」は、今日、「多様な〈生〉の一元的な意味への包摂」へと深化してきている。

六　結語――まとめと課題――

経営学の歴史は組織知の創造・精緻化の歴史であり、それは経営実践への適用が予想されたものである。現代経営（学）は、組織の有効性の実現に大いに効果を上げ、我々の生活の物質的繁栄の基礎を提供している。しかし他方で、「潜在的に多様な意味の組織の意味への包摂・一元化」をもたらしてきた。こうした事態が、現代経営（学）の底流をなす。

現代経営（学）の底流に潜む「多様な〈生〉の組織の意味への包摂・一元化」の問題を克服するには、いかにして多様な意味の回復を図るか、換言すれば、いかにして協働の未来を創造するかが課題となる。野中も強調するように、たんなる「組織知の創造」（知の偏重）を超えて、審美的・価値的要因である「新たな道徳性の創造」

こそが重要になる。これに関連して村田は、「新たな道徳性の創造」には、①歴史的均衡（過去・現在・未来にわたる均衡）、②文明論的均衡（宗教・政治・経済に関する権威と寛容の確立）、③階層的均衡が要請される、という（村田、一九九五年、六二頁）。これはまさに、道徳的基盤の時間的および空間的拡がりを意識した言明である。

経営体は、物的要因（生物的要因を含む）に由来する物的（生物的）道徳準則、人的要因に由来する諸個人の私的道徳準則、そして社会的要因に由来する社会的道徳準則および、そうした諸準則の結合・合力・残基としての組織固有の組織準則から構成される複雑な道徳的システムである。「道徳的基盤の狭窄化」は、組織が、組織準則の要請に応答する能力（response-ability：組織の存続・発展に対する責任）を優先させ、他の諸準則の要請に対する責任の、すなわち物的（生物的）要因に対する責任、人的要因に対する責任、および社会的要因に対する責任の看過を意味する。こうした底流があって今日、①環境問題、②人間性の問題、③文化多元性の問題が、現代経営（学）の課題として論じられる。組織の存続・発展に対する責任の埒内で、その他の諸要因に対する責任を考慮することも可能であり重要でもあるが、そうした協働の現在に対する責任を超えて、多様な組織貢献者の主体性の回復を目指す協働の未来に対する責任が要請される。そのためにはまず、経営・管理、組織、人間の意味を根本から問い直す必要があろう。組織の意味を所与とし、その効率的な実現に向け組織知の創造に偏重してきた従来の経営学とともに、審美的・価値的問題と正面から向き合い、根本的に経営存在の意味を問う経営哲学の構想・体系化が要請される。今後の課題は、「開かれた人間協働」とは何を意味するのかを原理的に問うことにある。また、その実現に向け必要とされる「新たな道徳性」についての考察も、今後の課題である。

注

（1）　ここで「真理化」の原語は「veri-fication」である。この語を桝田啓三郎は文脈に応じて「真理化」あるいは「験証」と訳出する。その理由を桝田は、訳注の中で以下のように説明する。「veri- はラテン語の verus（真）から、-fication は facio（作る、なす）から来ており、両者の合成した「験証」を意味するveri-ficationの語を語源的に解して説いているわけである」（桝田啓三郎訳『プラグマティズム』岩波文庫、一九五七年、二二三頁）と。

（2）「閉じられた人間協働」と対をなす「開かれた人間協働」について、小笠原英司が「協働システムの開放機能」ないし「経営体の開放性」として、以下のように説明している。「協働システムの開放機能」とは、「単に環境主体との相互作用（＝交換）の契機としてばかりではなく、外部環境にある社会的価値要因が、『組織』を構成する諸メンバーの協働や心的交流（＝非公式組織）を通じて経営体内部に浸透し内部化する契機」（小笠原、一九九九年、一六頁）であると。つまり「開かれた人間協働」とは、具体的な組織的行為が、外部環境にある多様な社会的価値要因と調和するかどうかつねに験証され、その真理化が試みられることを意味する。翻って「閉じられた人間協働」とは、外部環境にある多様な社会的価値要因とは別に、人間協働内部に固有の組織的価値要因、つまり組織の有効性の実現を所与として、組織的行為が験証され、その真理化が試みられることを意味する。

（3）野中らは、近年論じられることの多い「knowledge management」はこの表出化局面に議論を集中させすぎており、狭義の知識創造経営に過ぎないと主張する。このことからも、「knowledge management」と「知識経営intelligent management」とは内容的に同一物であると言える。

引用文献

Barnard, C. I. [1938, 1968] *The Functions of the Executive*, Harvard University Press.（山本安次郎・田杉　競・飯野春樹訳『経営者の役割』ダイヤモンド社、一九六八年。）

藤沼　司［2001］「『知識経営』の現代的意義——メーヨー文明論の思想基盤であるプラグマティズムの観点から——」（経営哲学学会編『経営哲学論集』第一七集。）

James, W. [1907, 1991] *Pragmatism — A New Name for Some Old Ways of Thinking —*, Prometheus Books.（桝田啓三郎訳『プラグマティズム』岩波文庫、一九五七年。）

Mayo, G. E. [1945] *The Social Problems of an Industrial Civilization.*（藤田敬三・名和統一訳『アメリカ文明と労働』有斐閣、一九五一年。）

村田晴夫［1984］『管理の哲学——全体と個・その方法と意味——』文眞堂。

村田晴夫［1995］「バーナード理論と有機体の論理」（経営学史学会編『経営学の巨人』文眞堂）。

庭本佳和［1991］「組織と知識——バーナードの知識論——」（大阪商業大学商経学会『大阪商業大学論集』第九〇号）。

野中郁次郎・竹内弘高著［1996］『知識創造企業』梅本勝博訳、東洋経済新報社。

野中郁次郎・妹尾　大・阿久津聡編著［2001］『知識経営実践論』白桃書房。

小笠原英司［1999］「組織と公共性—事業経営の私益性、共益性、公益性—」（明治大学経営学研究所『経営論集』第四六巻第二号）。

十四　個人行為と組織文化の相互影響関係に関する一考察
――A・ギデンズの構造化論をベースとした組織論の考察をヒントに――

間嶋　崇

一　はじめに

筆者の関心は、個人行為と組織の相互影響関係（ミクロ・マクロ・リンク）を解明・分析することにあり、現在は、そのためのモデル構築を組織文化論の視点から取り組んでいる。本稿の目的は、そのモデル構築への取り組みの端緒として、社会学者ギデンズ（A. Giddens）の構造化論（Structuration Theory）をベースとした組織論（ここでは便宜上、ＭＭＬ組織論と呼称）をヒントに、ミクロ・マクロ・リンクの一部に過ぎないが、個人行為と組織文化の相互影響関係を分析するモデルの構築を模索することにある。そして、最後には、今回の検討を通じて湧き起こった疑問（自分の関心を満たすのは、本当に組織文化論的モデルなのだろうか）を取り上げる。

二　個人行為と組織文化の相互影響関係とは如何なるものか？

筆者は、個人行為と組織文化の相互影響関係を以下の四つのプロセス（①→②→③→④→…）を辿るものとして捉え、同関係のモデル構築には、その四つを包含することが必要であると考える。

①「環境からの影響の過程」…当然ながら、当該個人および組織は、何らかの環境の影響下にある。

②「マネジメントによる組織文化生成の過程」…①を受けて、マネジャーとりわけトップによる組織文化の意図的なデザイン、それのメンバーへの浸透を促すための動機づけや教育、コミュニケーションが行われる。

③「自生的な組織文化生成の過程」…②を受けた組織メンバーたちが、日々の活動を通して②で創られた組織文化の強化あるいは創り直しを行なう。

④「組織文化の再帰的過程」…以上のようにして創られた組織文化が、逆に組織構成員全員の次なる行為を制約する、見方を変えればすべての組織構成員の行為を創造する。

(但し、ミクロ・マクロ・リンク全体との関連でいくと、この個人行為と組織文化の影響関係が環境と相互作用しながら、その所産として組織を創り出す過程、⑤「組織創発の側面」を加える必要がある。)

筆者は、以前に既存の組織文化論を用いてこの四つを満たす分析モデルの構築を試みたが、どれもうまくいかなかった。そこで本稿では、既存の文化論を離れ、個人行為と「組織構造」の相互影響関係の分析から個人と組織の関係を検討する組織論、中でもギデンズの構造化論をベースとした諸論（ＭＭＬ組織論）を検討し、そこから得られた含意より個人行為と組織文化の相互影響関係を描く分析モデルの構築の可能性を探ることにする。では、まずＭＭＬ組織論の検討に入る前に、その基礎をなすギデンズの構造化論を考察していくことにしよう。

三　ＭＭＬ組織論の理論的ベースとしての構造化論

では、まず基本的な概念である社会システムや個人行為に関する彼の捉え方について把握することにする。ギデンズによれば、社会システムとは、「組織化された規則と資源」としての構造によって「特定の時代や社会といった限定された時間―空間関係の中に構造化(1)」される「社会的相互行為のシステム」であり、組織はその一種類と捉えられている。つぎに、ギデンズにあって、行為とは、「変更可能な対象世界への介入(2)」であり、社会や組織の創造や強化、変革の中心的な役割を担うものとしている。また、ギデンズは、行為者を盲目的に構造に「従う」受動的存在としてではなく、不完全かつ暗黙的ではあるが構造の内容を知り、その構造を「使って」行為する、そしてときにはその構造を創り変えさえしてしまう積極的かつ主体的な存在であるとしている。

図１　ギデンズの構造化論（構造・様相・相互行為）

相互行為	↑	コミュニケーション	権力	道徳性
（様相性）	│	解釈図式	便益	規範
構　造	↓	意味作用《世界観》	支配	正当化

出所　Giddens, A., *New Rules of Sociological Method,* Hutchinson, 1976.（松尾精文，藤井達也，小幡正敏訳『社会学の新しい方法基準――理解社会学の共感的批判――』而立書房，1987年，175頁）

それでは、これらの基本的概念を踏まえた上で、後のＭＭＬ組織論の考察において最も重要な構造化概念について検討に移ろう。ギデンズは、構造化の概念が意味するのは「構造の二重性（duality of structure）」であると言う。ギデンズは、社会構造を社会システムの特性として「組織化された規則と資源」と把握し、その「社会構造は人間の行為作用によって構成されているだけではなく、同時にそうした構成をまさに《媒介するもの》である(3)」とする。つまり、社会構造は、個人の行為によって創られるものである一方で、同時にそのような社会構造を創る個人行為そのものを再帰的に創り出すものでもあるという二重の性格を帯びたものなのである。ギデンズの構造化とは、つまり個人行為と社会構造の相互影響関係のことなのである。

さらにギデンズは、この構造化に不可欠な概念として、個人行為と社会構造の間を取り結ぶ「様相（modality）」という概念を導入する。様相とは、「行為者が相互行為を発生させる際に依拠するもの」[4]であり、同時に「相互行為システムの構造的構成要素を再生産する媒体でもある」[5]。つまり、個人行為と社会構造の構造化は、この様相という媒介を通して行われるのである。また、ギデンズは、行為、様相、構造には、図1のようにそれぞれ三つの次元が存在するとしている。

以上がギデンズ構造化論のごく簡単な概要である。では、これをベースにしたMML組織論の議論を次に検討していくことにしよう。それらは果たして先述の四つのポイントを満たし得るのだろうか？

四　二つのMML組織論

構造化論をベースとしたMML組織論には、主に次の二種類がある。一つは、マネジャー、特にトップ層のそれのマネジメントと組織構造の相互影響関係を分析するもの（便宜上〈試み／その一〉と呼称）であり、もう一つは、マネジャー以外のメンバーの行為と組織構造の相互影響関係を分析するもの（便宜上〈試み／その二〉と呼称）である。本稿では、二つの試みそれぞれの代表選手であるランソン&ヒニングス&グリーンウッド（S. Ranson, B. Hinnings & R. Greenwood）（以降ランソンらと略称）とバーリー（S. R. Barley）に限定してその内容を検討していくことにする。

1　〈試み／その一〉の代表選手ランソン&ヒニングス&グリーンウッドの議論[6]

ランソンらの議論は、「組織構造は時を経ていかに変化していくのか」を問題意識とし、トップマネジャーのマネジメントと組織構造の相互影響関係からそれを説明しようと試みている。彼らは、既存の組織論における組織構造の捉え方には「役割や手続きの公式的な構成として、つまり組織の規定されたフレームワーク」として構造を捉えるやり方（フレームワークとしての構造）と、「相互行為のパターン化された調整」として構造を捉えるやり方（相互行為のパターンとしての構造）の二種類があるとするが、同時にそのいずれの構造概念も、彼らの問題意識に照らして満足いくものではないと述べている。まず彼らは、フレームワークとしての構造概念では、公式的なルールや地位、オーソリティによる行為への影響は説明出来ても、実際の相互行為によって構造が出来上がる様子、つまり行為から構造への影響が説明出来ないという問題点があるとする。そして、相互行為のパターンとしての構造に対しては、上述したフレームワークとしての構造とは逆に実際の相互行為による創発的な構造形成は説明出来ても、公式的なルールや地位、オーソリティ関係が行為へ与える影響が説明出来ないという問題点があると言うのである。ランソンらは、このように既存の組織構造概念の問題点を指摘した後、実は組織構造というものは、規定されたフレームワークであり、また同時に相互行為の実現された構成、つまり相互行為のパターンでもある、すなわち二つが互いに相互浸透しているものなのだと主張する。つまり、フレームワークとしての構造は、相互行為のパターンを構成し、同時に相互行為のパターンによって構成されるのである。そして、さらに相互行為のパターンの先には、現実の相互行為がある。すなわち、フレームワークとしての構造は、相互行為のパターンとしての構造を媒介にして、パターン化された現実の相互行為を構成し、それと同時にそのパターン化された現実の相互行為によってパターンを媒介に構成されるのである。この発想は、図2を見ても分かるように、まさにギデンズの構造化である。図の上から一列目は、フレームワークとしての構造を、三列目は相互行為を表している。そして、真ん中の列は、相互行為をパターン化しフレームワークと結びつける媒介、つまり相互行為のパターンとしての構造であり、これはギデンズの言う様相に相当する。各々に三つの次元があるという

図2　ランソン＆ヒニングス＆グリーンウッドの分析モデル

構　造 （フレームワーク）	意味領域	正当化	支配
	↕	↕	↕
媒　介 （パターン）	解釈スキーマ	価値	利害
	↕	↕	↕
行　為	日々の相互行為	正当化行為	パワー行使

出所：Kanson, S., B. Hinings, & R. Greenwood, “The Structuring of Organizational Structures”, *Administrative Science Quarterly,* 25, 1980 を参考に本稿筆者が作成。

点もギデンズとよく似ている。

また、ランソンらは、構造の変化を伴う構造化については、環境（彼らは、社会 - 経済環境と制度的環境の二種類を想定している）の変化、そしてそれに伴う図2で示した九つの要因のいずれかの変化による他要因との矛盾をきっかけにスタートすると指摘している。

さて、では次にバーリーの試みを通して〈試み／その二〉について検討していくことにしよう。

2　〈試み／その二〉の代表選手バーリーの議論⑦

バーリーの議論は、トップマネジャー層のマネジメントによってなされた技術的変化や戦略的変化が、いかに組織メンバーの行為に影響を与え、その結果いかなる組織構造の変化（メンバーによる創り変え）をもたらすのかを問題としている。つまり、彼の場合、マネジメントによる構造の変化ではなくて、その後のメンバーによる構造の創り変えに興味の中心があるのである。

さて、バーリーの関心はこのようなものだが、彼もまた先程のランソンたちと同様に、既存の組織構造概念をフレームワークとしての構造と相互行為のパターンとしての構造の二つに分類し、そのどちらもが目指す分析モデルをつくるには、不適確であることを指摘している。そして、この二つの構造概念に代わる彼の目指すモデルに適した概念としてギデンズの構造化を採用するのである。彼のモデルも、ギデンズの構造化論をうまく取り込んでいる（図3参照）。

図3　バーリーの分析モデル

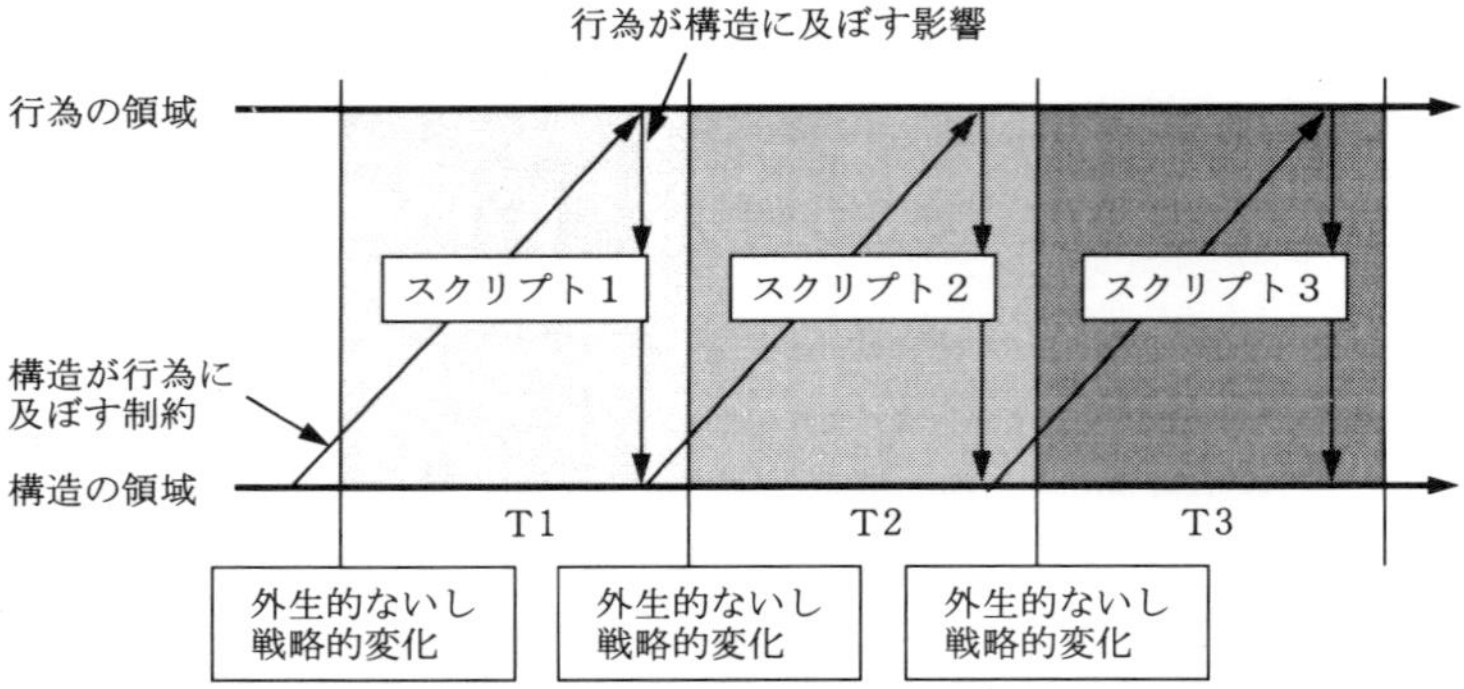

出所：Barley, S. R., "Technology as An Occasion for Structuring: Evidence from Observations of CT Scanners and Social Order of Radiology Departments", *Administrative Science Quarterly,* 31, 1986, p.82. を邦訳，一部加筆修正。バーリーは組織構造と制度を同義として捉え，2つを論文の中で区別なく使用している。そこで，元の図では「制度」と表記されている部分を，本図では本稿全体との整合を考えて，「構造」と修正している。

図3の上の太い矢印は行為を、下の矢印は組織構造を表わしている。共に矢印は、構造化に伴う時間の流れを意味している。ちなみに、彼の行為、構造、構造化の概念はギデンズのそれとほぼ同義である。そして、行為と構造の二つの矢印を結び上下する矢印が構造化を表している。さらに、図の中央にある「スクリプト（scripts）」というのが、ギデンズでいう様相である。このスクリプトとは、規則としての組織構造を特定の状況に合わせてより具体的にしたものであり、その基本的意味はギデンズの様相と大差ないが、バーリーによると、様相を定性的な実証研究に耐えうる概念に修正したものであるということである。

バーリーによると、構造化は、外生的あるいは戦略的変化の生起を契機に始まり、それに伴って、行為がスクリプトを介して既存の組織構造から影響を受け徐々に変化し、逆にスクリプトを変化させ、さらにはその変化したスクリプトを媒介に組織構造を変化させていく。そして、新たな組織構造は、次なる行為に影響を与え…、と繰り返されていくのである。

3　二つのＭＭＬ組織論の評価

さて、ここまで個人行為と組織構造の相互影響関係を分析する二つのＭＭＬ組織論の〈試み〉を検討してきた。両者ともギデンズの構造化論をうまく応用し、各々の対象とする行為と組織構造の相互影響関係を表わしていた。では、筆者の目指すモデルとしてはどうだろう。各々の〈試み〉を先述の四つの過程、つまり①「環境からの影響の過程」、②「マネジメントによる組織文化生成の過程」、③「自生的な組織文化生成の過程」、④「組織文化の再帰的過程」の四つで評価してみることにしよう。但し、この四過程とＭＭＬ組織論の二つの〈試み〉の間には組織文化と組織構造という研究対象の違いがあるため、そのままの評価には問題がある。しかし、この四過程という尺度は、組織文化そのものというより、行為と文化との間の「関係性」に着目した尺度である。それゆえ、ここではひとまず四過程の「組織文化」という記述を「組織構造」に置き換えて、二つの〈試み〉の中の行為と構造の「関係性」を評価することにし、その後に組織文化と組織構造の概念の置換可能性を検討することにする。

さて、二つのＭＭＬ組織論の〈試み〉は、四つの過程という点に照らすと次のように評価することが出来る。

〈試み／その一〉の評価

①環境からの影響の過程……………○
②マネジメントによる組織構造生成の過程…○
③自生的な組織構造生成の過程…………×
④組織構造の再帰的過程………………○

〈試み／その二〉の評価

①環境からの影響の過程……………○
②マネジメントによる組織構造生成の過程…×
③自生的な組織構造生成の過程…………○
④組織構造の再帰的過程………………○

つまり、〈その一〉は、③の組織メンバーの活動による組織構造の生成の過程が、〈その二〉は、②のマネジメントによる組織構造の生成の過程が、それぞれうまく説明出来ないという問題を抱えているのである。それゆえ、たとえ組織構造概念を組織文化概念に置き換えることが出来たとしても、二つの〈試み〉のどちらも筆者が求める分析モデルとしては今一つであると言わざるを得ない。しかし同時に今の評価検討から、二つの〈試み〉が相補的な関係にあり、個々では役不足であるものの、二つを統合したようなモデルが出来れば、本稿筆者が目指すモデルに合致することが分かった。安易な発想ではあるが、統合を試みてみよう。

五　二つの〈試み〉の統合の試み

今回検討した二つの〈試み〉ともギデンズの構造化論という同じ理論を基礎にしているため、科学観上の衝突を考える必要もないし、また、二つの〈試み〉は、問題意識や基本的な概念定義、構造化論の応用の仕方などにおいてもよく似ており、モデル上での衝突もそれほどなさそうだ。しかし、二つの〈試み〉をそのまま接続しようというのはいかにも安易である。そこで、科学観上もモデル上も然したる衝突がないわけであるから、どちらか一つのモデルに、二つの〈試み〉の「視点」を同時に組み込むというのはどうだろう。たとえば、既存のランソンらのモデル（その視点は、トップマネジャー層のマネジメントと複合公式組織の全体的な構造との相互影響関係にある）に、バーリーの視点に立ったランソンらのモデル、つまりマネジャー以外の組織メンバーの行為と単位組織の構造との相互影響関係に主眼を置いたランソンらのモデルを作り、接続するのである。このような統合であれば、比較的容易であろうし、またそれにより出来上がった分析モデルも、本稿筆者の求めるモデルとしてかなり有効なものになると考えられる。

しかし、もちろん、この統合は、あくまで大雑把な試論でしかない。さらに、たとえ二つの〈試み〉の統合モデルが出来たとしても、それは、個人行為と組織構造の相互影響関係を分析するモデルに過ぎない。つまり、私の求める個人行為と組織文化との相互影響関係の分析モデルを構築するには、この統合されたモデルの組織構造の概念を組織文化の概念に置き換える必要があるのである。では、次にその置換可能性について検討してみよう。

六　組織文化概念への置換、そして組織文化概念へのこだわりに対する自省

ギデンズをベースとしたMML組織論において組織構造と組織文化の置換の可能性は、非常に高いと考えられる。たとえば、一部の組織論者は実際にギデンズの構造を文化と読み換えて応用している。さらに、ギデンズのいう構造の三つの次元（意味作用・支配・正当化）は、彼によれば、それぞれ《意味論的規則》のシステム・《資源》のシステム・《道徳的規則》のシステムとして分析することが出来る。[8] このように表現し直すと、ギデンズのいう構造の内、特に《意味論的規則》のシステムと《道徳的規則》のシステム、さらにその様相の解釈図式と規範は、組織で共有される意味や価値のシステムと定義される組織文化の概念とよく似ている。そして何より、ギデンズ自身、構造の意味作用と正当化の部分を統合的に扱えば、それを用いて文化についての議論が出来ると述べているのである。[9] それゆえ、ギデンズをベースとしたMML組織論の構造概念の文化概念への置換可能性は非常に高いと考えられ、また、そこから先述の統合モデルが筆者の求める個人行為と組織文化の相互影響関係、ひいてはミクロ・マクロ・リンク全体をうまく説明するモデルになり得る可能性も非常に高いと考えられる。

しかし、果たしてここまでして組織文化概念にこだわる必要が本当にあるのだろうか？　そもそも筆者の関心は、ミクロ・マクロ・リンク、とりわけ暗澹としたそれを解明するモデルづくりにある。つまり、筆者は、組織の反道徳的な態度に飲み込まれて行為者が不祥事に手を染めていく、あるいは逆に組織の有力者の欲に駆られた行為が組織の道徳的秩序や規範、世界観を歪めてしまうといった現象のメカニズム、そしてそういった状態から脱却するメカニズム、こういったものを解明するモデルづくりに関心があるのである。そうした筆者の関心から

すれば、ギデンズの構造概念の中の文化に相当する部分もさることながら、そこから外れる支配や権力といった部分も非常に重要であり、あえて文化にこだわる必要などないのである。上述の筆者の関心（不祥事に関する記述）を図1に照らすと分かるように、むしろギデンズの構造概念およびそれを踏まえた構造化論を忠実に守ったモデル作りの方が、筆者の関心にあっては意味があるともいえる。ギデンズに全幅の信頼を寄せるには尚早であるが、これを機会に自らの組織文化論ありきの研究スタイルを見直す必要はあるだろう。

七　おわりに

本稿では、ここまでギデンズの構造化論をベースに、個人行為と組織構造の相互影響関係を分析するＭＭＬ組織論の二つの〈試み〉を検討してきた。そして、それにより筆者の関心である個人行為と組織文化の相互影響関係に関する分析モデルの大きな手掛かりを掴んだ。しかし、問題は山積している。たとえば、先述の組織文化概念へのこだわりの問題や筆者のモデルにおける政策提言能力の希薄さ、そして本稿の検討をいかにしたらミクロ・マクロ・リンク全体と関わらせることが出来るかなどといった問題は、早急に検討すべき問題である。それゆえ、本稿の議論が不完全であり、さらなる検討が必要なのは明白であるが、それは別の機会に譲ることにしたい。

注

（1） Giddens, A., *Central Problems in Social Theory: Action, Structure and Contradiction in Social Analysis*, The Macmillan Press, 1979.（友枝敏雄・今田高俊・森重雄訳『社会理論の最前線』ハーベスト社、一九八九年、二九八頁。）

（2） *Ibid.*（前掲訳書、六〇頁。）

（3） Giddens, A., *New Rules of Sociological Method*, Hutchinson, 1976.（松尾精文・藤井達也・小幡正敏訳『社会学の新しい方法基準――理解社会学の共感的批判――』而立書房、一九八七年、一七四頁。）

（4）Giddens, A., *op. cit.*, 1979.（前掲訳書、八七頁。）

（5）*Ibid.*（前掲訳書、八七頁。）

（6）本稿では、Ranson, S., B. Hinings, & R. Greenwood, "The Structuring of Organizational Structures", *Administrative Science Quarterly*, 25, 1980. を中心に検討する。

（7）本稿では、Barley, S. R., "Technology as An Occasion for Structuring: Evidence from Observations of CT Scanners and Social Order of Radiology Departments", *Administrative Science Quarterly*, 31, 1986. を中心に検討する。

（8）Giddens, A., *op. cit.*, 1976.（前掲訳書、一七七頁。）

（9）*Ibid.*（前掲訳書、一七七頁。）

十五　組織論における制度理論の展開

岩橋建治

一　はじめに

制度研究の歴史は古く、多岐の学問分野に渡りそれぞれ独自に展開されてきた。W・リチャード・スコット（Scott, W. Richard）によると、十九世紀から二十世紀への転換期において、経済学ではT・B・ヴェブレンやJ・R・コモンズ等の制度派経済学が見られ、また政治学においても制度に関する同様の議論がなされた。社会学ではデュルケームが、人々の相互作用によって社会的に形成され、かつ拘束的なものと認識される、信念や行為様式の体系としての制度を論じた（Scott, 1995）。本稿は、社会学における制度論の近年における展開の過程で登場してきた、組織論における制度理論（institutional theory）を考察の対象とする。

組織論における制度理論は、コンティンジェンシー理論以降の、特に一九七〇年代以後の組織—環境モデルの有力な理論の一つとして位置づけられている（Meyer and Rowan, 1977；DiMaggio and Powell, 1983）。組織研究において相対的に新しいこの理論は現在もなお発展中である（Scott, 1995）。本稿は、この組織論における制度理論の展開過程を明らかにすることによって、この理論の持っている学説史的な意義と、今後の展開方向を展望したときに生じるいくつかの課題を明らかにしようとしている。

二　組織論における制度理論の背景

1　脱工業化社会の到来と組織

組織論における制度理論の登場した一九七〇年代において、先進諸国では自らの社会が脱工業化社会（D・ベル）へ移行しつつあるとする認識が高まってきた。その社会においては、従来型の工業にかわり、情報や知識等を扱う産業がこれまでと比べより重要な役割を担うようになると論じられてきた。知識を重視する社会の到来である。

こうした社会的変化は、組織に新しい課題をもたらした。脱工業化社会において組織が生存し続けるためには、組織内部の技術的な効率性だけを追求するのではなく、組織の外部から、知識を担う専門職やその知識をもとにした実践的プログラム等を、取り込むことで、組織の社会的な信頼性を表明する必要がある（Meyer and Rowan, 1977）。例えば、安全性と環境汚染についての議論が公共の意見としてわき起こり、その議論が社会的に広くなされるにつれ、組織は、自らの信頼性を保つために、安全性と環境問題に関連した知識を担う専門職やプログラムを、外部から取り込むようになる。そうしなければ組織は社会的な信頼を損なうかも知れないからである。組織にとって知識を取り込むことの重要性は、社会的に知識が重視されるにつれ、ますます高まってくる。

2　知識の社会的構築と制度化

ところで、知識は行為者間の相互作用によって社会的に構築される。組織にとっての知識の重要性の高まりは、組織論にも新しい研究対象をもたらした。現在では多くの論者が各々の視点から知識の社会的構築を問うている—例えば、知識創造理論、組織学習論、またK・ワイク等の解釈的アプローチがそうであるといえる。本稿で述べる組織論における制度理論もまた知識の社会的構築とその組織への影響を論じているが、「制度化」(institutionalization) という視点にその特徴がある。こうした視点は社会科学における様々な制度論からの影響の所産であるが、中でもP・L・バーガー (Berger, P. L.) とT・ルックマン (Luckmann, T.) の現象学的アプローチは、組織論における制度理論の、知識の社会的構築に関する主張の多くに影響を与えている。

バーガーとルックマン（一九六七）は、人々の相互作用によって社会的に構築かつ共有される知識の中でも、特に日常生活での繰り返し (routine) によって構築・共有され、かつ自明視されるに至った知識、すなわち常識的知識 (common sense knowledge) を論じた。彼らは、A・シュッツに依拠して、こうした常識的知識が、われわれの認知する日常世界のリアリティーを、中心的に構成していると主張した。そして彼らは、常識的知識を中心に構成されるこの日常世界が、いかにしてその秩序を保っているのかを問題とした。

彼らによると、その秩序は制度化によって保たれる。制度化へのプロセスは活動の習慣化に始まり、後続世代への引継による対象化で終わる。すなわち、まず制度化に先立って、活動の習慣化が現れる。習慣化は活動の選択範囲を制約するものであるが、しかし逆に、方向づけを欠いた諸々の衝動から生じる緊張の蓄積を解消し、さらに最小限の意思決定によって遂行できるような安定した背景をもたらす。そのため習慣化は活動を制約するだけでなく支援するものでもある。そして習慣化された活動が、行為者のタイプ別によって相互に類型化される時、制度化は常に発生するとバーガーとルックマン（一九六七）は論じる。制度化しつつあるこの類型は、人々の間で対象化される——客観的な出来事として認知される——ことで、後続世代への引継が可能になる。ここに制度は完成する。彼らの言う制度とは、「行為者のタイプ別による、習慣化された行為の一つの相互類型」(Berger and Luckmann, 1967, p. 54) である。そして制度は、特定の社会に広く普及するにつれ、ますます拘束的かつ安定的なものになり、もはや容易には変更できなくなる。そうして日常世界の秩序は保証されると彼らは主張する。

三　組織論における制度理論の登場

組織論における制度理論の基本的な枠組と方向づけは、まずジョン・W・マイヤー（Meyer, John W.）とB・ローワン（Rowan, B.）の一九七七年の論文によってなされた。この論文は多くの論者によって組織論における制度理論の嚆矢として位置づけられている（DiMaggio and Powell, 1991; Scott, 1995）。マイヤーとローワン（一九七七）は、組織構造を変化させる要素として、環境に遍在する諸々の制度的ルールの存在に言及した。彼らによると、制度的ルールとは、交換された象徴化ないし解釈として社会に組み立てられた類型である（Meyer and Rowan, 1977, p. 341）。この概念について、彼らは前述したバーガーとルックマン（一九六七）をもとに説明している。そのため、制度的ルールは社会的に構築された知識であるといえるし、また行為を制約・支援するものでもある。具体的には、環境内において制度化されたプログラム、専門職、ないし技術等を指している（Meyer and Rowan, 1977, p. 344）。そして彼らは、組織の公式構造の変化が、従来の多くの組織論が主張してきたような技術的に合理的な理由だけでなく、環境内での諸々の制度的ルールを組織内部へ取り込むことからも生じると主張した。

さらにマイヤーとローワン（一九七七）は、人々の相互作用によって環境内に生じたこれら制度的ルールの組織に及ぼす影響を次のように論じた。すなわち、諸々の制度的ルールの中でも、その環境内において正統なものと見なされるに至った制度的ルールは、その環境内の組織行動に対しより強く制約・支援するようになる。そして組織にとっては、その環境において正統化された制度的ルールを自らの公式構造の中へ取り込むことが、自らの正統化さらに生存へとつながるようになる（*Ibid.*, pp. 352-353）。組織はこの制度的ルールを取り込むことで、内外に対し、信頼・満足・誠意を、より精緻に表現しようとするようになる（*Ibid.*, pp. 357-358）。

マイヤーとローワン（一九七七）の主張に従えば、環境内の諸組織がそれぞれ同様に制度的ルールを取り込むにつれ、制度的ルールはその環境内で普及する。その結果、制度的ルールは諸組織をますます強く制約・支援するようになる。こうした制度的ルールの働きは後述するように組織構造の同型化の現象を引き起こし、さらには組織環境そのものを制度化する。

四　組織論における制度理論の展開

この理論は、現在、組織環境や全体社会に関するマクロ・レベルでの分析から、個々人の間の相互作用による意識変容に関するミクロ・レベルでの分析に至るまでの、多様な領域・レベルに広がって展開してきた（DiMaggio and Powell, 1983；Oliver, 1992；Tolbert and Zucker, 1996）。しかしながら、論者の多くは制度の定義そのものに対し無頓着で、また強調点もそれぞれ異なる（DiMaggio and Powell, 1991；Scott, 1995）。そこで、このように多様な展開を遂げてきたこの理論について、ここではマクロ・レベルでの制度化、ミクロ・レベルでの制度化、および脱制度化という3つの研究に区分することによって、その理論展開の内容と意義について考察してゆく。

1　マクロ・レベルでの制度化

組織論における制度理論は組織フィールドの枠組をしばしば用いる。P・J・ディマジオ（DiMaggio, P. J.）とW・W・パウエル（Powell, W. W.）によると、「組織フィールド」（organizational field）とは、「諸組織の集合体によって構成される、制度的生活の認識された一領域」(DiMaggio and Powell, 1983, p. 148) である。組織フィールドは一組の多様な諸組織の活動の結果、出現し、そして構造化を始める (*Ibid*., p. 148)。

ディマジオとパウエル（一九八三）によると、組織フィールドの構造化の進展につれ、そのフィールドの内部では制度的圧力が形成される。そして彼らはその制度的圧力が組織構造を変化させると論じている。彼らによると、組織フィールドの構造化の初期段階において、その内部の諸組織はその形態とアプローチにかなりの多様性を見せる。ところが、フィールドが一度確立されると、フィールド内の諸組織は、その構造を互いに「同型化」(isomorphism) させるような制度的圧力にさらされる。彼らはこの制度的圧力を次の三つに区別した。彼らは、「強制的」(coercive) 圧力について、政治的または正統性に関する強制力を述べた。また「規範的」(normative) 圧力については、フィールドの構造化にあわせて進行したマネジメントに関する専門職化とその影響力に言及した。さらに「模倣的」(mimetic) 圧力については、他の成功的な組織の真似をすることがしばしば成功をもたらすという事実を指摘した。彼らの研究以後、組織構造の同型化の現象は、組織環境の制度化を示す指標となった。

マクロ・レベルでの制度化を研究する論者は、この組織フィールドがいかなる条件のもとで秩序づけられるのかを論じているといえる。彼らは、制度的ルール（例えば実践的プログラム等の類型）がフィールド内の諸組織に普及してゆくプロセスを歴史的に説明する。そうした制度的ルールの中には、「自治体の制度改革」(P・S・トルバートとL・G・ズッカー）や「企業統制の概念」(N・フリーグスタイン）等が含まれる。そして彼らは、これらの制度的ルールが諸組織によって取り込まれるのは、組織にとって技術的に合理的であるからというよりも、むしろ究極的には制度的圧力によるものであると主張する。彼らは、そのことをしばしばフィールド内の時間的推移を考慮した計量分析によって明らかにする。そこでは、ある所与の制度的ルールがフィールド内においてて形成された当初、諸組織にはその制度的ルールを相対的に自由に選んだ傾向が見られたが、その制度的ルールが普及し続け、フィールド内での影響力を強めるにつれ、むしろ諸組織に対しその制度的ルールを選ばざるを得ないような制度的圧力がフィールド内部に形成されたと彼らは見る。こうした様々な圧力が、諸組織の行為を制約・支援することで、安定性を生みだし、組織フィールドを秩序づけるのである。マクロ・レベルでの制度化の研究の意義は、組織論における組織―環境モデルに対してこれらの諸点を提示したことに求められる。

2　ミクロ・レベルでの制度化

制度化を主に個々人の間の相互作用から論じる一部の論者は、組織の外部環境という相対的にマクロ・レベルでの制度化を論じる他の論者と比べ、その方法論において大きく異なっている。マクロ・レベルでの制度化の研究において所与の制度的ルールと組織的行為との「相関」を検証する傾向があるのに対し、ミクロ・レベルでの制度化を研究する論者には、バーガーとルックマン（一九六七）のいう現象学的アプローチや、また個別記述的な方法に基づいて、制度的ルールの生成・維持・修正の「プロセス」の説明を行う傾向が見られる。

L・G・ズッカー（Zucker, L. G.）は個々人の認知レベルでの制度化を考察した。彼女は、個々人の相互作用によって生じた共通理解による制度化を論じ、その制度化の度合いが高まるにつれ、その共通理解の世代的一様性、その理解の維持、そしてその理解に対する変化への抵抗もまた大きくなるだろうと主張した（Zucker, 1977）。さらにP・S・トルバート（Tolbert, P. S.）とズッカーは、組織レベルにおける「イノベーション」から「習慣化」(habitualization)、「客体化」(objectification) を経て「沈澱化」(sedimentation) に至る制度化プロセスの現象学的な一般モデルを定式化した。彼女らによると習慣化とはパターン化された問題解決的行動の発展であり、客体化とはこれら行動に取りつけられかつ社会的に共有された意味の発展であると説明される（Tolbert and Zucker, 1996, p. 181)。またS・R・バーレイ（Barley, S. R.）とトルバートはバーガーとルックマンのいう現象学的制度論とA・ギデンズのいう構造化論との統合を企図したモデルを提示した。バーレイとトルバートによると、行為者はスクリプト（制度的ルールのコード化された行動規則性）をもとに制度的ルールを「実現」（enact）し、その行為がスクリプトを修正ないし複製するという（Barley and Tolbert, 1997）。ミクロ・レベルでの制度化の研究の意義は、個々人の間の相互作用による認知レベルでの制度化のモデルを精緻化したことに求められる。

3　脱制度化

さらに、「脱制度化」（deinstitutionalization）に関する研究も進められてきた。制度の安定性と持続性は必ずしも永続的なものではなく、制度は、脱制度化のプロセスによって弱体化し消滅する場合もある。脱制度化の原因として、ズッカー（一九八八）は、不完全な伝達、事情の変化それ自体が圧力になってルールを修正してしまうこと、そして職位占有者の人格的関与による役割侵害を挙げた。またC・オリバー（Oliver, C.）は、脱制度化への圧力として、機能的、政治的、そして社会的な圧力をそれぞれ区別した（Oliver, 1992）。そして彼女は、機能的圧力が生じる条件として、組織のパフォーマンスの程度によることを指摘した。また政治的圧力が生じるのは行為者間の利害関心や拠り所となる組織内のパワーの転移や均衡に依存すると述べている。さらに社会的圧力の生じるかどうかについては、多方面での競争や重複する制度的枠組の存在がそれぞれの安定性を浸害するかどうかに依存することに言及している。

五　おわりに

組織論における制度理論は、制度について、「契約に先立って制度が存在している」（E・デュルケーム）点を重視する。つまり、契約が成立するためにはその契約を望ましいとする価値判断が社会的に共有されていなければならず、そのためには価値判断を可能にする規範、文化、あるいは認知的類型が行為者を拘束していなければならない。ここから、組織論における制度理論は「合理性」という概念もまた一つの社会的に制度化された類型と見なす（Meyer and Rowan, 1977；DiMaggio and Powell, 1983）。このため、組織論における制度理論は、組織内外において行為者を拘束する制度のいわゆる合理的とされる側面よりもむしろ非合理的な側面を強調する傾向を持つ（DiMaggio and Powell, 1991）。またそうした非合理性が実際の組織の活動において頻繁に観察されることから、組織論における制度理論は組織内外での制度化と秩序形成について、そこでの行為者間に共有されたリアリティーを適切に説明しうるメリットを持つ。

しかし、組織論における制度理論が組織の非合理的な現実を暴くことができたとしても、そうした研究が経営管理上さらに社会政策上の実践において直接的な示唆を与えてきたかどうかは、果たして疑問である。例えば、組織進化論のH・E・オルドリッチ（Aldrich, H. E.）は、組織論における制度理論について、環境からの制度的圧力に対する組織や個々人等の反応が受動的なものとして説明されがちであると批判している（Aldrich, 1999, p. 51）。極端に言うと、組織論における制度理論では、能動的に選択する行為者のモデルよりも、むしろ制度的ルールを疑いもなく受け入れる「過社会化」された行為者のモデルが仮定されがちである（この二つの行為者モデルについてはTolbert and Zucker, 1996, p. 176を参照）。こうした行為者によって構成される社会は、確かに安定的ではあるが、変革の期待できないものであろう。現実の世界は絶えず変革されているため、こうした視角から実践的な含意を引き出すことは、直接的には難しい。

こうした問題の克服について、筆者は、むしろP・セルズニックの制度論（Selznick, 1957）にその可能性を見いだす。ディマジオとパウエル（一九九一）は、セルズニックの制度論を組織論における制度理論のルーツとして位置づけている。そしてディマジオとパウエル（一九九一）は、組織論における制度理論（彼らによると「新制度派」）とセルズニックの制度論（同様に「旧制度派」）における強調の相違としていくつかの点を指摘した（DiMaggio and Powell, 1991, pp. 11-15)。例えば、旧制度派が機能主義的に規範レベルでの制度化を論じているのに対し、新制度派は現象学的に認知レベルでの制度化を論じている。そして旧制度派は行為者間の局所的な既得権益や利害対立等のパワー・ポリティクスを強調するのに対し、新制度派は組織環境の全体的な制度化がもたらす間主観的かつほとんど暗黙的な知識の持つパワーを強調している。環境の変革は、しばしば知識よりもむしろ利害対立やパワーによって直接的にもたらされる。組織論における制度理論は、そのルーツであるセルズニックの問題意識に戻り、行為者間の利害対立やパワーによる変革のプロセスを理論的に精緻化することで、より実践的な含意を得ることができるだろう。この課題については別の機会でより詳細に検討したい。

参考文献

Aldrich, Howard E., *Organizations Evolving*, Sage, 1999.

Barley, Stephen R. and Pamela S. Tolbert, "Institutionalization and Structuration", *Organization Studies*, 18, 1997, pp. 93-117.

Berger, Peter L. and Thomas Luckmann, *The Social Construction of Reality*, Doubleday Anchor, 1967.（山口節郎訳『日常世界の構成』新曜社、一九七七年。）

DiMaggio, Paul J. and Walter W. Powell, "The Iron Cage Revisited", *American Sociological Review*, 48, 1983, pp. 147-160.

——, "Introduction", Walter W. Powell and Paul J. DiMaggio, ed., *The New Institutionalism in Organizational Analysis*, University of Chicago Press, 1991, pp. 1-38.

Meyer, John W. and Brian Rowan, "Institutionalized Organizations", *American Journal of Sociology*, 83, 1977, pp. 340-363.

Oliver, Christine, "The Antecedents of Deinstitutionalization", *Organization Studies*, 13, 1992, pp. 563-588.

Scott, W. Richard, *Institutions and Organizations*, Sage, 1995.（河野昭三・板橋慶明訳『制度と組織』税務経理協会、一九九八年。）

Selznick, Philip, *Leadership in Administration*, Harper & Row, 1957.（北野利信訳『組織とリーダーシップ』ダイヤモンド社、一九六三年。）

Tolbert, Pamela S. and Lynne G. Zucker, "The Institutionalization of Institutional Theory", Stewart R. Clegg, Cynthia Hardy, and Walter R. Nord, ed., *Handbook of Organization Studies*, Sage, 1996, pp. 175-190.

Zucker, Lynne G., "The Role of Institutionalization in Cultural Persistence", *American Sociological Review*, 42, 1977, pp. 726-743.

——, "Where Do Institutional Patterns Come From?", Lynne G. Zucker, ed., *Institutional Patterns and Organizations*, Ballinger, 1988, pp. 23-49.

十六　リーダーシップと組織変革

吉村泰志

一　はじめに

一般に社会や経済、または企業組織の変革には、リーダーシップが必要であると言われる。学問的にも数多くの研究がなされ、組織変革における代表的なリーダー行動が解明されている。このように組織変革とリーダーシップの問題は社会的にも学問的にも関心の高いものであるが、現状では、組織変革を説明する理論的枠組みとしてリーダーシップは不十分であると考える。そしてそれは、リーダーシップという概念が組織変革を説明する際に用いる説明論理と説明方法に起因すると考える。以下では、まず既存理論を概観し、何故不十分なのかその根拠を示す。同時にそのような枠組みとなった原因を考え、その後、より現実的なリーダーシップと組織変革の関係を考察し、補完すべき視点を提示したい。なお本論では、具体的なリーダーとしてトップ・マネジメントレベルを想定し、また組織変革を組織変化概念を包括する、組織の構造面のみならず文化面にまで及ぶ変動と解する。(1)

二　組織変革のリーダーシップ

そもそも組織変革におけるリーダーシップとは何か。この問題を追求してきた変革型リーダーシップ論では、現在まで多様なリーダー行動が指摘されているが、しかしその原型はベニス＝ナヌス（W. Bennis & B. Nanus）、ティシー＝ディバナ（N. M. Tichy & M. A. Devanna）、ヒックマン＝シルバ（C. R. Hickman & M. A. Silva）などの一九八〇年代の初期の研究によって構築されている。そこで、これら初期の研究に共通するリーダーシップを検討したい。初期の研究は、リーダーは、①環境探査と自社分析、②戦略的ビジョンの提示、③コミュニケーションによる説得、④実施時の極限追及、⑤変革の制度化、という順序で変革を行うとした。(2)

①の環境探査とは、不確実性を察知するために外部環境を分析することであり、また自社分析は自社内の状況、特に強みと弱みの診断である。そしてこの将来の環境変化と自社現状の把握から、戦略的課題である②のビジョンが明確になるという。ところでこの理論では、ビジョンをリーダーの変革の方向性や目的、組織の将来像などと捉えている。それは単なる無味乾燥な数値目標ではなく、リーダーの夢やロマンなどが付加されたものである。

③のコミュニケーションによる説得とは、変革につきものの抵抗を、コミュニケーションやネットワークを通じてビジョンを浸透・共有させ、協力に変えていくことである。ここで強調されるのが、方向付けに続くビジョンの第二の機能である動機づけである。変革への抵抗は、主に組織成員が既存の価値観や行動様式を容易に変更できないという組織文化に原因がある。抵抗を克服するには、組織成員が自ら新しい共通の価値観や行動規範を受け入れるように仕向け、この文化を変えればよい。そして、ビジョンはリーダーの持つ夢や希望などを伝えられるので、共感を呼び成員を変革へと動機づけ、新たな価値観や行動様式をもたらすことができるという。

変革への理解が得られると、実際の変革活動を行う段階に入る。ここで発揮されるリーダーシップが、あくまでもビジョンに固執し組織成員にその達成を要求する、④実施時の極限追及である。変革型リーダーは非常に目的意識が強い人物であり、彼らは変革を推進する段階では、一心不乱にビジョンに集中し成就するまで忍耐強く努力し続ける。また同様に、成員にも心身共に仕事に打ち込むことを求め、ビジョンを周知徹底させるという。

変革が当初の課題を果たすと、以後も変革の努力と活動が継続されるように、⑤の変革の制度化が行われる。ここでは、ビジョンによって変革された価値観や行動規範を日常の実践活動のレベルにまで落とし込み、再び元に戻らないように新たな文化を定着させることが目的となる。具体的には人材育成が問題になるという。

三　リーダーシップの説明論理と説明方法

近年、このようなリーダーシップによる組織変革の説明に疑問が持たれるようになってきた。ステイシー（R. Stacey）によると、組織成員全員が共通した強い変革願望を持ち、いつまでもその願望にこだわり続けることが変革の成功につながるというこの種の理論の主張は、変革プロセスを極めて安定的なもの、したがって予測可能なものと捉えているという。すなわちこれらの考えは、社内の結束を固め、組織成員を意図（ビジョン）通りに動かすことで変革過程をコントロールし、ビジョン通りの組織を構築しようとする。変革過程が予測可能で意図通り行えるということは、ビジョンを構想した時点で最終的な組織のあり方が定まっていることを意味する。また、そもそも予測可能であるから、ビジョンのような長期目的を策定する意味がでてくるのである。(3)

このような考え方は、組織変革における計画的変化の議論と共通する。田中政光によると、計画的変化では変化が起こると言ってもそれは常に介入者が考えた変化であり、最終的に介入する者が考えたように収斂すると想定されているという。そもそも変化が介入者の考えた形で収まらないなら介入しても意味はなく、計画化は無意味である。想定した変化が起こせるからこそ計画化された変化としての議論が出てくるという。よって、この議論でいくと変革のプロセス自体には意味はない。何故なら解くべき問題は介入の時点で既に確定しており、残されているのはその解決であり、そのために行動するだけなのである。(4)

かくして、変革過程で真に重要なのは②のビジョン提示だけであり、①はビジョン創造の予備作業、③以降は単なる実現過程に過ぎない。変革がこのように単純なプロセスで描かれるのは、この分野の研究者が物事の因果関係を明確で直線的と考えている証拠だとステイシーは指摘する。つまり、ビジョン（原因）をつくると結果（ビジョン通りの組織）が出るという考えである。結果、これらの研究は「ビジョンが成否を決定する」というような、成功を誰かの構想が実現したものとして説明し、変革の成功原因を短絡的にビジョンに帰属させるという。(5)

要するに、既存理論は組織変革を当初のビジョンだけで説明している。このような論理を考える上で事前的合理性という概念が参考になる。事前的合理性とは、試行が行われる以前に目的関数や制約条件が一通り吟味され、各選択肢の結果の事前シミュレーションを経て採用されるべき試行が選択されるという事前能力の一種である。(6) 既存理論では、リーダーは実施に先立つ①の段階で、最善のビジョンを構築すべくあますところなく環境と自社に関する情報を集め、自己の無知を克服し、ビジョンを何度も仮想試験的に実行しておくシナリオ作成が必要になるとする。(7) この主張は当該理論の説明論理（根拠）が、かつビジョンとそれを生み出すリーダーの事前合理的能力であることを端的に示している。しかし、リーダーのみが合理性の制約を逃れるのは現実的ではない。田中は、変革の意図や問題は政治的プロセスによって変質するとしているし、またステイシーも複雑性の科学を援用しつつ、現実世界は小さな変化がエスカレートするので因果関係は複雑であり、したがって組織変革では介入が予想もしない結果をもたらすと述べている。(8)

ただし、リーダーシップは組織変革の説明に人間の能力の限界を超えた要素を持ち込む。確かに人間の合理性には限界があり、意図通りに組織を構築するのは難しい。しかし、ビジョンは単なる合理的計算能力ではなく、洞察力や直感、先見力などによってもたらされるという。ティシー＝ディバナはビジョンの創造は合理的な事業計画の策定以上のものであり、直感力が必要であるといい、またヒックマン＝シルバは、リーダーは洞察力によって問題解決の代替案をいくつもたちどころに考え出すことができるという。(9) そもそもビジョンという概念には、未来について必要な知識がなくとも未来を創造できるという、単なる到達点ではない運命的な意味合いが込められており、(10) これらの理論は、事前的合理性のなかでも超越的な事前的合理性ともいうべき論理を用いている。

このような論理が想定されているだけでも疑問がもたれるが、既存理論は、さらにこの論理を事後的に使用する。これらの研究の多くが採用しているケース・スタディでは、変革後の結果がわかった事例が考察される。したがって、組織変革の展開を遡り、その全体を「スタートさせた当初のビジョンが成功の原因だったと考え、このあと継起した出来事をビジョンの実現だと」述べるような、現実の出来事を取捨選択して解釈する説明方法になるという。(11) つまり、リーダーが超越的な事前合理的能力を持っているという認識で事後整合的に後付けるのであるから、多少強引でも、あらゆる変革過程の現象がビジョンにとって都合よく合理づけられる。以上から、組織変革のリーダーシップによる説明は非現実的で、十分な説得性を持たないといえる。では何故リーダーシップにおいては、現実の変革現象の複雑さを無視し、リーダーの超越性を強調するような原因帰属や解釈が行われるのか。これにはビジョンおよび、組織行動を説明する概念としてのリーダーシップの性質が関係している。

四　ロマンス化されたリーダーシップ

まずビジョン特有の性質がこのような説明を可能にすると考えられる。ビジョンは、あいまいで抽象的な表現が多い。これがビジョンに柔軟さを与え、ビジョンにもとづいた戦略は大枠や方向付けに関しては計画的だが、詳細については創発的だという。つまり大きな方向性だけを示すので、予想外の偶発的事象を取り込みつつ戦略を進めていくことができるという。[12] このようにビジョンの定義があいまいだと、いかなることが起きようとも、それはビジョンの実現によって必然であったと、事後的に解釈し正当づける説明が可能となる。

ステイシーは、リーダーシップによる短絡的な原因帰属を理論的に批判したが、メインデル（J. R. Meindl）らは、リーダーシップと成果の関係に関する調査から、この傾向を実証的に確認し、それがリーダーシップという概念の特徴であると指摘した。彼らは、ウォールストリート・ジャーナルから調査対象企業三四社に関する記事を十年間にわたり調査し、そのタイトルの内容分析から、企業トップのリーダーシップを示唆するような語句や記述が見られる記事とその他の内容の記事に分類し、前者をリーダーシップ志向（強調）の記事、後者を他のカテゴリーに属する記事と定義した。そのうえで、このリーダーシップ志向の記事の頻度数と、各年の企業成果（年間売上高の伸び）およびそれら諸企業を産業ごとにグルーピングした成果（産業成果）との関係を統計的に検証した。その結果、成果が上昇する時期と下降する時期においてリーダーシップに関連する記事が多く掲載されることを明らかにし、さらに、国家の経済状況（ＧＮＰの伸び）が下降する時期において、リーダーシップというテーマで書かれる学位・学術論文が多いことも発見した。以上から彼らは、社会一般に、成果が高いときと低いときにリーダーシップに対する関心が増し、それらの原因をリーダーシップに帰属させる傾向があると仮説化した。さらに、この公刊文章の内容分析から得た仮説を確認するために、引き続き実験室実験が行われた。彼らは大学生に対し、企業成果に関するリーダーとそのチームの物語を読ませ、その成果がリーダーシップによって生じたのか、その他の代替的な要因から生じたのかを尋ねた。物語は、非常に良い結果（大成功）に終わったものから、非常に厳しい結果（大失敗）に終わったものまで、六つのパターンが用意されたが、結果、被験者は成果のレベルが両極端の状況、すなわち大成功と大失敗においてその原因をリーダーシップへと帰属させた。(13)

これらの調査・実験からメインデルらは、組織的な出来事と、その成果を説明する説明概念としてのリーダーシップに認知的なバイアスがかかっていると結論づけている。そのバイアスとはリーダーシップのロマンス化された見方である。リーダーシップのロマンスとは、リーダーシップこそが中心的な組織プロセスであり、組織の機能と不機能を左右する主要要因であるという、ヒロイックな信念である。この見方は、通常の科学的説明を超えた説明力を与える神秘主義でもあり、利害関係者や観察者、あるいは参加者が、因果関係を合理的に推論するための情報を十分に与えられていない状況で、組織活動に関する原因諸力間の無数の相互作用を理解する際に直面する認識的な複雑さに対処しようとする時、つまり因果関係的に不明確であいまいな組織的出来事を理解しようとする時、選好されるという。要するに、その種の複雑さをリーダーシップという簡単な人間的側面に帰結させて縮減しているのである。(14)

組織変革のリーダーシップ論もまた、理解の難しい変革過程を簡潔に説明するために、ミステリアスなものの見方を持ち込み、組織変革の成否をビジョンとリーダーの超越的な事前能力に帰属させていた。このことは、この理論がリーダーシップのロマンスに侵され、大衆誌（マスメディア）や一般大衆と大差がないことを示していると考えられる。言い換えると、これらの社会構成員と共に、集合的意識としての英雄崇拝的なリーダーシップ・イメージを構築していると言えるのではないだろうか。

五　ビジョンと組織変革の関係――結びにかえて――

既存理論が組織変革とビジョン（リーダーおよびリーダーシップ）の関わり合い方をロマンス化しているならば、より現実的なあり方とはいかなるものか、筆者の行った実証研究を引用したい。組織変革には大別して、長期にわたる小・中規模の漸進的変革と急激で大規模な不連続的変革がある。大半の変革型リーダーシップ論が想定し、極度の事前的合理性の論理で説明してきたのが後者である。何故なら、進化的な変革は、組織成員による創発的変化の連続と蓄積によって説明されうるが、革命的な変革が無目的に行われるとは考え難く、その説明には、強烈な目的とその目的を創造する主体（リーダー）の存在を仮定する必要があったからである。[15]

筆者が行った研究は、これらの変革に関連してリーダーがどのようにビジョンに言及するか、というものである。[16] その際、主観の入るケース・スタディではなく、数年間にわたる公刊された資料の内容分析から、ある大企業の不連続的変革および漸進的変革の程度と、その企業の経営者が自己のビジョンに言及する頻度を計測し、両者の関連を定量的に分析した。結果は予想に反し、漸進的変革の程度が事前のビジョンの言及頻度と、不連続的変革の程度が事後のビジョンの言及頻度とタイムラグをもって有意に相関した。つまり経営者がビジョンを提示した後ほど漸進的変革が推進され、不連続的変革が行われた後ほど経営者はビジョンに触れていた。仮に不連続的変革が目的的であるならば、経営者は変革以前にビジョンに言及しているはずである。しかし実際にはそうではなく、ビジョンは不連続的変革を主導せず、逆に、無定向とされる漸進的変革を導いていた。この理由として、変革の規模が大きくなるほど予測が困難になるので、経営者が事前に完全なビジョンを提示できず、むしろ変革後に事前に提示したものを頻繁に修正していた、ということが考えられた。

この結果は、既存理論にはない視点を示唆する。つまりビジョンには、所与の条件として変革を通じて一定不変のまま実現されていく側面だけでなく、変革にしたがって動的に修正される側面があり、またリーダーには、前者の側面で発揮される事前能力だけでなく、後者の側面で発揮される事後能力があることを示す。ステイシーは、既存理論の論理では、失敗したビジョンや同時に存在したかもしれないが時間の経過と共に消えていったビジョンを無視しているという。つまり、リーダーはビジョンを策定しても、実際は歩みながらとるべき方向を発見し修正している。従来では、リーダーは変革行動（過程）が始まる前に学習し、学習した内容をビジョンに盛り込み精緻なビジョンを作るとしているが、結果を予測できない以上、リーダーは当初のビジョンにもとづき変革行動を実施しながら、絶えず行動の結果を内省し学習を行いつつ、ビジョンを具体化していく他ないという。[17]

なお、既存理論の代表的論者の一人であるナヌスは後年の著書『ビジョン・リーダー』（一九九二年）において、この修正側面を大きく取り上げて検討している。彼も、リーダーはビジョンの永続性を望むが、必ずしも思い通りの結果を出せるわけはなく、創造時に適切だったビジョンがそのままであり続けることは不可能であるといい、行動による学習を重視し、ビジョン修正のための情報フィードバック・ループの必要性を説く。修正ループは、ビジョンが組織内でいかにどの程度実行されているかを評価する「監視」と環境変化に応じてビジョン改訂の必要性がどの程度あるのかを評価する「追跡」からなるという。そしてリーダーシップの重要な点とは、これらの変化を監視し必要な軌道修正を行うことにあると述べた。[18]

このような議論は、リーダーシップにおける事後的合理性の重要性を指摘していると考えられる。事後的合理性とは、すでに行われた試行に対して事後的に情報が付与され、合理的な行動としての意味付けや活動の保持・修正を行うという事後能力の一種である。[19] 本論は、リーダーシップによる組織変革の説明枠組みは、ビジョンと組織変革が相互に展開されていく過程を、リーダーの事後合理的能力の観点から説明する論理を採用することによって、ロマンティズムを極力排し、より実際的で統合的なものになると考える。

注

(1) そもそも組織変化という概念は従来、組織の構造や形態の変動を指していたが、やがてその中に行為変動を含むようになり、その延長線上に構造や行為のみならず、戦略や文化までも含めた組織の変化概念として組織変革という言葉が用いられ出したという。大月博司『組織変革とパラドックス』同文舘、一九九九年、五頁。

(2) これらの行動次元は、金井壽宏「変革型リーダーシップ論の展望」『経営学・会計学・商学　研究年報』（神戸大学）第三十五巻、一九八九年、二二六頁の表15を参考にし、Hickman, C. R. and M. A. Silva, *Creating Excellence: Managing Corporate Culture, Strategy, and Change in the New Age*, NAL Books, 1984.（上野　明監修『エクセレントカンパニーを創る』講談社、一九八五年、二二二、二二五、二二八、二三六、二四五、三三九頁。）、Bennis, W. and B. Nanus, *Leaders: The Strategies For Taking Charge*, Harper & Row, 1985.（小島直記訳『リーダーシップの王道』新潮社、一九八七年、四〇、四四、四六、八五、九六、一〇七―一〇八、一一七、一三六―一三七、一五一、一七四、二一一頁。）、Tichy, N. M. and M. A. Devanna, *The Transformational Leader*, Jhon Wiley & Sons, 1986.（小林薫訳『現状変革型リーダー――変化・イノベーション・企業家精神への挑戦――』ダイヤモンド社、一九八八年、六、四〇―四四、九九、一四六、一五一―一五二、一五八、一六二、一七一頁。）から整理した。また以下の行動に関する議論はこれに依拠する。

(3) 以上の議論は、Stacey, R., *Managing Chaos: Dynamic Business Strategies in an Unpredictable World*, Kogan Page, 1992.（石川昭監訳『カオスのマネジメント』ＮＴＴ出版、一九九五年、一六―一七、二〇、五七、一八〇頁。）を参照にしたものである。

(4) 田中政光「組織の変革――組織のダイナミズムはどのようにして生み出されるのか――」佐々木恒男編著『現代経営学の基本問題』文眞堂、一九九九年、七二―七三頁参照。

(5) 以上、Stacey, *op. cit.*（前掲邦訳書、一七、五四―五六頁。）を参照している。また例えば、そうした短絡的な結論は、Hickman and Silva, *op. cit.*（前掲邦訳書、二二九頁。）などで見られる。

(6) 藤本隆弘「企業システムの発生と進化――いわゆるトヨタ的自動車生産・開発システムの事例を中心に――」伊藤秀史編『日本の企業システム』東京大学出版会、一九九六年、三五六頁。

(7) Stacey, *op. cit.*（前掲邦訳書、一六七―一六八頁。）、Hickman and Silva, *op. cit.*（前掲邦訳書、二四五―二四六頁。）参照。

(8) 田中、前掲論文、七三―七五頁、Stacey, *op. cit.*（前掲邦訳書、一八、五五、八〇、一一七、一七五頁。）参照。

(9) Tichy and Devanna, *op. cit.*（前掲邦訳書、一五八―一五九頁。）、Hickman and Silva, *op. cit.*（前掲邦訳書、一五六頁。）参照。

(10) Stacey, *op. cit.*（前掲邦訳書、一七九頁。）を参照した。

(11) Stacey, *op. cit.*（前掲邦訳書、一七七―一七八頁。）にもとづく考察である。

(12) 奥村昭博『経営戦略』日本経済新聞社、一九八九年、一五六―一六〇頁、Nanus, B., *Visionary Leadership: Creating A Compelling Sense*

of Direction for Your Organization, Jossey-Bass, 1992, p. 169.（産能大学ビジョン研究会訳『ビジョン・リーダー――魅力ある未来像の創造と実現に向って――』産能大学出版部、一九九四年、二四〇頁。）、Mintzberg, H., B. Ahlstrand and J. Lampel, *Strategy Safari: A Guided Tour through the Wilds of Strategic Management*, The Free Press, 1998.（斎藤嘉則監訳・木村 充・奥澤朋美・山口あけも訳『戦略サファリ――戦略マネジメント・ガイドブック――』東洋経済新報社、一九九九年、一三二頁。）参照。

(13) 以上、Meindl, J. R., S. B. Ehrlich and J. M. Dukerich, "The Romance of Leadership", *Administrative Science Quarterly*, Vol. 30, No. 1, 1985, pp. 81-86, pp. 88-92. 参照。なお六つの成果レベルは、売上高で大幅プラス・中程度プラス・小幅プラス・小幅マイナス・中程度マイナス・大幅マイナスからなる。また、より詳細な調査内容と結果については同論文を参照のこと。

(14) 以上の議論は次の書に負っている。Meindl, Ehrlich and Dukerich, *op. cit.*, pp. 78-80, pp. 96-97. Meindl, J. R. and S. B. Ehrlich, "The Romance of Leadership and the Evaluation of Oraganizational Perforamance", *Academy of Management Journal*, Vol. 30, No. 1, 1987, pp. 92-93, p. 104.

(15) 以上は主に、Collins, J. C. and J. I. Porras, *Built to Last: Successful Habits of Visionary Companies*, Harper Business, 1994.（山岡洋一訳『ビジョナリーカンパニー――時代を越える生存の原則――』日経ＢＰ出版センター、一九九五年、二四五頁。）、Tushiman, M. L. and C. A. O'Reilly III, *Winning Through Innovation: A Practical Guide to Leading Organizational Change and Renewal*, Harvard Business School Press, 1997.（斎藤彰悟監訳・平野和子訳「競争優位のイノベーション――組織変革と再生への実践ガイド――」ダイヤモンド社、一九九七年、二六一三一頁。）を参考にした議論である。

(16) 詳しくは、拙稿「経営者のビジョン提示行動に関する内容分析的研究――環境・状況、組織変革との関連を中心にして――」日本経営学会編『経営学論集七十二集 二十一世紀経営学の課題と展望』千倉書房、二〇〇二年、二二四―二二五頁を参照されたい。

(17) 以上は、Stacey, *op. cit.*（前掲邦訳書、四一、一一八―一二〇、一六二、一六四、一七七―一七八頁。）にもとづいている。

(18) Nanus, *op. cit.*, pp. 157-158, pp. 159-161, p. 167.（前掲邦訳書、二二四―二二五、二二七―二二九、二三七頁。）参照。ナヌスはベニスとの前著において修正側面について触れており、その重要性を無視していたわけではないが、ただしその記述は、Bennis and Nanus, *op. cit.*, pp. 102-103.（前掲邦訳書、一〇四頁。）でわずかに見られるだけであり、単なる指摘にとどまっていた。

(19) 藤本、前掲論文、三五六―三五七頁。

十七　ブライヒャー統合的企業管理論の基本思考

山縣正幸

一　序

ドイツ経営経済学においても、企業管理の問題は早くから重要なテーマの一つとしてとりあげられてきたが、本格的な体系化がおこなわれるようになったのは第二次世界大戦後のことといわざるをえない。そのなかで、ここにおいてとりあげるブライヒャー（Bleicher, K.）もまたドイツ語圏における企業管理論の発展に大きく貢献してきた研究者の一人である。

ブライヒャーはベルリン自由大学においてコジオール（Kosiol, E.）の薫陶を受け、早くからシステム志向的な経営経済学ないし企業管理論を展開してきた。その彼が長年の研究にもとづいて企業管理論の諸知見を理論的に体系化したのが、一九九一年に発表された『統合的マネジメントの構想』（Das Konzept integriertes Management）であり、一九九四年の『規範的マネジメント』である。(1) この構想は、現在のように社会経済的環境が複雑化・動態化しているなかで、企業管理職能もまたきわめて多岐に分化している状況を克服し、将来的な企業発展を導き出すためにはこれらの諸職能をいかにして統合的に理解すべきなのかという問題意識から生まれ出ている。

本稿では、この統合的企業管理論の基礎をかたちづくっている理論的枠組に焦点をあてて考察してみたい。

二　企業の指導原理としての企業発展

ブライヒャーは経営経済学を「経済的現象としての企業と市場に関するマネジメント論」と理解している。(2) このような理解からは、伝統的に経営経済学においてうけつがれてきた経験対象の枠組を維持し、そのなかにマネジメント論の内容を摂り入れることで、経営経済学を企業管理論として展開しようとする意図を認めることができる。このような方向性はすでにラフェー（Raffée, H.）やキルシュ（Kirsch, W.）などにおいて見られる。

このように、ブライヒャーは経営経済学を実質的に企業管理論として展開せんとしているのであるが、ここで問題となるのがマネジメント＝管理職能は企業のいかなる指導原理に即して遂行されるのかということである。企業の指導原理を奈辺に見定めるかということについてはさまざまに議論がおこなわれているが、一九六〇年代以降のドイツ経営経済学においてしばしばとりあげられるようになったのが、企業成長（Unternehmungswachstum）ないし企業発展（Unternehmungsentwicklung）という概念である。(3) ブライヒャーも早くから企業規模の変更と組織構造との関係について関心を寄せていたようであるが、本格的に企業発展という概念を取り扱うようになったのは、一九七九年に出された『企業発展と組織的形成』においてである。(4) これ以降、ブライヒャーは企業発展という概念を軸として企業管理の諸問題についての考察を展開することになる。

では、この企業発展という概念をブライヒャーはどのように理解しているのか。彼はこの概念を、企業の内部環境と外部環境の要請や可能性の緊張領域に存在する経済志向的な社会システムの進化という時間的現象として把握している。(5) より具体的に述べれば、企業発展とは企業の参加者や構成員に効用をもたらすために企業の諸ポテンシャルを変化させることであり、その際には意図された企業発展と実現された企業発展は往々にして相違するため、企業発展の形成可能性と統御可能性の問題に焦点があてられるということ、さらに企業発展には自己進化的な側面も含まれており、完全に作用を及ぼし得るものではないといったことに眼目がおかれている。この企業発展というのは、結果的に企業の維持・存続という考え方と密接につながっており、しばしばとりあげられる企業成長という概念は企業発展の指導的なモティーフとなっている。ブライヒャーはかかる企業発展概念について統合的マネジメントを規定するものと理解しており、この理論構想において展開される企業管理の諸要素は企業発展に仕えることによって意義を有するものとなるのである。

三　マネジメント概念の規定

では、その企業発展に仕えるところのマネジメントという概念をブライヒャーはどのように規定しているのであろうか。ここでとりあげられているのが、ウルリッヒなどに代表されるシステム志向的経営経済学の思考と、コジオール学派のシュミット（Schmidt, R.-B.）によって代表される企業用具説的経営経済学の思考である。

システム志向的経営経済学ないし企業管理論は企業を生産的な社会システムとして捉え、社会的事象をも含めた複雑な企業の諸現象を把握し、その形成モデルを描き出さんとするところに特徴がある。このシステム志向的な経営経済学ないし企業管理論においては、システムとしての企業の発展をいかにして導き出すのかということが問題となっている。その際、発展を導き出すのが形成（Gestaltung）と統御（Lenkung）であるとされている。形成とは、ある社会システムが目的を達成するために生存能力や発展能力を確保し得るような枠組をかたちづくるということであり、企業にとって発展をめざすうえでの活動許容領域、あるいは発展への途脈が示されることになる。統御とは、形成によって明確化された途脈のなかで、ある一定の行動様式を選び出し、実現するということであり、これは目標の決定と、その目標を達成するための活動の確定・実現・統制によってなされる。そして、これらの二つの要素が相互に作用しあって、発展が導き出されるのである。

一方、企業用具説的経営経済学においては、企業をとりまく多元的な利害関係をどのように調整し、成果の獲得や分配ということにつなげてゆくのかということが問題となる。したがって、企業用具説的思考にもとづくマネジメント概念においては、企業の経済的活動をめぐって生じるさまざまな利害をどのように調整するのかということに焦点があてられる。その際には、企業の内部と外部において存在している利害関心を調整しなければならない。外部における利害に関しては、企業外部の利害関係者から持ちこまれた利害を如何にして調整するのかということが問題となる。その一方で、企業は内部的にも高度に分業化されたシステムであり、ここで生じる利害をも調整しなければならない。このように、長期的な観点にもとづいて企業の内部と外部に生じる利害を調整することがマネジメントの課題であると規定されるのである。

これらの二つの概念規定は、企業が直面している問題を反映しているものといえるであろう。ブライヒャーはこの二つの問題を統合的に把握するために、ルーマン（Luhmann, N.）の社会システム理論、とりわけ「複合性の克服」（Komplexitätsbewältigung）という概念に依拠してマネジメント概念を規定せんとしている。それに先立って、簡単に「複合性」（Komplexität）という概念について確認しておく必要があろう。[6] ルーマンによれば、複合性とは構造的に許されている要素間諸関係の量的大きさであるのみならず、その諸関係の選択性（Selektivität）のことをさす。すなわち、いかなる要素といかなる要素が関係をもちうるのかということである。しかも、それらの要素との関係は選択的にのみ取り結ぶことができるという状態をさしている。かかる状況において、システムは自らのアイデンティティを明確化してゆくことによって、相即的に「環境」（Umwelt）の構想を描き出してゆく。そして、システムは自らの複合性と環境の複合性の較差を操作可能な程度に維持することで、システムの存在を維持しようとするのである。[7] その際には、複合性の縮減と増大という二つのはたらきが含まれるのであり、これが「複合性の克服」として理解されているのである。

では、「複合性の克服」とはどのようにしておこなわれるのか。ここで重要となるのが、「構造」(Struktur)・「過程」(Prozess)・「意味体系」(Semantik) という三つの要素である。システムは自己複合性と環境複合性の較差を操作可能な程度に維持することによって、自らの生存維持を図る。それゆえ、システムはつねに「選択」ないし「意思決定」をおこないつづけている。その際、「選択される代替案」と「選択されない代替案」が区別される。これを区別するのが構造である。ここから、構造は選択可能性の範囲を限定するというはたらきをもつことになる。そして、その限定された選択可能性の範囲のなかで特定の選択がおこなわれるのが過程である。このような選択がおこなわれる際には、いうまでもなく何らかの選択規準が必要となる。これに相当するのが意味体系である。かかる枠組によって、「複合性の克服」がおこなわれるのである。そして、これらの一連の諸行為は、環境複合性の増大に対応してシステムの選択可能性の限界を拡大するという意味での構造的拡大を促すことになる。[8]

ただし、マネジメント概念を「複合性の克服」と捉える考え方はウルリッヒ／プロープスト (Probst, G. J. B.) によっても示されている。ただ、ブライヒャーに特徴的なのは、企業をとりまく環境として利害関係者集団の問題を重視しているという点であり、これらの諸集団との関係を維持・構築してゆくことがマネジメントとしての複合性の克服の一環として捉えられているという点である。[9] では、実際にどのようなかたちでブライヒャーは「複合性の克服」というマネジメント概念の規定を活かした企業管理論の構想を描き出しているのであろうか。

四　統合的マネジメントの構想

企業をとりまく社会経済的環境の複雑化・動態化の増大は、結果として全般的企業管理の必要性を高める。そこで、ブライヒャーは企業管理職能を階層的次元と様態的次元という二つの次元にもとづいて分化し、それをまた統合的に説明せんとしている。このうち、階層的次元に即して企業管理職能を分化・統合することを水平的統合と呼び、様態的次元に即して分化・統合することを垂直的統合と称している。

まず、マネジメントの階層的次元について考えてみよう。この階層的次元をどのように分類するかは論者によってさまざまであるが、ブライヒャーは規範的（normativ）・戦略的（strategisch）・業務的（operativ）という区分を用いている。規範的マネジメントの次元における主要課題は企業の社会経済的な存在意義を基礎づけることであり、企業にとっての全般的な目標や原理、枠組といったものを規定することである。ここでは、企業理念にもとづいて形成される企業政策や企業体制、さらに企業文化といった要素が問題となる。それを承けて、戦略的マネジメントにおいては、規範的マネジメントにおいて基礎づけられた企業の諸行為が経済的に方向づけられることになる。すなわち、実際に成果を獲得してゆくためのプログラムや、それを達成するための組織構造ないしマネジメント・システムが形成されることになるのである。さらに、業務的マネジメントにおいては、戦略的マネジメントにおいて規定されたプログラムが経済的効率という基準に即した具体的な指令として提示され、またそれを実現するための組織化過程や処理システムが形成され、さらには従業員の給付行動や協働行動についても焦点があてられることになる。もちろん、これらの諸階層は相互に密接な関係を有しており、特に企業発展にとって重要な問題が生じたときには、次元をさかのぼって業務的マネジメントから戦略的マネジメントや規範的マネジメントに影響を与えることも考えられるのである。

このような階層的区分と同時に、階層をつらぬく垂直的な視点から企業管理職能の分類を考えることができる。すなわち、活動（Aktivität）・構造（Struktur）・行動（Verhalten）という三つの様態による分化・統合である。活動においては、企業発展を達成するための諸行為の方針を具体的に示してゆくことが問題となる。したがって、行為要求（Handlungsaufforderung）ということに焦点があてられることになり、規範的次元では企業政策的基本方針すなわち使命（Missionen）が展開される。そして、この使命は戦略的次元において、プログラムとして定立され、さらに業務的次元において指令として行為の具体化を要求する。

構造領域においては、上述の活動を実際に遂行するための構造的枠組を形成することに焦点があてられる。したがって、まず規範的次元においては企業体制が形成され、マネジメントの諸行為は正当化されることになる。これを承けて、戦略的次元において組織構造ないしマネジメント・システムが形成され、さらに業務的次元において、処理システムによって操作される諸行為の組織化過程が問題となる。

行動領域においては、企業の担い手による活動の実際的な具現化という側面がとりあげられる。そこでまず問題となるのが、企業文化である。この企業文化は、戦略的ないし業務的行為における企業の協働者の将来行動を規範的次元において規定づける。また、戦略的次元においては追求されている行動が具現化されるのであるが、このような具現化は行為担い手の役割や担い手の管理ないし学習行動にあらわれる。このことから、戦略的次元での課題は担い手に対して行動を導くように影響を与えることであると理解されるのである。さらに、業務的次元においては労働過程における給付行動や協働行動の様式が規定される。このブライヒャーの構想は図1のように示される。(10)

このように、統合的マネジメントの構想においては、さまざまな様相を示す企業管理職能が統合的な連関のな

図１　統合的マネジメントの体系

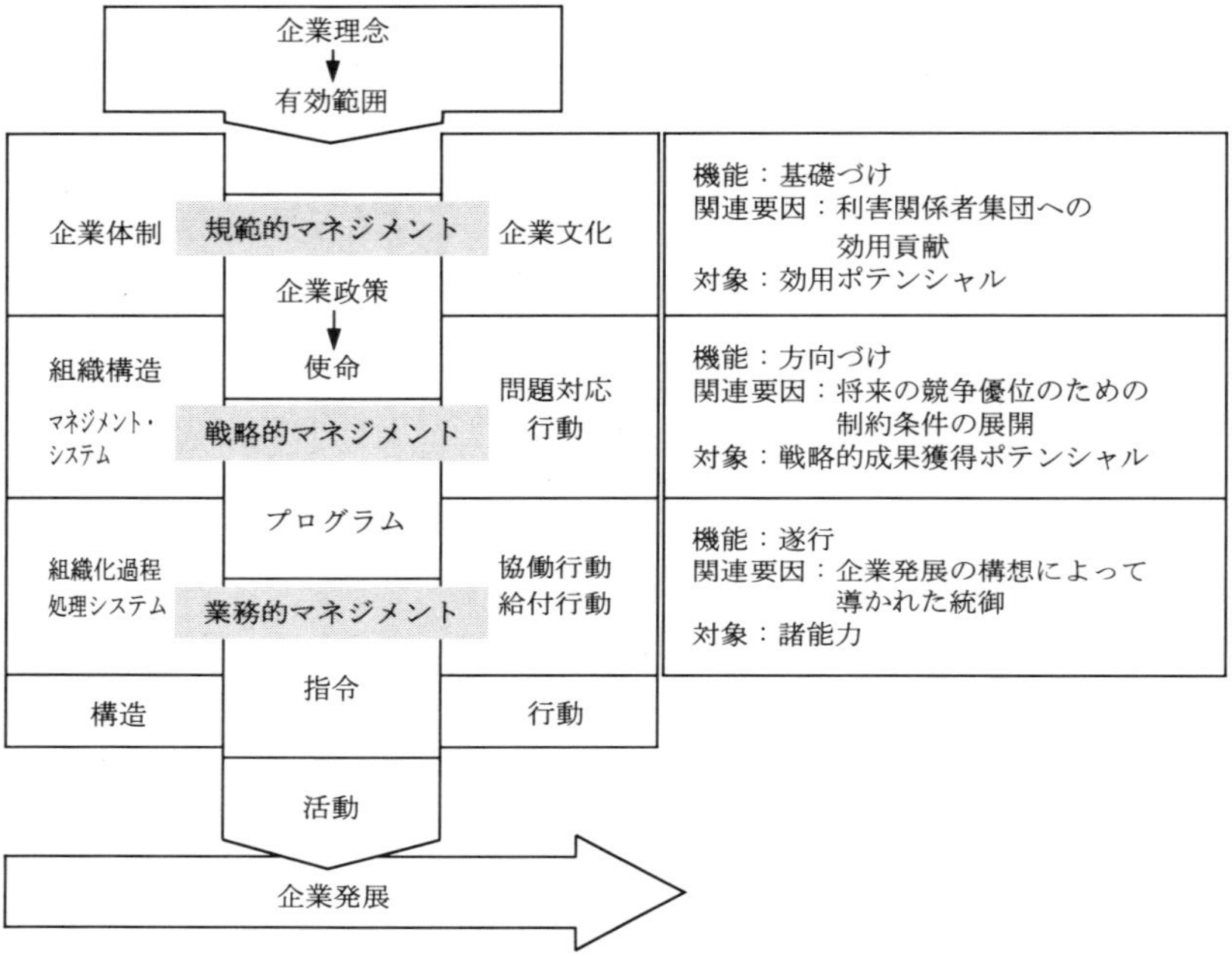

出所：Bleicher, K. : Marketing im Spannungsfeld von Wettbewerbs-und Potential-orientierung, S. 45.

かで捉えられている。なかでも、トップ・マネジメントの問題に限定していうならば、企業政策と企業体制という全般的企業管理にとってきわめて重要な二つの要素が企業理念や企業文化といった要素とともに、統合的な枠組のなかで捉えられている。このことは、近年の喫緊の課題であるコーポレート・ガバナンスの問題を考察するうえで、ブライヒャーの理論構想の特長として注目されるべきであると考えられるのである。

ここで、前節で述べた「複合性の克服」と統合的企業管理論構想とのかかわりについて付言しておきたい。すでに述べたように、社会システムは過程（機能）と構造という二つの要素によって複合性の克服を図らんとしている。さらに、ルーマンはこれらの諸行為の根底にある要素として意味体系の重要性を指摘しているのであるが、この意味体系がブライヒャーの構想では、企業理念として捉えられているのである。この企業理念にしたがって、活動としての企業政策がおこなわれ、将来的な企業の維持発展への途脈がかたちづくられる。この活動としての企業政策はルーマン理論にいう「過程」として捉えられており、企業がなす行為の機能的な側面をあらわしている。企業政策は将来的な企業の維持発展をめざしている。そのためには、偶発性に対応し得るように、選択能力としての複合性を一定の程度で維持しておかなければならない。とはいえ、企業が維持し得る複合性には限界がある。そこで、この複合性を縮減するために、構造としての企業体制がつくりだされる。それによって、企業が将来とり得る行為の枠組が明確化されることになる。このように、「意味体系」としての企業理念にもとづいて、「過程」としての企業政策と「構造」としての企業体制を相互に絡みあわせることで企業発展を導き出すことが、ブライヒャーの理論構想の根幹をなしているのである。[11]このように、企業と社会経済的環境との関係のなかで企業管理＝マネジメントという行為を捉えようとしていること自体は伝統的な考え方であるとはいえ、企業管理における過程的側面（活動）と構造的側面を「複合性の克服」という概念によって結びつけて考察せんとしている点は、この理論構想の特長を方法論的に支えるものとして注目しておく必要があろう。

五　結

以上、ブライヒャーの統合的企業管理論の構想の基本的な枠組について考察をおこなった。すでに述べたように、彼の理論構想は社会経済的環境が複雑化・動態化している現状にあって、企業発展を可能にするためにはいかにして企業管理がおこなわれるべきであるのかという問題意識が根底に存在している。彼がめざしているのは、ドイツ企業管理論において伝統的にうけつがれてきた「企業発展にとって合理的な管理」の理論を構築することである。その際に、システム志向的経営経済学と企業用具説的経営経済学がルーマンの社会システム理論によって統合されているという点に注目しなければならない。ブライヒャーは企業発展という概念を主軸とした利害多元論的な企業管理論を構築せんとしている。このような方向性は環境保護ないしエコロジー志向的な経営経済学を展開せんとする研究者たちによって多くうけつがれている。

ただ、一つ注意しておかなければならないのは、一九九四年の『規範的マネジメント』においては企業文化の問題がとりあげられていないということである。たしかに、企業文化の問題は他の要素と異なり、意思的な側面としてのみ把握することはできない。しかし、ブライヒャーの構想においては企業文化もまた企業管理の要素の一つとして包摂されているのである。一定の方法論にもとづいて全般管理職能について論じようとするならば、この構想に企業文化をどのように含みいれてゆくのかということは、きわめて重要な問題となってくると考えられる。

本稿においては、この統合的企業管理論の基本思考について考察をおこなったのであるが、ブライヒャーは特に企業上層部の全般的管理職能としての規範的マネジメントの問題に焦点をあてている。そこで、期を改めて『規範的マネジメント』において集中的にとりあげられている個々の構成要素について、それぞれの内容と相互の連関を明らかにし、ブライヒャーの統合的企業管理論の全体像を明らかにしたいと考えている。

注

(1) Bleicher, K.: *Das Konzept integriertes Management*, 1. Aufl., Frankfurt am Main/New York 1991, 5. Aufl., 1999, derselbe: *Normatives Management -Politik, Verfassung und Philosophie des Unternehmens*, Frankfurt am Main/New York 1994. 山縣正幸「統合的企業管理論の基本構想」『関西学院商学研究』第四九号、二〇〇一年、二二三―二三八頁。

(2) Bleicher, K.: Betriebswirtschaftslehre -Disziplinäre Lehre vom Wirtschaften in und zwischen Betrieben oder interdisziplinäre Wissenschaft vom Management? in; Wunderer, Rolf (Hrsg.): *Betriebswirtschaftslehre als Management- und Führungslehre*, 3. Aufl., Stuttgart 1994, S. 91 ff.

（3）　たとえば、ベリンガーは企業発展の動態的考察の重要性を一九六七年に指摘している。Bellinger, B.: Geschichte der Betriebswirtschaftslehre, Stuttgart 1967, S. 87 f.（高橋俊夫訳『経営経済学小史』ミネルヴァ書房、一九七一年、一〇八—一〇九頁。）

（4）　Bleicher, K.: *Unternehmungsentwicklung und organisatorische Gestaltung*, Stuttgart / New York 1979.

（5）　Vgl. Bleicher, K.: *Das Konzept integriertes Management, a. a. O.*, S. 485.

（6）　なお、この Komplexität という概念については「複雑性」「複合性」という二つの訳語があてられている。たとえば、ウルリッヒ／プロープストは複雑性（Kompliziertheit）と複合性（Komplexität）を截離したうえで、前者を「構成の仕方」、後者を「時間的可変性」として捉えている。すなわち、静態的であるか動態的であるかという基準によって概念規定しているのである。また、長岡克行教授は複雑性を「システムを構成している要素の数」とし、複合性を「要素間の関係の数」としている。ここから知られるように、複雑性というときには静態的な視点でシステムを構成する要素の数ということが理解されている一方、複合性というときには動態的な視点で要素間の諸関係の数ということが理解されているのである。それゆえ、この Komplexität という概念は、上述のルーマンの概念規定を考えあわせても基本的に「複合性」として理解されるべきなのである。Ulrich, H. / Probst, G. J. B.: *Anleitung zum ganzheitlichen Denken und Handeln*, 4. Aufl., Bern 1995.（清水敏允／安西幹夫／榊原研互訳『全体的思考と行為の方法』文眞堂、一九九七年、五八頁。ただし、原文引用は以下によった。Ulrich, H. / Probst, G. J. B.: *Anleitung zum ganzheitlichen Denken und Handeln*, in: *Hans Ulrich Gesammelte Schriften*, Bd. 3., Bern / Stuttgart / Wien 2001, S. 61.）長岡克行「訳注3」ニクラス・ルーマン／長岡克行訳『権力』勁草書房、一九八六年、二〇一頁。

（7）　Vgl. Luhmann, N.: *Soziologische Aufklärung -Aufsätze zur Thorie der Gesellschaft*, Bd. 2., 3. Aufl., Opladen 1986, S. 207.（土方昭監訳『社会システムと時間論』新泉社、一九八六年、二二五頁。）derselbe: *Soziale Systeme -Grundriß einer allgemeinen Theorie*, Frankfurt am Main 1984.（佐藤勉監訳『社会システム理論』［上／下］恒星社厚生閣、一九九三年／一九九五年。）

（8）　この構造的拡大をルーマンは「発展」と称している。Vgl. Luhmann, N.: *Soziologische Aufklärung, a. a. O.*, S. 205 f.（土方昭監訳、前掲訳書、二二三—二二四頁。）

（9）　ただし、ここで意思決定という行為が複合性の克服のための行為であることに留意しておく必要があるだろう。というのも意思決定とは、ルーマンの概念規定にしたがうならば、何らかの期待にそった行為をするのか否かということを択一するということである。この意思決定がおこなわれることによって、それが期待にそった帰結を生み出すかどうか（偶発性［Kontingenz］の問題）は別として、複合性の縮減ないし増大が図られているからである。

（10）　Bleicher, K.: Marketing im Spannungsfeld von Wettbewerbs- und Potentialorientierung, in: Bruhn, M. / Steffenhagen, H. (Hrsg.): *Marktorientierte Unternehmungsführung*, Wiesbaden 1997, S. 45.

（11）　いうまでもなく、企業発展は企業の社会経済的環境との関係において規定されることになる。ブライヒャーの示している図1においては外部環境との関係が明示されていないのであるが、これはすべての次元において考慮されるべき問題であり、マネジメント概念の根幹をなしている「複合性の克服」という概念それ自体が、システムとしての企業とその環境との相互関係においてのみ捉えられうるという点に注意する必要がある。

十八　エーレンベルク私経済学の再検討

梶脇裕二

一　はじめに——問題の所在とアプローチ——

エーレンベルクらに向けられた「にせの価値自由な傾向的な連中」というウェーバーの痛烈な批判は、エーレンベルクの当時における学界の評価を決定的なものにした。以後彼の所論に関する考察においては、常に大資本擁護というイデオロギー的側面が付きまとい、それが本質的な彼に関する学史的意義を追究する妨げになってきたように思える。ところが最近においてシュナイダーは、エーレンベルクの学説が価値自由科学を志向しているものと指摘し、それを擁護する主張を行なっている。(1) 彼の方法論的科学性を疑わせてきた「傾向」を取り除いてみてみると、たとえば、その主張にみられる「所有と経営の分離」論、行動仮説の再設定等は爾後の経営学の発展に欠かせない諸概念であり、それらを彼がドイツ経営経済学（以下ドイツ経営学）の成立期に、あくまでドイツ的な伝統に従って指摘していたことは学史的意義からみて、強調してもし過ぎるということはない。そういう意味で彼の理論に対して従来の研究が十分でなく、その学説的特徴や学史的意義について再検討の必要があると筆者は考え、本稿ではエーレンベルクに焦点を当てた。

ところで、彼の学史的意義を検討するには一定の学史的な視座が要求されよう。ドイツ経営学の学史構想で最も広く流布しているものはシェーンプルークの提示した三方向であると思われる。しかし一九六〇年頃においてはドイツ経営学内で方法論的考察が一段と進み、とりわけ論理実証主義を基底にして科学の境界設定基準の議論に深く関与する試みが現れた。だが、論理実証主義が境界基準として設定した有意味性における検証可能性に対してはポパーが徹底的に批判している。ところがまたポパーの認識進歩主義の観点に立脚した学史構想にしても、それが要請する厳格な条件のため具体的な形をとった例はほとんどないといわれている。クーンやラカトシュによって導入された歴史的パースペクティブ・アプローチについても主観的要因の排除や理論選択時の方向指示的導きの欠如等の問題が残る。ファイヤアーベントの方法論的アナーキズムやローダンの研究伝統概念を用いた二元的合理性基準は、科学史を構成する場合の合理的判定基準へのそれぞれの対応と考えてよいものであろう。

科学哲学内のこうした事情からも分かるように、ドイツ経営学内で本格的な学史構想の統一的認識に関するコンセンサスは、なお希薄である。それゆえ本稿では学史的視座を固定化し、その視点から個別学説を評価する方法は避け、学史構想の深化を図る意味においても、学史構想を構成する要素とみられる諸点から個別学説の特徴を浮彫りにし、その要素から個別諸学説を比較考量するアプローチをとりたい。

そこで、まず学史構想を構成する要素を問題意識（世界観）、基礎概念（仮説、モデル等）、研究対象（選択原理）、科学的方法、目的と設定し[(2)]、これら諸要素からドイツ経営学成立期の中で展開されたエーレンベルクの所論を吟味し、さらに伝統的学史構想内での比較考量を通じて彼の理論の意義を検討していく。

二　エーレンベルク私経済学方法論の特徴

1　問題意識（世界観）

ドイツ商業教育協会の有力な協力者であったエーレンベルクは新設の商科大学において中心的科目になる経済学研究の必要性を説き、その提唱を試みたのであるが、その際、当時のメンガー＝シュモラー論争を意識して、理論的方法と歴史的方法とを区別する問題について態度表明を行なわなければならなかった。彼は、一方でコントの「三段階の法則」に基づき、当時の経済学研究において経験的妥当性を問わない方法論が主流であることに対して、一般認識獲得上重大な欠陥があると批判する。他方で歴史学派の個別的・細目的歴史研究に対しても、それが一般理論構築を放棄したものであり、政治的傾向を有する方向であるがゆえ支持できないものとする。

エーレンベルクがその主張の通り、実証主義的に社会事象を把握しようとし、知識の源泉を経験的所与たる事実に限定する立場に立っていたとするならば、その世界観は恐らく科学主義的なものに根差していたであろうし、認識論は経験主義を志向するものになっていたであろう。

2　基礎概念

基礎概念の中で特にエーレンベルクが問題にしたのは行動仮説である。古典派理論が「利己主義」を自然事実とみなしてそこから自然法則を要求したことに彼は反対し、「経済人」モデルを再検討しようと、会計資料の活用を通じて、「自利心」と結びついた資本家とは別の経済主体を実在化させることを要請する。たとえば、「貸借対照表の意義」を考察する論攷で、責任企業財産（verantwortliches Unternehmungsvermögen）の規定のうちに企業実体観を特徴づけ、企業者と資本家との人的統一を解体させる主張を行ない、資本家と分離した企業者の独立的地位の中に企業概念の一つの本質を措定している。

またロストックにおける事業会社の会計資料を精査する中で彼は、労働者に対する企業者の指揮権限の掌握を仮定している。それは、企業者が給付活動のリスクのうち最も重要な創業リスクと労働リスクを負担することに裏付けられており、これらリスクを回避するために、企業者は高度な倫理心を内在的動機にして、専門知識を駆使しながら経営資源を有機的に編成し企業の効率的運営に努めるものとする。そこにエーレンベルクは企業者の実質的指揮権限の正当性を認めている。このような正当性をもつ企業者が労働者に対してもつ関係は「事業利害」(Geschäftsinteresse) に即した共同体関係である。

3　研究対象（選択原理）

彼が経済学研究の新機軸を打ち出すにあたって研究対象に設定したのが「経済諸単位」である。特にその中でも企業に第一義的な重要性を与え、具体的考察に際しては企業の収益性 (Rentabilität) に直接影響を与える諸事実（生産費用、生産物の価格形成、純収益）に注目するとしている。こうしたことからエーレンベルクは選択原理を「収益性」とし、対象を「企業」に定めたと考えて差し支えない。ただし彼の純収益（利益）概念は労働共同体思考に立って、内部留保金、企業者報酬、労働者賃金から構成されると考えられ、資本家による剰余価値搾取の側面を利益概念から払拭することに腐心していたことがここから推察される。さらにこうした考えには、利益はいわゆる資本家所得を除く付加価値的側面を有しており、それゆえ私経済学は特定の主体に直結する利潤を追求するための学問ではなく、付加価値的収益を獲得する企業をあくまで純粋理論的に加工するものであるという主張があるように思える。

ところでエーレンベルクは国民経済学者として企業が肢体的性質をもち、国民経済の欲求充足機能を担うところにその社会的責務があると研究当初から認識していた。そうすると、いわゆる彼の「転向」の意味が見えてくる。それは、国民経済が経済諸単位から構成されるという彼の考えの元来の規定に立ち戻ることであって、それらの存続条件を精密比較法を通じて解明するところに経済学研究の本来的意義があることを主張するものであり、私経済学研究が営利経済単位のみを研究対象に特定することをもって御用学問と指弾されるのであれば、特別に「私経済学」という名称に固執する理由はないということの帰結であったであろう。

そのような見方からすれば、選択原理にも当初から全体的観点が含意されていた可能性がある。その場合には企業者報酬と労働者賃金という所得の向上と費用との生産性関係が特に問題になると思われる。

4　科学的方法

一般に認識獲得法の争点としては、演繹対帰納という対立構図が想定されるが、ここでは一般認識獲得法における「発見の文脈」と「基礎づけの文脈」の観点から再構成された図1のような枠組みの中で彼の科学的方法の性格を論ずる。

さて、エーレンベルクは精神科学の精密科学化の方途として自然科学の実験手法が精神科学で適用不可能であることから、比較手法を代替的な手段に選択している。そこでは貨幣的評価がその尺度となるため、簿記が特に重要となる。この簿記によって確定された経済諸事実を比較単位として活用し、一つの観察対象を長期にわたり徹底的に観察・分析す

図1　一般認識獲得法の過程

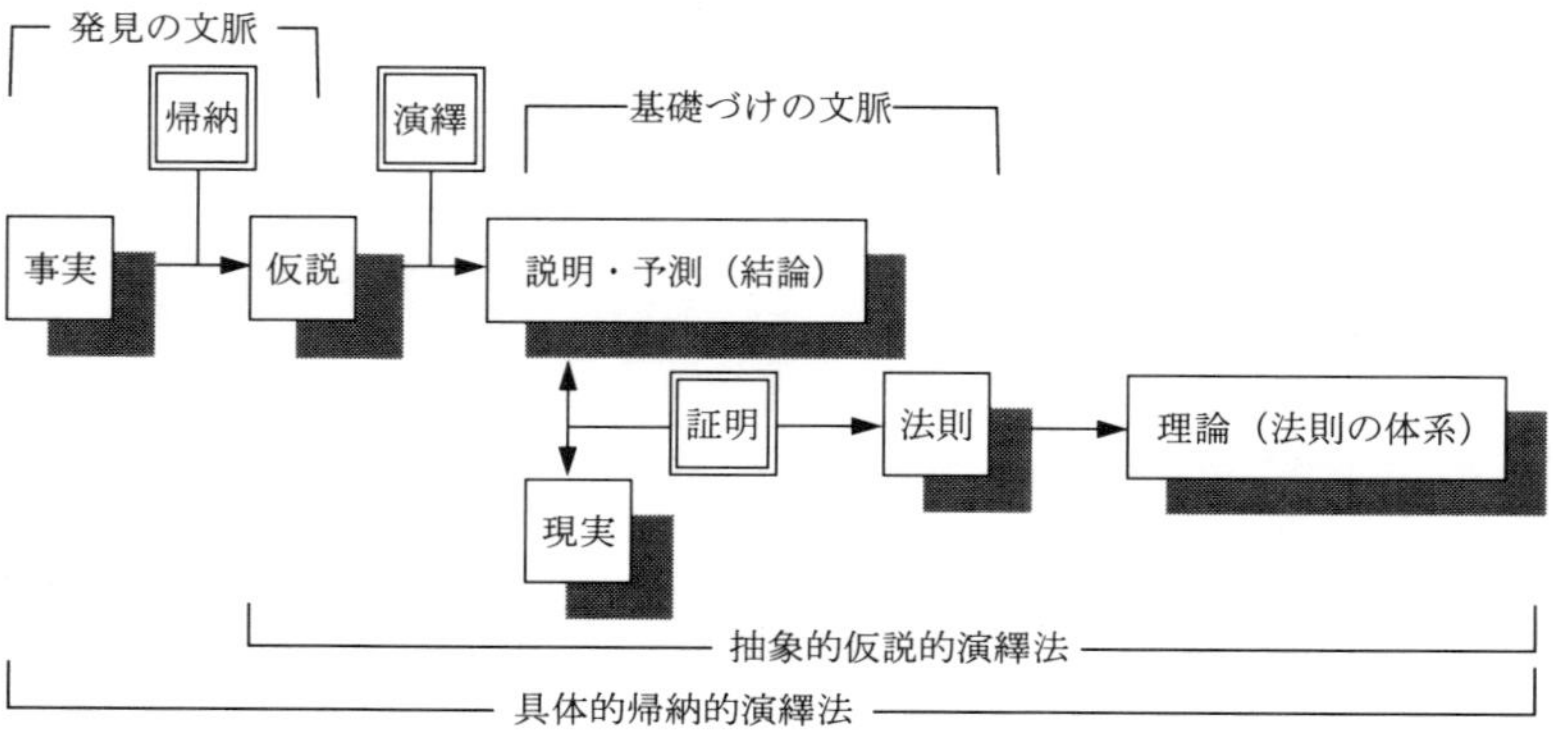

る帰納的手続が彼の方法の特徴である。しかしこうした帰納的手段が彼の方法の全体像ではない。彼は演繹的手段の必要性を明言している。結論的にいうと、彼が一連の論争の中で強く主張していたことは推論過程の初期段階にある前提の正確性を問わない抽象的仮説的演繹法を拒否するというものであった。そうすると、彼の精密比較法の特徴は具体的帰納的演繹法を精確な一般認識獲得法と認めつつ、主に「発見の文脈」に関わるアプローチであったといえる。

ただし彼の方法では、「帰納の原理」を根拠づける説明がないことに加え、一般認識獲得の論理的思考過程において帰納と演繹の相互補完性を通じた発見の文脈と基礎づけの文脈の融合に着目しながらも、前提の精密的分析に極度に力点をおく主張によって具体的帰納的演繹法の遂行は不完全な形に終わっている。

5　目的

エーレンベルクは十九世紀中頃以降の経済学方法論の混乱状態を是正することを目的に、経済科学が価値判断をともなわない純粋科学に整備されるべきことを再三強調している。

彼が私経済学の精密科学化にあたって述べた、個別事項からの本質性抽出と動的（bewegenden）原因への接近に関する主張はマックス・ウェーバーの影響を多分に受けている。さらに彼は、本質的で、共有的で、分離可能な要素を孤立的に分析し、そこから事物の本質を現出させることが科学の課題であると理解しており、こうしたエーレンベルクの見解からは、リッカートらに流れる方法論的本質主義を窺い知ることができる。

それゆえ、エーレンベルクは経済現象の奥に内在する性質や構造を解明して、真なる記述を与えることが科学の使命であるという実在論的目的観を有していたと考えることができる。

三　学史的意義についての若干の考察

1　シェーンプルク構想における位置づけ

ここでは経験的・実在論的個別経済学の方向において近代最初の代表者に位置づけられたワイヤーマン＝シェーニッツとの比較の中で彼等の間の関係性を追究してみる。まずワイヤーマン＝シェーニッツは従来の商業学の対象規定と体系性に疑問をもち、国民経済学の内容充実のために私経済の純粋理論研究を要請した。ワイヤーマン＝シェーニッツは価値関係づけを導入し企業の本質的契機を選別して、それに関する事実を価値自由に認識することを私経済研究の目的としていたが、その点においてエーレンベルクと同様に彼等は実在論的立場に立って認識のための認識に科学の目的を限定していた。

選択原理と研究対象について実はエーレンベルクの内容には多義的な解釈が可能であるものであるが、これに対し、ワイヤーマン＝シェーニッツは私経済主体に直結する利益概念を指標とする収益性を選択原理にして、明確に対象を規定することでより強固な理論化が達成されている。この限りではエーレンベルクよりも忠実にリッカート＝ウェーバー論に即した基礎づけがみられる。ところが、他方で彼等は最高の収益性の追求が私経済の標識ではないとして私経済の一般的目的を抽象化させてしまっており、ここに価値関係づけと価値判断の混同からくる選択原理と実際の研究対象の齟齬が生じている。これは「利潤追求学」非難への過度な反応と理解される。

また、私企業の内部構造を解明する具体的な展開においてワイヤーマン＝シェーニッツが提起した「経済人の具体化」は、エーレンベルクが企業の本質的性格を検証する中で「経済人」の具象形態としての資本家とは別の経済主体の機能を析出しようとした試みと軌を一にしている。エーレンベルクにとってはこの基礎概念確定の具体的プランこそ、前提の帰納的アプローチである精密比較研究の確立と普及であった。ワイヤーマン＝シェーニッツは比較手続きによって獲得される一般的命題の妥当性については否定的であったが、エーレンベルク方法論の数値的客観化そのものは好意的に評価している。

ワイヤーマン＝シェーニッツの科学的方法は歴史的方法と理論的方法の折衷的内容を含むものであるが、実のところ歴史的方法は等閑視され、結局理論的研究と歴史的研究をどのような形で統合させようとしたかは定かではない。この点について彼等における体系論の方法上の性格を一方に一意的なものとして規定することに慎重であらねばならないとする指摘がある。(3) そうすると、彼等の一般認識獲得の手続も実際の展開は別として、概念上は発見の文脈（歴史的方法）と基礎づけの文脈（理論的方法）の相補的な一般認識獲得法が想定されていたものと解釈することができ、その点においてエーレンベルクの科学的方法とある程度の共通性が見い出される。

これまでの比較検討を概括すると、エーレンベルクとワイヤーマン＝シェーニッツとの間の主張内容には多少の食い違いがみられるものの、全体として彼等の間の理論的親近性は、実在論的立場、「経済人」仮説の再構成ならびに選択原理の一層の理論的純化・徹底化といったところに認められ、そして、力点の置き方に違いはあるが、具体的帰納的演繹法を通じた一般認識獲得への志向といった共通性も認められるならば、両者はいわゆる経験的・実在論的方向（理論学派）において極めて濃密な関係にあったといえる。

2　人間中心思考学派＝生産性中心思考学派構想における位置づけ

基礎理論の系譜として人間中心思考的と生産性中心思考的の二つの方向を仮定するものは科学の目的もさることながら、選択原理の質的相違にあるように思われる。人間中心思考学派の初期の代表者ニックリッシュの選択原理は経済性で、端的には成果／給付＝一〇〇％と定式化される。生産性中心思考学派の初期の代表者シュマーレンバッハの選択原理は共同経済的生産性で、それには曖昧さがあり、その解釈は一様ではないが、永田はそれ

を総余剰と平均費用の二つの変数から把握し、その実現を限界費用価格政策との関連で説明している。(4)

さて、エーレンベルクでは選択原理とした収益性の実質的内容が付加価値的性格を含意するものであることは先に言及した通りで、また企業者報酬と労働者賃金を共に含むニックリッシュの成果概念にそれが類同することも既に先行研究により解明されているところである。(5) このニックリッシュの経済性概念（成果概念）に人間中心思考的なコア要因の一つを認めるならば、エーレンベルクの私経済学構想においても人間中心思考学派のエッセンスと重なり合う部分がある。

ところが、彼の選択原理は全体経済的観点を最初から意識して収益性の問題を扱ったものという見方もできた。つまり資本概念の駆逐のみならず、労働者賃金、企業者報酬という所得の増大がどのように達成されるかという問題に理論的に接近しようとしていた可能性も大いにある。シュマーレンバッハは、個別企業と全体経済の関わりの中で、総余剰と費用との対応関係を導き出してドイツ経営学の存立を根拠づける試みを行なっているが、エーレンベルクにおいても、各個人の享受する余剰の総和として把握される経済的厚生、その客観的対応物である所得を最大化させる規定因を発見するため、生産費用や生産物の価格形成の問題に注目していたことが考えられる。経済的厚生増大の命題が効用の可測性を前提にするという条件からみて傍証的事例を挙げるとすると、シュナイダーによれば、エーレンベルクはエッジワースの展開する効用最大化理論の意味での「社会工学」に志向したところがあり、(6) 実際、「家庭」の考察に関する論攷をみると、精密比較法を比較心理学分析で補充して効用価値説の研究に貢献せんとする意図を抱懐していたようなくだりもある。ただしエーレンベルクではこうしたことに関する論究が具体性をもって展開されているとはいい難く、彼の選択原理の設定にはシュマーレンバッハ流の共同経済的性格が混在していることが十分考えられるが、しかしこの点に不透明さがあることは否めない。

人間中心思考学派と生産性中心思考学派が解決に努める諸課題は元来ドイツ経営学が生成した際の根本的問題

領域であった。これらの問題領域についての自律的認識が学派分類、学史構想の展開を誘発し、ドイツ経営学の科学性付与の必要条件になってきたが、こうした考え方からいえば、エーレンベルクの選択原理の多義性はドイツ経営学の科学的展開過程において二十世紀初頭が未だ未熟な段階にあったということを一部示すものであろう。

四　おわりに

エーレンベルクの学説的特徴や学史的意義を以上の考察から早急に結論づけることはできない。だがこれらの考察を通じて、エーレンベルク私経済学の方法論的分類が経験的・実在論的方向の先駆的役割をなすという従来の研究成果の整理を行なうことができたと同時に、実証的裏付けがまだ不十分ながら、ニックリッシュ理論とシュマーレンバッハ理論の根本原理を内包する先見的思考を彼が展開していたのではないかというエーレンベルク学説に対する新たな視点を若干提示することができたように思える。

今後当面の課題としてまず、グーテンベルク・パラダイム（SPR）の中でエーレンベルクの位置づけを検討することは興味深いものである。その糸口としてたとえば、ドイツ経営学における批判的合理主義受容過程の過度的段階にグーテンベルクが位置づけられるならば、エーレンベルクの科学観において実証主義と実在論との併存がもたらす緊張は、批判的合理主義の立場からすると知識源泉の混同に直結するものである。

またエーレンベルクは様々な論攻の中でコントの主張を取り上げ、評価している。そういう意味からもコント社会有機体観とエーレンベルク労働共同体論との関係を追究してみる価値もある。これら課題の検討によってエーレンベルクの学説的特徴と学史的意義を一層解明していくが、ちなみに、こうしたアプローチは学史構想の再構成に関する地道な取り組みとして必ずやその進展に貢献をなすものになると考える。

注

（1）Schneider, D., *Betriebswirtschaftslehre*, Bd. 4, Müinchen/Wien, 2001, S. 197.

（2）学史構想を構成する要素として最初に世界観、理論、方法、目的の四つを暫定的に考えた。この分類を清水の主張（清水敏允「ドイツ経営学の基礎的研究方法論と科学性の再検討」『商経論叢』（神奈川大学）第三六巻第二号、二〇〇〇年、二頁。）に基づきさらに整理すると、世界観が歴史的、社会的に一部条件付けられるものとすれば、それは各時代の歴史的背景を反映した問題意識に関連づけることができ、また理論はその実際の展開において基礎概念や研究対象（選択原理）を必要とするものである。よってここでは、学史構想の構成要素を本文中のような規定にした。

（3）中村常次郎「私経済学と『経済人』」『経済学論集』（東京大学）第三一巻第三号、一九六五年、四—五頁、註Ⅲ。

（4）永田　誠『現代経営経済学史』改訂版、森山書店、一九九九年、二三七—二三八頁、二四六—二五一頁。

（5）大橋昭一『ドイツ経営共同体論史』中央経済社、一九六六年、一一〇—一一一頁。

（6）Schneider, *a. a. O.*, S. 197, Anm. 360.

Ⅳ　文　献

ここに掲載の文献一覧は、第Ⅰ部の統一論題論文執筆者が各自のテーマの基本文献としてリストアップしたものを、年報編集委員会の責任において集約したものである。

一　現代経営の課題と経営学史研究の役割―展望

洋書

1 Robinson, R. D., *Internationalization of Business*, 1984.（入江猪太郎監訳・多国籍企業研究会訳『基本　国際経営論』文眞堂、一九八六年。）

2 Wolf, B. W. and Haruki Iino, *Philosophy for Managers: Selected Papers of Chester I. Barnard*, 1986.（B・W・ウォルフ・飯野春樹編、飯野春樹監訳（日本バーナード協会訳）『バーナード　経営者の哲学』文眞堂、一九八六年。）

3 Perlmutter, H. V., *Multinational Organization Development*, 1979.（江夏健一・他訳『グローバル組織開発』文眞堂、一九九〇年。）

4 Adler, N. J., *International Dimensions of Organizational Behavior*, 1991.（江夏健一・桑名義晴監訳『異文化組織のマネジメント』セントラルプレス社、一九九六年。）

5 Porter, M. E. ed., *Competition in Global Industries*, 1986.（土岐　坤・他訳『グローバル企業の競争戦略』ダイヤモンド社、一九八九年。）

6 Vernon, Raymond, *Sovereignity at Bay*, 1971.（霍見芳浩訳『多国籍企業の新展開』ダイヤモンド社、一九七三年。）

7 Stopford, J. M. and L. T. Wells, Jr., *Managing the Multinational Enterprises*, 1972.（山崎　清訳『多国籍企業の組織と所有戦略』ダイヤモンド社、一九七六年。）

8 Bartlett, C. A. and S. Ghoshal, *Managing Across Borders: The Transnational Solution*, 1989.（吉原英樹監訳『地球市場時代の企業戦略』日本経済新聞社、一九九〇年。）

9 Barnard, C. I., *The Functions of Executive, 30th Anniversary ed.*, 1968.（山本安次郎・他訳『新訳　経営者の役割』ダイヤモンド社、一九六八年。）

和書

1 伊丹敬之『日本的経営論を超えて』東洋経済新報社、一九八二年。
2 太田 肇『「個力」を活かせる組織』日本経済新聞社、二〇〇〇年。
3 小林路義・庭本佳和・中津孝司『現代グローバル経営の新機軸』創成社、一九九四年。
4 三戸 公・佐藤慶幸編著『環境破壊――社会諸科学の応答――』文眞堂、一九九五年。
5 三戸 公『随伴的結果――管理の革命――』文眞堂、一九九四年。
6 村田晴夫『管理の哲学――全体と個、その方法と意味――』文眞堂、一九八四年。
7 山本安次郎『経営学本質論』森山書店、一九六一年。
8 村山元英『アジア経営学――国際経営学／経営人類学の日本原形と進化――』文眞堂、二〇〇三年。

二 マネジメントのグローバルな移転――マネジメント・学説・背景――

洋書

1 Tillett, A., T. Kempner and G. Wills, *Management Thinkers*, Penguin Books Ltd., 1970.（岡田和秀・他訳『現代経営学への道程――経営・学説・背景――』文眞堂、一九七四年。）
2 Wren, D. A. and R. G. Greenwood, *Managerial Innovators: The People and Ideas That Shaped Modern Business*, Oxford University Press, Inc., New York, NY, 1998.（井上昭一・他監訳『現代ビジネスの革新者たち――テイラー、フォードからドラッカーまで――』ミネルヴァ書房、二〇〇〇年。）
3 Sheldrake, J., *Management Theory*, International Thomson Publishing, Inc., 1996.（齊藤毅憲・他訳『経営管理論の時代――テイラー主義からジャパナイゼーションへ――』文眞堂、二〇〇〇年。）

和書

1 原 輝史編『科学的管理法の導入と展開―その歴史的国際比較』昭和堂、一九九〇年。

2 奥田健二『人と経営―日本経営管理史研究』マネジメント社、一九八五年。
3 齊藤毅憲『上野陽一――人と業績――』産業能率大学、一九八三年。
4 齊藤毅憲『上野陽一と経営学のパイオニア』産業能率大学、一九八七年。
5 佐々木　聡『科学的管理法の日本的展開』有斐閣、一九九八年。

三　グローバリゼーションと文化――経営管理方式国際移転の社会的意味――

洋書

1 Schmidt, Helmut, *Globalisierung: Politische, oekonomische und kulturelle Herausfordrungen*, Deutsche Verlags-Anstalt GmbH, Stuttgart, 1998.（大島俊三・城崎照彦訳『グローバリゼーションの時代――21世紀への最大の課題に挑む――』集英社、二〇〇〇年。）
2 Stiglitz, Joseph, *Globalization and its Discontents*, W. W. Norton & Company, inc., New York, 2002.（鈴木主税訳『世界を不幸にしたグローバリズムの正体』徳間書店、二〇〇二年。）
3 Ferraro, G. P., *The Cultural Dimension of International Business*, Prentice Hall, 1990.（江夏健一・太田正孝訳『異文化マネジメント――国際ビジネスと文化人類学――』同文舘、一九九二年。）
4 Adler, N. J., *International Dimension of Organizational Behavior*, PWS-KENT, A Division of Wadsworth, Inc., 1991.（江夏健一・桑名義晴監訳『異文化組織のマネジメント』マグロウヒル出版、一九九二年。）
5 Schein, Edgar H., *Organizational Culture and Leadership*, Jossey-Bass Inc. Publisher, California, 1985.（清水紀彦・浜田幸雄訳『組織文化とリーダーシップ』ダイヤモンド社、一九八九年。）
6 Braverman, H., *Labour and Monopoly Capital, The Degradation of Work in the Twentieth Century*, Monthly Review Press, 1974.

和書

1　安保哲夫『日本的経営・生産システムとアメリカ』ミネルヴァ書房、一九九四年。
2　岡本康雄『日系企業 in 東アジア』有斐閣、一九九八年。
3　中央大学企業研究所編『経営戦略と組織の国際比較』中央大学出版部、一九九一年。
4　津田眞澂『日本の経営文化』ミネルヴァ書房、一九九四年。
5　河野豊弘・S・R・クレグ著（吉村典久・他訳）『企業戦略と企業文化』白桃書房、一九九九年。
6　髙橋由明・林　正樹・日高克平編著『経営管理方式の国際移転——可能性の現実的・理論的諸問題——』中央大学出版部、二〇〇〇年。

四　現代経営と地球環境問題——経営学史の視点から——

洋書

1　Barnard, C. I., *The Functions of the Executive*, Harvard University Press, 1938.（山本安次郎・田杉　競・飯野春樹訳『経営者の役割』ダイヤモンド社、一九六八年。）
2　Barnard, C. I., *Philosophy for Managers*, Bunshindo, 1986.（飯野春樹監訳『経営者の哲学』文眞堂、一九八六年。）
3　Barnard, C. I., *Organization and Management*, Harvard University Press, 1948.（飯野春樹監訳『組織と管理』文眞堂、一九九〇年。）

和書

1　飯野春樹『バーナード研究』文眞堂、一九七八年。
2　眞野　脩『組織経済の解明』文眞堂、一九七八年。
3　眞野　脩『バーナードの経営理論』文眞堂、一九八七年。
4　加藤勝康『バーナードとヘンダーソン』文眞堂、一九九六年。
5　E・シュレーディンガー『生命とは何か』岩波書店、一九五一年。

6　槌田　敦『石油と原子力に未来はあるか』亜紀書房、一九七八年。
7　E・カレンバック／F・カプラ／S・マーバーク『エコロジカル・マネジメント』ダイヤモンド社、一九九二年。
8　三戸　公『随伴的結果』文眞堂、一九九四年。
9　河野大機・吉原正彦編『経営学パラダイムの探求』文眞堂、二〇〇一年。
10　山本安次郎・加藤勝康編『経営学原論』文眞堂、一九八二年。
11　竹原あき子『環境先進企業』日本経済新聞社、一九九一年。
12　電通総研編『企業の社会貢献』日本経済新聞社、一九九一年。

五　組織と個人の統合――ポスト新人間関係学派のモデルを求めて――

洋書

1　Argyris, C., *Integrating the Individual and the Organization*, John Wiley & Sons, 1964.（三隅二不二・黒川正流訳『新しい管理社会の探究』産業能率短期大学、一九六九年。）
2　Barnard, C. I., *The Functions of the Executives*, Harvard University, 1938.（山本安次郎・田杉　競・飯野春樹訳『（新訳）経営者の役割』ダイヤモンド社、一九六八年。）
3　Koestler, A., *Janus*, Hutchinson & Co., 1978.（田中三彦・吉岡佳子訳『ホロン革命』工作舎、一九八三年。）
4　Likert, R., *The Human Organization*, McGraw-Hill, 1967.（三隅二不二訳『組織の行動科学』ダイヤモンド社、一九六八年。）
5　McGregor, D., *The Human Side of Enterprise*, McGraw-Hill, 1960.（高橋達男訳『企業の人間的側面（新版）』産業能率大学、一九七〇年。）
6　Ouchi, W. G., *Theory Z*, Addison-Wesley, 1981.（徳山二郎監訳『セオリーZ』CBS・ソニー出版、一九八一年。）

和書

1 太田　肇『プロフェッショナルと組織』同文舘、一九九三年。
2 太田　肇『日本企業と個人』白桃書房、一九九四年。
3 太田　肇『仕事人《しごとじん》の時代』新潮社、一九九七年。
4 太田　肇『仕事人《しごとじん》と組織』有斐閣、一九九九年。
5 齊藤毅憲・他『個を尊重するマネジメント』中央経済社、二〇〇二年。

六　日本的経営の一検討——その毀誉褒貶をたどる——

洋書

1 Levine, S. B., *Industrial Relations in Post-war Japan*, University of Illinois Press, 1958.（藤林敬三・川田　寿共訳『日本の労使関係』ダイヤモンド社、一九五九年。）
2 Abegglen, J. C., *The Japanese Factory: Aspects of Its Social Organization*, Free Press, 1958.（占部都美監訳『日本の経営』ダイヤモンド社、一九五八年。）
3 Hirschmeir, J., *The Origins of Entrepreneurship in Meiji Japan*, Harvard University Press, 1964.（土屋・由井訳『日本における企業者精神の生成』東洋経済新報社、一九六五年。）
4 Dore, R. P. ed., *Aspects of Social Change in Modern Japan*, Princeton University Press, 1967.
5 Yoshino, M. T., *Japan's Managerial System: Tradition and Innovation*, MIT Press, 1968.
6 Harvard Graduate School of Business Administration, "Special Issue: Japanese Entrepreneurship," *Business History Review*, Vol. XLIV, No.1, Harvard Graduate School of Business Administration, Spring 1970.
7 Cole, R. E., *Japanese Blue-Collar*, University of California Press, 1971.
8 Dore, R. P., *British Factory-Japanese Factory: The Origin of National Diversity in Industrial Relations*, University of California Press, 1973.（山之内　靖・永易浩一訳『イギリスの工場・日本の工場——労使関係の比

較社会学――』筑摩書房、一九八七年。）
9 Ouchi, W. G., "Japanese Management Made in Japan," *Harvard Business Review,* April-May 1975.
10 Patrick, H. ed., *Japanese Industrialization and Its Social Consequences,* University of California Press, 1976.
11 Cole, R. E., *Work, Mobility and Participation: A Comparative Study of American and Japanese Industry,* University of California Press, 1979.
12 Clark, R., *The Japanese Company,* Yale University Press, 1979.（端　信行訳『ザ・ジャパニーズ・カンパニー』ダイヤモンド社、一九八一年。）
13 Richardson, B. M. and T. Ueda eds., *Business and Society in Japan,* Praeger, 1981.（中村元一監訳『ジャパンビジネスと社会』一九八二年。）
14 Ouchi, W. G., *Theory Z: How American Business Can Meet the Japanese Challenge,* Addison-Wesley, 1981.（徳山二郎監訳『セオリーZ』ソニー出版、一九八一年。）
15 Abegglen, J. C. and G. Stalk, Jr., *Kaisha: The Japanese Corporation,* Basic Books, 1985.（植山周一郎訳『カイシャ――次代を創るダイナミズム――』講談社、一九八六年。）
16 Dertouzos, M. L., R. K. Lester and R. M. Solow, *Made in America: Regaining the Productive Edge,* MIT Press, 1989.（依田直也訳『メイド・イン・アメリカ――アメリカ再生のための米日欧産業比較――』草思社、一九九〇年。）
17 Roos, D. et al., *The Machine that Changed the World,* Rawson Associates, 1990.（沢田　博訳『リーン生産方式が世界の自動車産業をこう変える』経済界、一九九〇年。）
18 Aoki, M. and R. P. Dore et al., *The Japanese Firm: Sources of Competitive Strength,* Oxford University Press, 1994.（NTTデータ通信システム科学研究所訳『国際・学際研究――システムとしての日本企業――』NTT出版、一九九五年。）
19 Lester, R. K., *The Productive Edge,* W. W. Norton, 1998.（田辺・西村・藤末訳『競争力』生産性出版、二〇〇〇年。）

和書

1 加護野忠男・他『日米企業の経営比較――戦略的環境適応の理論――』日本経済新聞社、一九八三年。
2 占部都美『日本的経営は進化する』中央経済社、一九八四年。
3 伊丹敬之・他編『リーディングス　日本の企業システム』（全四巻）、有斐閣、一九九三年。
4 太田　肇『プロフェッショナルと組織』同文舘、一九九三年。
5 野中郁次郎・竹内弘高著（梅本勝博訳）『知識創造企業』東洋経済新報社（日本語版は一九九六年）。
6 日経連『新時代の「日本経営」』日本経営者団体連盟、一九九五年。
7 伊丹敬之・他編『ケース・ブック　日本企業の経営行動』（全四巻）有斐閣、一九九八年。
8 齊藤毅憲稿「戦後経営史の研究動向」『経営史学』三七巻三号、二〇〇二年。

Ⅴ 資　料

経営学史学会第十回大会実行委員長挨拶

小笠原　英　司

経営学史学会第十回大会が、二〇〇二年五月十七日から十九日の日程で明治大学駿河台校舎リバティ・タワーで開催され盛会裡のうちに閉幕することができましたことは、開催校として欣喜を禁じえません。報告者および役員各位をはじめ参加会員諸兄に対し、誌面を借りて謹んで御礼申し上げます。また今大会は学会創立十周年記念大会として企画され、カリフォルニア大学名誉教授エドウィン・エプスタイン先生と一橋大学名誉教授阿部謹也先生から記念大会にふさわしいご講演を頂くことができました。特にエプスタイン教授の招聘については中村瑞穂、風間信隆両会員のご協力に心から感謝申し上げます。

思えば、当学会十周年記念大会を明治大学で開催できたことは、明治大学にとってたんなる栄誉の機会であるばかりでなく、天命とも言うべき使命を感じるものがありました。それは当学会の創立大会（一九九三年五月）がほかならぬ明治大学で挙行されたからであります。本学で創立大会を開催するに至った実質的な理由としては、明治大学が故佐々木吉郎先生を代表として経営学史研究の分野で有力な先学を多数輩出していたことにほかなりません。流転十年、この間佐々木門下の先輩諸兄の多くが退職し、ご多分にもれず本学も世代交代が急速に進み、経営学史研究を後継する体制を再編成すべき時期に直面しております。

聞けば、経営学史の科目が全国的に消滅の危機にあるといいます。日本産業界の再生は経営学の課題でもありますが、経営学史の蓄積を軽視して経営学が真に有効な学術体系になることが可能でしょうか。当学会の二十周年、三十周年に向けて、皆さんと共により声を大にして、経営学史研究の重要性を主張したいものです。

第十回大会をふりかえって

海　道　ノブチカ

経営学史学会創立十周年を記念した第十回大会は、二〇〇二年五月十七日（金）から五月十九日（日）まで、第一回大会が行われた明治大学で開催された。会場となったのは、一九九八年に創立一二〇周年記念館として竣工した近代的高層建築の「リバティタワー」であった。

統一論題「現代経営の課題と経営学史の挑戦――グローバル化・地球環境・組織と個人――」のもと大会実行委員長の小笠原英司会員による基調報告が行われた。そして十八日と十九日の両日にわたりサブテーマ〈現代経営のグローバル化と経営学史〉についてマネジメントのグローバルな移転の問題を中心に岡田和秀会員より、また経営管理方式の国際移転の視点より高橋由明会員より報告がなされた。また同じくサブテーマ〈現代経営と地球環境問題〉については庭本佳和会員より報告があり、〈現代経営における組織と個人〉の問題については太田肇氏より新しい時代における組織と個人の統合のあり方について報告がなされた。また赤岡功氏からは、〈経営学史における「日本的経営論」の位置〉に関して歴史的な考察が行われた。そしてシンポジウムでは報告者と討論者をパネリストとして経営学の百年の歴史をふまえ、二十一世紀の経営学を展望して現代経営学のかかえる根本問題について活発な議論が行われた。自由論題に関しては今大会から報告者も増え、一二名が四会場で各自の研究を報告し、チェアパーソンのコメントをふまえ掘り下げた討論が行われた。

また創立十周年の記念講演としては一橋大学名誉教授阿部謹也氏より「日本社会の構造について」というテー

マで日本社会における近代化システムと歴史的・伝統的システムの二重構造について興味深い講演をいただいた。また十七日には明治大学との共催でカリフォルニア大学バークリー校名誉教授Edwin M. Epstein教授により「経営学教育における企業倫理――過去・現在・未来――」というテーマで記念講演が行われた。さらに今大会では、創立十周年を記念して刊行された経営学史学会編『経営学史事典』（文眞堂、二〇〇二年）が会員のもとに届けられた。学史学会会員の総力を結集して事典が刊行された意義は深く、学界への貢献も大きいものがある。

大会初日（五月十七日）の理事会では総会に提案する報告事項と議案の検討、理事選挙の実施要領の承認等が行われた。とくに学会ホームページの開設や自由論題報告者の論文を年報に掲載するルールについて検討が行われた。総会では、理事選挙、一年間の活動報告、会計報告等がなされた後、来年の第十一回大会が龍谷大学で開催されることが決定され、龍谷大学の西川清之会員より挨拶が行われた。

今年は十周年の記念大会という節目の年でもあり、また三年ごとに行われる理事選挙も重なり、お一人で二役も三役もこなされた小笠原英司大会実行委員長をはじめ、大会を周到に準備され、見事に運営された明治大学の皆様方に心より感謝申し上げる次第である。

第十回大会のプログラムを記しておくと次のとおりである。

第二日目、五月十八日（土）

【自由論題】（報告三五分、チェアパーソンのコメント五分、質疑応答一五分）

A会場（リバティタワー一一階一一一三教室）

九：三〇―一〇：二五　原　敏晴（流通科学大学・院生）「バーナードの公式組織概念に関する一考察」

チェアパーソン・加藤勝康（青森公立大学）

一〇：三〇―一一：二五　川端久夫（熊本学園大学）「バーナード組織概念の一詮議」

一一：三〇—一二：二五　チェアパーソン・中村瑞穂（作新学院大学）

吉村泰志（酒田短期大学）「リーダーシップと組織変革」

チェアパーソン・西川耕平（帝塚山大学）

B会場（リバティタワー一一階一一一四教室）

九：三〇—一〇：二五　水村典弘（明治大学・院生）「経営学における利害関係者研究の変遷と課題——フリーマンの学説を中心として——」

チェアパーソン・海道ノブチカ（関西学院大学）

一〇：三〇—一一：二五　小濱　純（桃山学院大学・院生）「バーナード理論にみる管理理論の出現とその意味——新しい人間観の探求をもとに——」

チェアパーソン・岩田　浩（大阪産業大学）

一一：三〇—一二：二五　磯村和人（中央大学）「自由と責任の主体——バーナードの人間観再考——」

チェアパーソン・吉原正彦（青森公立大学）

C会場（リバティタワー一一階一一一五教室）

九：三〇—一〇：二五　藤沼　司（明治大学）「現代経営の底流と課題——組織知の創造を超えて——」

チェアパーソン・辻村宏和（中部大学）

一〇：三〇—一一：二五　山縣正幸（関西学院大学・院生）「ブライヒャー統合的企業管理理論」

チェアパーソン・平田光弘（東洋大学）

一一：三〇—一二：二五　梶脇祐二（香川大学）「エーレンベルク私経済学方法論再考——学史構想の進展に向けて——」

D会場（リバティタワー一一階一一一六教室）

チェアパーソン・吉田　修（帝塚山大学）

九：三〇―一〇：二五　間嶋　崇（広島国際大学）「個人行為と組織文化の相互影響関係に関する一考察――A・ギデンズの構造化論をベースとした組織論の考察をヒントに――」

チェアパーソン・角野信夫（神戸学院大学）

一〇：三〇―一一：二五　岩橋建治（関西大学・院生）「組織論における制度理論の展開」

チェアパーソン・丹沢安治（中央大学）

一一：三〇―一二：二五　趙　偉（名古屋大学）「作業組織論の変遷について――技術システムと社会システムの相互作用の視点から――」

チェアパーソン・大月博司（北海学園大学）

【創立十周年記念講演】（リバティタワー一階一〇一一教室）

一三：三〇―一四：三〇　講演者：阿部謹也（一橋大学名誉教授）「日本社会の構造について」

司会・村田晴夫（桃山学院大学）

【基調報告・統一論題】（リバティタワー一階一〇一一教室）

一四：三五―一四：五五　基調報告：小笠原英司（明治大学）「現代経営の課題と経営学史研究の役割―展望」

司会・佐護　譽（九州産業大学）

一四：五五―一五：五五　統一論題一〈現代経営のグローバル化と経営学史〉Ｉ　グローバル化と経営技術移転：岡田和秀（専修大学）「マネジメントのグローバルな移転――マネジメント・学説・背景――」

司会・仲田正機（立命館大学）、討論者・齊藤毅憲（横浜市立大学）

第三日目、五月十九日（日）

九：三〇―一〇：三〇　統一論題一〈現代経営のグローバル化と経営学史〉Ⅱ　グローバル化と文化：髙橋由明（中央大学）「グローバリゼーションと文化――経営管理方式の国際移転の視点から――」

司会・岸田民樹（名古屋大学）、討論者・高橋俊夫（明治大学）

一〇：三五―一一：三五　統一論題二〈現代経営と地球環境問題――経営学史の視点から――〉：庭本佳和（甲南大学）「現代経営と地球環境問題――経営学史の視点から――」

司会・万仲脩一（大阪産業大学）、討論者・柿崎洋一（東洋大学）

一一：四〇―一二：四〇　統一論題三〈現代経営における組織と個人――経営学史の視点から――〉：太田肇（滋賀大学）「組織と個人の統合――ポスト新人間関係学派のモデルを求めて――」

司会・河野大機（東北大学）、討論者・大橋昭一（大阪明浄大学）

一三：四〇―一四：四〇　統一論題四〈経営学史における「日本的経営論」の位置――現代経営論としての可能性――〉：赤岡　功（京都大学）「日本的経営論の一検討」

司会・片岡信之（桃山学院大学）、討論者・小山　修（札幌大学）

【シンポジウム】（リバティタワー一階一〇一一教室）

一四：五〇―一六：三〇　パネリスト：小笠原英司、岡田和秀、髙橋由明、庭本佳和、太田　肇、赤岡　功、齊藤毅憲、高橋俊夫、柿崎洋一、大橋昭一、小山　修

司会・稲葉元吉（成城大学）、佐々木恒男（青森公立大学）

執筆者紹介（執筆順）

小笠原《おがさわら》 英《えい》司《じ》（明治大学教授）

主要論文「経営学研究とバーナード」河野大機・吉原正彦編『経営学パラダイムの探求』文眞堂、二〇〇一年、第三章

「組織と公共性」『経営論集』明治大学経営学研究所、第四六巻第二号、一九九九年

岡《おか》 田《だ》 和《かつ》 秀《ひで》（専修大学教授）

主著『組織の行動科学』（共編著）有斐閣、一九八一年

主要論文 "Introduction of F. W. Taylor's Scientific Management into Japan—Centering on the Role and Function of Organization—," *U. S.-Japan Comparison in National Formation and Transformation of Technology—Centering around Mass Production Systems—*,（財）日本科学技術振興財団、一九九五年

髙《たか》 橋《はし》 由《よし》 明《あき》（中央大学教授）

主著『グーテンベルク経営経済学——基礎理論と体系』中央大学出版部、一九八三年

『教育訓練の日独韓比較』（編著）中央大学出版部、一九九六年

庭《にわ》 本《もと》 佳《よし》 和《かず》（甲南大学教授）

主要論文「組織と意味の展開」『組織科学』Vol. 33, No. 3, 2000.

「組織の境界」河野大機・吉原正彦編『経営学パラダイムの探求』文眞堂、二

〇〇一年、第十二章

太《おお》田《た》　肇《はじめ》（滋賀大学教授）

主著『プロフェッショナルと組織』同文舘、一九九三年
　『仕事人《しごとじん》と組織』有斐閣、一九九九年

赤《あか》岡《おか》　功《いさお》（京都大学大学院教授）

主著『作業組織再編成の新理論』千倉書房、一九八九年
　『エレガント・カンパニー』有斐閣、一九九三年

阿《あ》部《べ》謹《きん》也《や》（一橋大学名誉教授）

主著『ドイツ中世後期の世界』未来社、一九七四年
　『日本社会で生きるということ』朝日新聞社、一九九九年

エドウィン・M・エプスタイン［Edwin M. Epstein］（カリフォルニア大学バークリー校名誉教授）

主著 *The Corporation in American Politics*, Prentice-Hall, 1969.
　Rationality, Legitimacy, Responsibility: Search for New Directions in Business and Society (with Dow Votaw), Goodyear Pub. Co., 1978.

訳者 出見世《でみせ》　信之《のぶゆき》（明治大学教授）

川《かわ》端《ばた》久《ひさ》夫《お》（九州大学名誉教授）

主著『組織論の現代的主張』（編著）中央経済社、一九九五年
　『管理者活動研究史論』文眞堂、二〇〇一年

磯《いそ》村《むら》和《かず》人《ひと》（中央大学教授）

主著『組織と権威』文眞堂、二〇〇〇年
主要論文「組織コミュニケーションの基盤」河野大機・吉原正彦編『経営学パラダイムの探求』文眞堂、二〇〇一年、第十六章

小《こ》濱《はま》 純《じゅん》（桃山学院大学大学院経営学研究科博士後期課程）
主要論文「人間組織の複雑性」阿辻茂夫編著『思考する組織――環境管理と倫理的意思決定――』文理閣、二〇〇一年、第一章
「組織における主体性と道徳性――企業の道徳的主体性論をめぐって――」日本経営学会編 経営学論集 第七二集、『21世紀経営学の課題と展望』千倉書房、二〇〇二年

水《みず》村《むら》典《のり》 弘《ひろ》（明治大学大学院商学研究科博士後期課程）
主要論文「企業に対する社会的要請の変化と利害関係者指向型経営の実践――米国社会の経験を中心として――」『日本経営倫理学会誌』第九号、二〇〇二年
「利害関係者を中核概念とする経営学的研究の系譜――利害関係者指向型経営の確立」明治大学大学院商学研究科二〇〇二年度博士学位論文

藤《ふじ》沼《ぬま》 司《つかさ》（明治大学兼任講師）
主要論文「科学的管理思想の現代的意義――知識社会におけるバーナード理論の可能性を求めて――」経営学史学会編『経営学百年――鳥瞰と未来展望――』文眞堂、二〇〇〇年、第十四章
「『知識経営』の現代的意義――メーヨー文明論の思想基盤であるプラグマティズムの観点から――」経営哲学学会編『経営哲学論集』第一七集、二〇〇一年

間《ま》嶋《じま》 崇《たかし》（広島国際大学講師）
主要論文「組織文化の組織行動に及ぼす影響について――E. H. Schein の所論を中心に――」経営学史学会編『経営理論の変遷――経営学史研究の意義と課題――』文眞堂、一九九九年

「組織文化論における自己組織性アプローチの可能性について――機能主義とシンボリック解釈主義の限界を越えて――」『専修大学経営研究所報』第一三六号、専修大学経営研究所、二〇〇〇年

岩《いわ》橋《はし》建《けん》治《じ》（関西大学大学院社会学研究科博士後期課程）

主要論文「タクシードライバーの目標管理とその組織的要因」『人間科学』（関西大学大学院）第五一号、一九九九年

吉《よし》村《むら》泰《たい》志《じ》（帝塚山大学専任講師）

主要論文「経営者のビジョン提示行動と環境不確実性に関する内容分析的研究」『千里山商学』（関西大学大学院）第五二号、二〇〇〇年

「経営者のリーダーシップに対するシーズン・モデル的アプローチ――企業変革を導くリーダーシップ四類型の内容分析――」『酒田短期大学研究論集』第二三号、二〇〇一年

山《やま》縣《がた》正《まさ》幸《ゆき》（奈良産業大学専任講師）

主要論文「統合的企業管理論の基本構想」『関西学院商学研究』第四九号、二〇〇一年

「企業政策の形成過程」『商学論究』（関西学院大学）第五〇巻第三号、二〇〇三年

梶《かじ》脇《わき》裕《ゆう》二《じ》（香川大学助教授）

主要論文「経営学成立期の国民経済学における経営学的視点に関する一考察――マーシャルとエーレンベルクの企業者論を中心として――」『関西大学商学論集』第四五巻第二号、二〇〇〇年六月

「エーレンベルク私経済学方法論」『香川大学経済論叢』第七四巻第二号、二〇〇一年九月

編集後記

経営学史学会年報も本号で第十輯を刊行することができた。本年報は経営学史学会創立十周年記念大会の記録として、永く学会史の記念碑としての役割を果たすであろう。

本第十輯の第一の特長は、中世ヨーロッパ史の権威である一橋大学名誉教授阿部謹也先生と、経営倫理論の分野で世界的に高名なカリフォルニア大学名誉教授エドウィン・エプスタイン先生から、当学会創立十周年記念行事としてご講演を頂いた内容を、阿部先生にはお手ずから講演原稿にして頂き、エプスタイン先生の論文は出見世信之会員が抄訳して掲載することができたことである。両先生にはあらためて感謝の意を捧げたい。第二は、当学会会員外から京都大学教授赤岡　功先生と滋賀大学教授太田　肇先生をお招きして統一論題報告を頂き、ご多忙のなか無理をお願いして玉稿を賜った。両先生のご協力に対し心からお礼を申し上げたい。第三に、本号から巻末に英文アブストラクトを掲載した。今後当学会の活動を国際的なものにしていく第一歩としたい。

思えば、第一輯を発行したときには、とくに学術性に重きを置く当学会の報告集が、はたして市場性を持つであろうかという不安と、他方では本年報が号を重ねるにつれてその価値がより高まり、バックナンバーの入手が困難になるほどの評価を得るであろうという自負とが入り混じった心境であった。幸いにも本年報の既刊版は徐々に在庫を減らし、号によってはすでに初刷を払底するものもあるほどに好評を博している。これも厳しくなる一方の専門書出版界のなかで、発行所文眞堂の採算を度外視するご協力を得てこそと、感謝に堪えない。

第十一輯からは、自由論題論文の掲載審査制度を改め、より厳密な査読制をとることになった。固より従来の自由論題論文の質も、学界の水準に十二分に堪え得るものであったことに疑問の余地はない。当学会及び本年報の更なる向上を図る意思と政策によるものと理解して頂きたい。

（小笠原英司　記）

THE ANNUAL BULLETIN

of

The Society for the History of Management Theories

No. 10 May, 2003

Present-day Business Management and the Study of the History of Management Theories : Globalization, Global Environment and Individuals vs. Organization

Contents

Preface

Tsuneo SASAKI (Chairman : Aomori Public College)

I **Keynote Address and Collective Theme : The Challenge of Present-day Business Management and the Study of the History of Management Theories**

1 Tasks of Present-day Business Management and the Study of the History of Management Theories

Eiji OGASAWARA (Meiji University)

2 Global Transfer of Management: Management, Theories and Backgrounds

Kazuhide OKADA (Senshu University)

3 Globalization and Corporate Culture: The Social Impacts of Management Transfer

Yoshiaki TAKAHASHI (Chuo University)

4 Modern Management and Problems of Global Environment: From Viewpoint of the History of Management Theories

Yoshikazu NIWAMOTO (Konan University)

5 Integrating the Organization and the Individual: For Structuring the Model of a Post-Neo Human Relations School
Hajime OHTA (Shiga University)

6 A Study on Japanese Management System: On the Repeated Changes of Opinions
Isao AKAOKA (Kyoto University)

Ⅱ **Lectures for the Tenth Anniversary of Establishment**

7 A Subject for the Study of History of Management Theories
Kinya ABE (Emeritus Professor of Hitotsubashi University)

8 The Field of Business Ethics in the United States: Past, Present and Future
Edwin M. Epstein (Emeritus Professor of University of California, Berkeley) / Translator: Nobuyuki DEMISE (Meiji University)

Ⅲ **Other Themes**

9 A Discussion on Barnard's Concept of Organization
Hisao KAWABATA (Kumamoto Gakuen University)

10 The Individual in Network Society as the System of Moral Codes and Abilities
Kazuhito ISOMURA (Chuo University)

11 The Nature of Process and Narrative in Barnard
Jun KOHAMA (Momoyama Gakuin University)

12 The Genesis of Management Studies Concerning Stakeholder Thinking: Reflections on Stakeholder Theory and Stakeholder Management
Norihiro MIZUMURA (Meiji University)

13 Undercurrent and Problem of Modern Management:

Beyond 'Creating Organization Knowledge'
Tsukasa FUJINUMA (Meiji University)

14 A Study on the Interrelation between Action and Organizational Culture
Takashi MAJIMA (Hiroshima International University)

15 Institutional Theory of Organization: A Review and Commentary
Kenji IWAHASHI (Kansai University)

16 Leadership and Organizational Transformation
Taiji YOSHIMURA (Sakata Junior College)

17 Fundamental Conception of Integrated Management by Knut Bleicher
Masayuki YAMAGATA (Kwansei Gakuin University)

18 Rethinking on Ehrenberg's Theory of Business Economics
Yuji KAJIWAKI (Kagawa University)

Ⅳ Literatures

Ⅴ Materials

Abstracts

Tasks of Present-day Business Management and the Study of the History of Management Theories

Eiji OGASAWARA (Meiji University)

Can business administration be a learned system worthy of a science of new era, twenty-first century? It entirely depends on that studies respond to the contemporary management tasks. Globalization, environmental problem, and organization - individual relation are tasks becoming more acute problems and have present-day characteristics. On the other hand, these tasks come gradually to the surface, therefore, these have characteristics common to others of 'postwar era' today. These real problems are changeable day after day, and so it is hard to say that management theories conform to these changes. It is undoubtedly negligent in taking no notice of phenomena before our eyes reversely, it is not exempted from the blame of unenlightened if we should draw our attention to phenomena without penetrating fundamental and general aspects of phenomena. We should take a view of compound eyes to the both sides.

Global Transfer of Management: Management, Theories and Backgrounds

Kazuhide OKADA (Senshu University)

The author refers management as a technology that is a set of theories, practices and techniques/tools. Here, management theories is interpreted to provide the rationales for applying practices utilizing managerial techniques and tools. It is safely said that the global transfer of management took its modest start in the course of importation of the industrial technology to the then developing countries including Japan from mainly the U. S. where the management technology was demanded partially due to environment surrounding its industries. This paper touched the case of the global transfer of management technology to some of the European countries and Japan after the turn of the twentieth Century and also the case after the World War II putting the some emphasis on the role of initiative and promoter-ship of the organization organized by the then newly emerged managerial / business people.

Globalization and Corporate Culture: The Social Impacts of Management Transfer

Yoshiaki TAKAHASHI (Chuo University)

In this article the Author discusses the meaning of globalization, determinants of management styles, and impacts of transfer of management styles from domestic country on the managers and workers of foreign country, based on explanation of concept of culture. The management style of a company in one country is determined by three factors, cultural structure, economic process, and kinds, form and the member's attitudes of the organization of the firm. The cultural structure means the behavioral style (form), life goal, consciousness of social grade, or value system of the individual person in particular era and country. The second factor, the economic process means economic factors (historical and present situations of one country) that condition the decision-making and implementation of management policies and measures by an entrepreneur and manager. The third factor, kinds, form and member's attitude of the firm organization is a relatively independent factor in determining management styles. The Author also discusses the social impacts of transfers management systems or management styles from domestic country on the people of foreign companies and countries.

Modern Management and Problems of Global Environment : From Viewpoint of the History of Management Theories

Yoshikazu NIWAMOTO (Konan University)

Management theories have hardly ever discussed environmental disruption, what is called problems of global environment. Therefore, it is difficult to argue the subject from viewpoint of the history of management theories. However, C. I. Barnard gives us a clue about the argument. Of course, Barnard did not refer to global environmental problems, because a potential threat of environmental pollution lurked in industrial civilization but did not clearly exist, in 1930s when he wrote *The Functions of the Executive.* Nevertheless, we can apply Barnard theory - his core ideas, concepts, and notions - to environmental problems. In fact cooperative systems, which include biological elements, would suggest management systems as living systems. In this paper I will develop environment-oriented management theory based on Barnard theory of freedom, knowledge, responsibility, efficiency, etc. and insist that environment - oriented management attaches weight to innovation in business.

Integrating the Organization and the Individual: For Structuring the Model of a Post-Neo Human Relations School

Hajime OHTA (Shiga University)

The Neo-Human Relations School puts forward arguments on the premise that individuals can achieve their goals by contributing to organizational goals. However, their work environments have been changed by information technologies in recent years. For instance, satellite offices and working at home promoted autonomy in their work. And many individuals, especially professional workers in industry, are more committed to their own "work" or reference group than organization. Therefore, alternative models are necessary for integration. "Indirect integration" is an idea that individuals and organization are integrated by his or her "work." While individuals are expected to develop and exhibit their skills and knowledge, their commitment to the organization is required at the minimum level in this model. The scope to which indirect integration is applicable will expand for the following reasons. First of all, the social and organizational needs for special knowledge and technology are increasing, and specialization of the individuals will be more important.

A Study on Japanese Management System: On the Repeated Changes of Opinions

Isao AKAOKA (Kyoto University)

Around 1960, Japanese Management System was criticized as an old and irrational one. It was said that Japanese Companies would face difficulties. But against these expectations, Japanese Companies began to develop amazingly. Japan came to dominate in many industries in 80's and overcame the United States' historical dominance in various businesses. Consequently Japanese Management came to be rated highly in the world. But the strength of Japanese Companies did not last long. America recovered their competitive power in 90's. Many Japanese Companies fell into great difficulties and began to change their Management System. Now, many Japanese scholars and managers assert that Japanese Management System is not good for the high managerial performance and in order to recover competitive strengths, it is necessary to abolish the lifetime employment system and seniority system. In this paper, I will consider why opinions about Japanese Management System changed again and again, and what is the good course for Japanese companies.

現代経営と経営学史の挑戦
——グローバル化・地球環境・組織と個人——
経営学史学会年報　第10輯

二〇〇三年五月十六日　第一版第一刷発行

検印省略

編　者　経営学史学会
発行者　前野眞太郎

〒162-0041 東京都新宿区早稲田鶴巻町五三三
発行所　株式会社　文　眞　堂
電　話　〇三—三二〇二—八四八〇番
FAX　〇三—三二〇三—二六三八番
振　替　〇〇一二〇—二—九六四三七番

組版　オービット
印刷　平河工業社
製本　広瀬製本所

URL. http://www.keieigakusi.jp
http://www.bunshin-do.co.jp

ISBN4-8309-4448-X　C3034

日本の経営学を築いた人びと　第三輯

●主要目次

本体2800円

アメリカ経営学の潮流　第四輯

本体2800円

●主要目次

経営学研究のフロンティア 第五輯

本体3000円

●主要目次

経営理論の変遷 第六輯

本体2900円

●主要目次

経営学百年——鳥瞰と未来展望—— 第七輯

本体3000円

●主要目次

組織・管理研究の百年　第八輯

本体3000円

●主要目次

IT革命と経営理論　第九輯

本体２８００円

●主要目次